Música popular

História, memória e identidades

CONSELHO EDITORIAL
Ana Paula Torres Megiani
Eunice Ostrensky
Haroldo Ceravolo Sereza
Joana Monteleone
Maria Luiza Ferreira de Oliveira
Ruy Braga

Música popular

História, memória e identidades

Tânia da Costa Garcia
José Adriano Fenerick
(orgs.)

Copyright © 2015 Tânia da Costa Garcia e José Adriano Fenerick

Grafia atualizada segundo o Acordo Ortográfico da Língua Portuguesa de 1990, que entrou em vigor no Brasil em 2009.

EDIÇÃO: Haroldo Ceravolo Sereza
EDITOR ASSISTENTE: Gabriel Patez Silva
PROJETO GRÁFICO E DIAGRAMAÇÃO: Maiara Heleodoro dos Passos
ASSISTENTE ACADÊMICA: Bruna Marques
REVISÃO: Juarez Antunes
CAPA: Gabriel Patez Silva

Imagem da capa: sxc.hu

CIP-BRASIL. CATALOGAÇÃO NA PUBLICAÇÃO
SINDICATO NACIONAL DOS EDITORES DE LIVROS, RJ

M975

Música popular : história, memória e identidades / organização Tânia da Costa Garcia ; coordenação José Adriano Fenerick. - 1. ed.
São Paulo: Alameda, 2015.
272 p. ; 23 cm.

Inclui bibliografia
ISBN 978-85-7939-333-4

1. Música popular - Brasil - História e crítica. I. Garcia, Tânia da Costa. II. Fenerick, José Adriano.

15-24114   CDD: 782.421630981
                CDU: 78.067.26(81)

ALAMEDA CASA EDITORIAL
Rua Treze de Maio, 353 – Bela Vista
CEP: 01327-000 – São Paulo – SP
Tel.: (11) 3012-2403
www.alamedaeditorial.com.br

Sumário

Apresentação 7

I. Música popular e narrativas identitárias 15

Canção folclórica argentina: 17
um *entre-lugar* imaginado entre o campo e a cidade
Tânia da Costa Garcia

Entre a dança e o canto: 37
novas identidades no folclore argentino do século XXI
Claudio Fernando Diaz

Multiculturalismo na "enciclopédia do som" de Moses Asch 59
Mariana Oliveira Arantes

"*Todos juntos seremos la historia a cumplir*": representações sobre 83
o sentido da história na canção engajada chilena (1969-1973)
Natália Ayo Schmiedecke

II. Música Popular e indústria fonográfica 109

E lá vem... sambas e mais sambas nos anos 1970 111
Adelcio Camilo Machado

Aspectos da vanguarda na canção popular: Tom Zé e Arrigo Barnabé 153
José Adriano Fenerick

Suportes e formatos da música gravada na atualidade: 175
o lugar da tradição e as possibilidades de transformação cultural
Marcia Tosta Dias

III. Música popular, história e sociedade 195

Elementos para a crítica do disco Chico (2011) 197
Walter Garcia

Três não-musicólogos brasileiros: Machado de Assis, Luiz Edmundo, 215
João do Rio e a música no Rio de Janeiro (1890-1920)
Mónica Vermes

Sonoridades carnavalescas e identidades: sons, ritmos e diferentes festas 235
no Rio de Janeiro em fins do século XIX e Início do Século XX
Fabiana Lopes da Cunha

Os autores 267

Apresentação

Música Popular, história, memória e identidades, coletânea que reúne em três blocos temáticos autores de diferentes áreas das humanidades e ciências sociais, é resultado do II Colóquio Internacional de História e Música, ocorrido na Universidade Estadual Paulista, campus de Franca, no outono de 2013.

A escrita da história da música popular ainda é algo recente dentro da academia. A história da música popular antes de "entrar para a universidade" era realizada predominantemente por memorialistas, gente que a partir da narrativa de suas lembranças e vivências – geralmente jornalista que eram também compositores e boêmios, outras vezes colecionadores, preocupados, desde sempre, com a preservação e perpetuação de uma história que também era a sua – revelavam personagens, descreviam o circuito musical, informavam sobre os diferentes públicos, as editoras, os discos, a sociedade da época.

Posteriormente, foram essas memórias – inscritas na literatura biográfica, auto-biográfica, espalhadas por crônicas de jornais e revistas – ao lado da crítica sobre a obra ou o artista – outra referência cara aos que vasculham o passado em busca de suas escutas singulares – e a análise da própria obra, que alimentaram e inspiraram os estudos acadêmicos. Esse material foi apropriado e submetido a metodologias e suportes teóricos oriundo das mais diversas disciplinas, resultando em diferentes olhares e interpretações. Os textos aqui reunidos, divididos por eixos temáticos, – "Música popular e narrativas identitárias", "Música Popular e indústria fonográfica" e "Música, história e sociedade" – apresentam enfoques que cruzam questões de forma densa e criativa, trazendo novas reflexões e introduzindo discussões, quando não totalmente inéditas, certamente provocativas, e instigantes.

Abrindo a coletânea, "Música popular e narrativas identitárias nas Américas" apresenta quatro abordagens envolvendo o cancioneiro folclórico de diferentes países do continente americano - Argentina, Chile e Estados Unidos. No rastro das tensões e conflitos que cercam as construções dos gêneros e suas transformações no tempo, os autores discutem os respectivos repertórios relacionados às reconfigurações da identidade nacional, considerando o eterno embate entre tradição e modernidade. Os textos tratam ainda das variáveis que envolvem essa trama, como a conjuntura política, o mercado e o posicionamento do artista frente às essas singularidades.

Assim, em *Um entre-lugar imaginado para a canção folclórica argentina*, Tânia Garcia destrincha o complexo processo que leva à coroação de um seleto repertório do interior do país como a música folclórica argentina. A autora centra sua abordagem no papel atuante que tiveram destacados músicos, autores e intérpretes dessas canções como mediadores culturais, facilitando a divulgação e aceitação dessa cultura rural no ambiente urbano.

Claudio Diaz, também trabalhando com a música folclórica argentina, avança e recua no tempo ao tratar, em *Entre a dança e o canto: novas identidades no folclore argentino do século* XXI, de uma corrente emergente do cancioneiro folclórico que, nos últimos vinte anos, vem se contrapondo a uma corrente dominante de forte apelo comercial, sobretudo nas estratégias de consagração de seus artistas. A intenção do autor é analisar as maneiras diferenciadas de diálogo com o tradicional folclore argentino, de importância destacada na constituição de narrativas identitárias, apresentadas pelas duas tendências.

Multiculturalismo na "enciclopédia do som" de Moses Asch", da autoria de Mariana Oliveira Arantes detém-se na produção da gravadora Folkways em seus anos iniciais, de 1948 a 1960, e na trajetória profissional de seu idealizador: Moses Asch. Criada na cidade de Nova Iorque em 1948, a gravadora tornou-se uma das principais referências na atividade de gravação, preservação e divulgação do repertório folclórico e étnico dos Estados Unidos. O foco da autora é o lugar da gravadora no debate sobre as tradições musicais nos Estados Unidos, num período em que o cancioneiro folclórico mantinha um intenso diálogo com questões políticas e sociais importantes, como o movimento pelos direitos civis.

De volta para a América do Sul, Natália Ayo Schmiedecke em *"Todos juntos seremos la historia a cumplir": representações sobre o sentido da história na canção engajada chilena (1969-1973)* trata dos tumultuados e esperançosos anos 1960 e 70 chilenos a partir das relações estabelecidas entre utopia revolucionária e música popular. Atentando para os fundamentos ideológicos que alimentaram a perspectiva revolucionária, a autora analisa a maneira pela qual a experiência temporal aparece representada nos discos da Nova Canção, tendo em vista o projeto político da *via chilena ao socialismo*.

O segundo bloco, intitulado "Música Popular e indústria fonográfica", articula-se em torno da música gravada no Brasil, no período que se estende da década de 1970 até os anos 2000, isto é, da consolidação do formato LP até a era do download pela internet. Neste bloco, não apenas os aspectos da produção e circulação da música gravada estão sendo analisados pelos autores, mas também as articulações artísticas, discussões estéticas e questões historiográficas imbricadas neste processo.

Assim, o *boom* comercial do chamado sambão-joia é assunto para Adélcio Camilo Machado. Em *E lá vem... sambas e mais sambas nos anos 1970*, discute as novas significações pelas quais passavam o samba num período marcado por uma forte repressão política (e artística) oriunda da Ditadura Militar no Brasil, juntamente com a consolidação da Indústria Cultural no país.

Por sua vez, em *Aspectos da Vanguarda na canção popular: Tom Zé e Arrigo Barnabé*, José Adriano Fenerick aborda aspectos ligados à canção crítica, formatada pelo LP e pelo projeto artístico da MPB, e os limites e tensões que essa canção gera quando são inseridos em sua linguagem musical aspectos vanguardísticos desorientadores, em princípio, elementos externos à canção popular.

Marcia Tosta Dias, em *Suportes e formatos da música gravada na atualidade: o lugar da tradição e as possibilidades de transformação cultural*, apresenta algumas reflexões sobre os suportes e formatos utilizados na produção de música gravada e das relações existentes entre o álbum e o *single* na cultura musical contemporânea, considerando as mudanças decorrentes da inserção das tecnologias digitais.

Fechando a coletânea, o terceiro bloco, "Música, história e sociedade", apresenta trabalhos que refletem sobre a música como objeto revelador de inquietudes, tensões, formas de sociabilidade e expressões do afeto em dois momentos da história brasileira, os inícios dos séculos XXI e o início do século XXI, seja observando o que está inscrito em sua forma ou as práticas as quais está incorporada.

Mais preocupado com a forma, Walter Garcia, em *Elementos para a crítica*, do disco *Chico* (2011) reflete sobre duas vertentes da crítica da canção, uma orientada pela naturalização dos "produtos culturais" fabricados em série, outra ditada por predileções e aversões de classe. Em seguida analisa alguns temas no disco Chico (2011), à luz tanto da formação da sociedade brasileira como de seus impasses atuais, a saber, a herança da sociabilidade brasileira formada durante o predomínio da economia agrário-exportadora e o lirismo amoroso contemporâneo.

No campo das práticas, elegendo a literatura como fonte, Mónica Vermes em *Três não-musicólogos brasileiros: Machado de Assis, Luiz*

Edmundo, João do Rio e a música no Rio de Janeiro (1890-1920), debruça-se sobre as obras desses autores a fim de mapear as práticas culturais ligadas à música no Rio de Janeiro dos primeiros anos da República. Numa trilha paralela ao foco tipicamente centrado em compositores e obras que se encontram na historiografia mais tradicional da música brasileira, o que se procura destacar é a música como parte da experiência urbana.

Sonoridades carnavalescas e identidades: sons, ritmos e diferentes festas no Rio de Janeiro em fins do século XIX e início do século XX, da autoria da historiadora Fabiana Lopes da Cunha, recupera as sonoridades do carnaval carioca desse período, detendo-se nas sociabilidades estabelecidas em torno dos diferentes festejos de momo, registrados pela imprensa escrita da época, no calor da hora.

Esperamos que o leitor desfrute dessa leitura, enveredando-se também pelas escutas sugeridas.

Os organizadores.

I. Música popular e narrativas identitárias

Canção folclórica argentina:
um *entre-lugar* imaginado entre o campo e a cidade

Tânia da Costa Garcia

A invenção e consagração de um repertório musical popular capaz de representar a identidade de um povo instituído como nação, constitui, no decorrer do século XX, um fenômeno comum a diversos países da América Latina.

A música popular, coletada pelos folcloristas no meio rural e, desde fins do século XIX e começo do XX, inserida numa narrativa romântica sobre as origens da nação, encontrará sua forma definitiva como referência identitária nos suportes midiáticos. O cancioneiro folclórico terá o ambiente urbano como seu laboratório de experimentação, sofrendo novas formas de apropriação em resposta aos formatos de veiculação e ao perfil de um novo público.

Em que pese as acusações dos mais conservadores aos meios como deturpadores da cultura nativa, ao final e ao cabo, a mídia será a condição da existência e perpetuação desse repertório, sempre de forma negociada com novos atores sociais.

Entre os anos de 1930 e 1950, governantes de diversos países da região, percebendo o poder dos meios de comunicação numa sociedade em processo de massificação, irão requisitá-los estrategicamente na construção e propagação de uma nova cultura hegemônica, na qual o cancioneiro popular terá papel de destaque.

Na Argentina, não foi diferente. A intensificação da migração do campo para a cidade, o desenvolvimento da industrialização e a correspondente complexidade das relações sociais no espaço urbano, demandarão, no plano político, a reformulação dos laços de solidariedade. Durante a presidência de Juan Domingo Perón (1946-1955), o discurso *nacionalizador* ganhará novos contornos, respondendo à emergência das massas na vida pública.

Com a presença numerosa da gente do interior na capital da república, a cultura popular,[1] representada pelas manifestações folclóricas, serão apropriadas pela política cultural governista e sua reconfiguração negociada com distintos setores da sociedade.

Como bem afirma Claudio Diaz,"...o folclore (...) se converteu numa zona de negociação simbólica e de elaboração de consensos em que se articularam interesses diversos."[2]

A cultura nativa, beneficiando-se dos incentivos do governo, será amplamente divulgada pelas artes de espetáculo – música, cinema, teatro – cabendo aos meios de comunicação de massa corroborar na formatação e difusão do novo discurso hegemônico. No campo musical, a radiodifusão, em

---

1 Não se trata, aqui de definir o que o Estado peronista entende por cultura popular, mas como esta representação se constitui historicamente num campo de disputa e de tensões. Como bem afirma Stuart Hall, "o significado de uma forma cultural [referindo-se ao popular] e seu lugar ou posição no campo cultural não está inscrito no interior de sua forma. (...). O significado de um símbolo cultural é atribuído em parte pelo campo social ao qual está incorporado, pelas práticas ao qual se articula e é chamado a ressoar." Stuart Halll. *Da diáspora. Identidades e mediações culturais.* Belo Horizonte: Ed. UFMG/ Humanitas, 2003, p. 258

2 DIAZ, Claudio. *Variaciones sobre el ser nacional. Una aproximación sociodiscursiva al folklore argentino.* Córdoba: Ediciones Recovecos, 2009, p. 94

grande parte controlada pelo Estado,³ e a indústria fonográfica, interessada em facilitar e expandir a circulação e o consumo de seus bens culturais, participam ativamente desse processo de seleção, elaboração e divulgação de um repertório folclórico capaz de representar singularmente a nação.

A imprensa escrita também terá papel estratégico na construção desse imaginário comum orquestrado pelo poder. Com a reformulação da Carta Constitucional em 1949 e a reestruturação da Subsecretaria de Informações, o Estado passa a exercer controle sobre os mais destacados jornais e publicações do país. Sob o seu comando está a editora Haynes – cadeia de revistas, jornais e rádio. Muitos dos títulos das revistas publicados pela Haynes continuarão a circular, como *El Hogar, Caras y Caretas*, e a eles se somam outros novos, como *Conquista, Cultura, Descamisados Mundo Argentino* e todas as publicações conexas de "Mundo": *Mundo Infantil, Mundo Deportivo, Mundo Agrário, Mundo Atómico, Mundo Peronista* e, finalmente, *Mundo Radial*, principal fonte dessa análise.

De periodicidade semanal e circulação nacional, *Mundo Radial* é uma típica revista do rádio dos anos de 1940 e 1950. Em suas páginas circulavam notícias e informações sobre o universo do rádio, do cinema e do teatro. Encontram-se seções dedicadas aos lançamentos dos selos fonográficos, humor, astrologia e muita publicidade. A maioria dos números possui em torno de 50 páginas, nem todas numeradas, veiculando, sempre muita imagem na forma de ilustrações ou fotografias. Seu primeiro número data de junho de 1949, e o último, ou pelo menos o último localizado, de setembro de 1957.⁴

---

3   Em 1947 – ano do Primeiro Plano Quinquenal – alegando "elementares razões de defesa nacional e concepção espiritual", com fundos oriundos do IAPI (Instituto de Promoção e Intercâmbio) o governo adquiri as emissoras de rádio Belgrano, Splendid e El Mundo, e suas respectivas subsidiárias, totalizando 45 emissoras em todo o país.

4   Para os objetivos desse artigo foram selecionadas as edições publicadas entre 1949 e 1953.

Circulando justamente durante os anos de consolidação e consagração do que Claudio Diaz chama de o "paradigma clássico do cancioneiro folclórico argentino",[5] *Mundo Radial*, embora similar a tantas outras revistas dedicadas ao ambiente radiofônico, concede um espaço inigualável ao universo folclórico. Pela revista é possível acompanhar os eventos folclóricos em cartaz nas *peñas* e casas de espetáculo, os horários dos programas de rádio dedicados ao cancioneiro folclórico, as conferência e palestras sobre o tema, instituições, entidades e clubes devotados ao cultivo das tradições e os lançamentos discográficos dedicados ao gênero. Também encontram lugar no periódico textos polêmicos sobre a massificação do "autêntico cancioneiro folclórico argentino" e a "perigosa presença" da música estrangeira, no *dial* nacional.

As pautas veiculadas pela publicação, dependendo do período, são tendenciosas, no sentido de promover o discurso governista. Para além do mundo das artes de espetáculo, são publicados frequentemente os eventos oficiais programados pelo governo, como "Dia do trabalho", "Dia da tradição", "Dia da bandeira", sempre ilustrados por imagens fotográficas do chefe da nação acompanhado ou não de sua esposa.

Assim, agregando dois universos – arte e política – em muitos momentos imbricados no período, *Mundo Radial* deixa entrever em suas páginas um breve, mas bem delineado retrato dessa complexa relação. O apoio governamental às artes nativas – patrocínio de eventos artísticos,[6] criação e financiamento de orquestras sinfônicas e a promulgação de leis, como a que obrigava a veiculação de 50% de música argentina nas rádios – será fundamental para promover a cultura do campo na cidade, transpondo resistências e facilitando a incorporação desse universo à cultura nacional argentina. Por sua vez, o cancioneiro folclórico e seus artistas, nem sempre

---

5   DIAZ, Claudio. *Variaciones sobre el ser nacional. Una aproximación sociodiscursiva al folklore argentino*. Córdoba: Ediciones Recovecos, 2009.

6   Auspiciado pela Subsecretaria de Informações e Imprensa, ocorreu em maio de 1952 o Primeiro Festival de Folclore no teatro encampado pelo governo, Enrique Santos Discépolo.

atrelados diretamente ao fazer político, mas envolvidos com a invenção de um paradigma clássico para a canção folclórica argentina, irão corroborar, conscientemente ou não, com a proposição governista de constituição de uma nova hegemonia.[7]

As análises intrínseca e extrínseca das opções estéticas constituintes da tradicional música folclórica argentina, e do modo como alguns desses músicos folcloristas, autores e intérpretes dessas canções, irão atuar como mediadores na divulgação da cultura rural no espaço da metrópole e nos meios de comunicação, contribuindo para sua aceitação e incorporação por um público mais amplo que o de origem, diga-se nacional, constituem o eixo central dessa abordagem.

O cancioneiro folclórico argentino: um *entre lugar* imaginado

Das páginas de *Mundo Radial*, foram selecionadas, entre 1950 e 1955, nove canções pertencente ao repertório dos artistas com maior número de aparições na revista. De Margarita Palacios, a zamba "Paisage de Catamarca" e a cueca "Recuerdos de mis Valles"; de Los Hermanos Ábalos "Carnavalito Quebradeño" e "Chacarera del Recuerdo"; de Los Abrodos, o triunfo "Alerta""; de Martha de Los Rios, a zamba Nostalgias Tucumanas; de Los Troperos de Pampa Achala, a cueca "Cerros de glória" e "Beleza serranas"; e finalmente de Antonio Tormo o famoso chamamé "El Rancho de la Cambicha."

A maior parte das canções aqui selecionadas, independente do gênero – zamba, chacarera, cueca, carnavalito, triunfo, etc – não foge aos padrões temáticos ou discursivos identificados por Claudio Diaz como formadores

---

[7] Considerando a intensificação do êxodo rural, entre os anos de 1940 e 1950, referendar essa cultura campesina, valorizá-la no espaço da urbe, apresentá-la e mesclá-la à cultura citadina, foi a forma encontrada pelo governo de Perón para estruturar um imaginário social receptivo à presença desses homens e mulheres do campo e seus costumes no cotidiano da cidade e incluí-los simbólica e efetivamente à vida política da nação.

do paradigma clássico: 1º) vontade nacionalizadora, (pertencimento à nação manifesto na relação regional/nacional ou local/pátria); 2º) o mito de origem acompanhado da perda do lugar de origem (o provinciano lamenta a distância que o separa de suas raízes, reportando-se de forma idealizada a esse lugar) ; 3º) a língua do folclore (referindo-se às particularidade que ganha a pronúncia da língua conforme a região de origem); 4º) a viagem ao coração da província (canções que se reportam às paisagens do interior, aos costumes, às festas populares, aos rituais de cada região – representações exaltadas da vida provinciana, tradução da essência *criolla*, do ser nacional).[8]

Entretanto, os padrões indiciários elaborados pelo autor, apresentam em comum a referência a um passado imaginado, filtrado pelo distanciamento do provinciano de seu suposto lugar de origem ou por uma história reconstruída a partir de elementos chaves desse gênero de narrativa. Para os fins dessa análise identificamos, portanto, dois padrões básicos que hospedam os demais: 1) o tempo da memória[9] - recordação de um lugar e tempo passado, evocados ou por referências a cultura, como festas tradicionais ligadas ao calendário religioso/pagão, as comidas, bebidas típicas e músicas que integram tais festejos, ou pelo onírico que reconstrói de forma idealizada as paisagens locais; 2) o tempo da história, representado nas canções que evocam as vitórias nas batalhas pela independência e seus heróis.

Pertencentes ao tempo da memória evocada já no título da canção, estão "Nostalgias Tucumanas" de Atahualpa Yupanqui, "Nostalgias Santiagueñas" e "Chacarera del Recuerdo" de Los Hermanos Ábalos e "Recuerdo de mis Valles" de Manuel Acosta Villafañe – duas zambas, uma chacarera e uma cueca, gêneros bastantes populares do repertório folclórico argentino.

---

8 DIAZ, Claudio. *Variaciones sobre el ser nacional. Una aproximación sociodiscursiva al folklore argentino*. Córdoba: Ediciones Recovecos, 2009.

9 As considerações sobre memória coletiva e individual e história e memória têm como referência teórica as reflexões de Maurice Halbwachs em A *mémoria Coletiva*. São Paulo: Editora Centauro, 2006.

"Nostalgias Santiagueñas" na gravação de Los Ábalos, recorda o *"pago* perdido", o lugar de origem, agora idealizado pelo provinciano que lá já não vive. Com um arranjo de piano, violão e bombo leguero, expressa, no andamento mais lento da zamba, a saudade em forma de lamento, manifestada de modo literal ao fim de cada estrofe:

> *"Pago donde nací, es la mejor querencia: Y más me lo recuerda mi larga ausencia, ay, ay, ay, sí, sí. (...) Vuelva de nuevo al pago, a mi Santiago, ay, ay, ay, sí, sí. Forastero que va, siempre quiere quedarse, y del suelo querido suele prendarse, ay, ay, ay, sí, sí. Si la muerte ha'i llegar, Si la muerte ha'i llegar, no'i de morir contento mientras no pite un chala de mi Loreto, ay, ay, ay, sí, sí."*

Em "Chacarera del Recuerdo", embora o tema continue sendo a lembrança de um tempo vivido, o andamento mais acelerado da chacarera transmite exatamente o que se quer recordar: os dias de festa em que todos se reuniam em torno da comida, da bebida, cantando e dançando.

Já a cueca "Recuerdo de mis Valles" num clima menos vivaz que a chacarera, mobiliza sentimentos que se misturam: a dor da saudade, expressa na interpretação dramática de Palacios – "Recuerdo yo, cuando era niño" – é aplacada pela boas lembranças –"vidala y chaya me iba cantando para la vina" –, e conclui: "nunca te olvidaré / Santa Maria de mi niñez."

Elegendo a festa como lugar privilegiado para recordar o passado, relembrado por costumes como a culinária, as músicas e as danças locais, estão as canções "Chacarera del Recuerdo", já comentada no primeiro grupo, "Carnavalito quebradeño", ambas do repertório de Los Hermanos Ábalos, e "El rancho de la Cambicha", interpretada por Antonio Tormo. Não por acaso os gêneros que cantam a festa são a chacarera, o carnavalito e o chamamé, esse último num arranjo mais próximo de uma toada cuyana.

"Carnavalito Quebradeño", de Los Ábalos, gênero da região noroeste, possui um arranjo típico com charango, quena e bombo acompanhando as vozes em uníssono de Los Hermanos Ábalos. Há uma longa introdução instrumental com a quena puxando a melodia, seguida pelo charango e pela percussão. A canção, seguindo o tema, possui um ritmo festivo, típico do carnavalito, que convida a todos para entrar na roda e dançar. Traz também descrições da paisagem mesclada aos costumes e tipos locais. As particularidades físicas do ambiente constituem referências identitária do provinciano "quebradeño a mi me dicen porque naci en la quebrada" ou "Porque soy como mi cerros, curtido por la helladas".

Em "El Rancho de Cambicha", com um arranjo de violões e um piano acompanhando a interpretação impecável de Antonio Tormo, homens e mulheres aventurarem-se no encontro romântico da dança. Na letra, o provinciano anuncia em verso suas expectativas e preparativos para a esperada noite de baile. No "Rancho de la Cambicha", vestido no seu melhor traje, perfumado e penteado estará pronto para a convidar a dama mais bonita para bailar: "Y esta noche de alegria / com la dama más mejor / en el rancho de la cambicha / al trotecito tanguearé." Aqui, como em "Carnavalito quebradeño" não há propriamente recordações, mas a referência à formas de sociabilidade, de identidade localizada no passado, pertencentes a uma cultura ameaçada de extinguir-se.

Já "Paisage de Catamarca", canção de Polo Gimenez, interpretada por Margarita Palacios, "Bellezas Cerranas" e "Tonada del Arborito", do repertório de Los Troperos de Pampa Achala, evocam a paisagem do interior da Argentina. Os detalhes descritos são muitos: flores, rios, montanhas, pássaros, árvores, animais e a vida que nesse cenário transcorre em perfeita harmonia com a natureza. Tanto em "Paisage de Catamarca" como em "Bellezas Cerranas a idealização da paisagem é autorizada pelo onírico que, embalado no ritmo calmo da zamba, quase entre o sono e a vigília, pede passagem logo na primeira estrofe, nas duas canções. Assim, em "Paisage de Catamarca": "Desde la cuesta del portezuelo/ Mirando abajo/ *Parece un sueño*". Ou em "Belleza Serrana": "Tierra de mi querer/Valle de San Javier*/tus serranías llenas de flores/con su belleza me *hacen soñar*."

Pertencentes ao segundo grupo, as canções que se referem a um tempo histórico, como o triunfo "Alerta", e a cueca "Cerro de Gloria", narram épocas de luta e conquista, exaltando os heróis da independência. As vitórias são comemoradas e recordadas no ritmo festivo do triunfo – dança originalmente surgidas por ocasião das guerras de independência – e da cueca. "Alerta", da autoria dos Hermanos Abrodos, consciente de dirigir-se a um público com pouca intimidade com o repertório folclórico, apresenta, logo na primeira estrofe, as origens do gênero para o ouvinte: "Soy una danza pampa / soñe la gloria / de haber marcado rumbos / en nuestra história." A estrutura sintagmática da canção é épica. "Alerta" rende homenagens à Justo José Urquiza, responsável pela queda de Rosas e um dos construtores do Estado Nacional Argentino, em meados do século XIX.

A cueca "Cerro de Glória", com a mesma estrutura épica do triunfo "Alerta" enaltece Juan Lavalle, San Martin e figuras menores que estiveram ao lado dos conquistadores, como o cartógrafo e secretario privado de San Martin, Alvarez Condarco.

Em comum, nos dois grupos, em todas as canções citadas, o "eu poético" aparece em primeira pessoa. Quem fala é sempre o provinciano conhecedor dos costumes, dos lugares e dos episódios que narra. Mas, de onde fala o provinciano? Tempo e espaço para serem concretizados e sentidos como "coisas", como bem afirma o antropólogo Roberto Damatta, necessitam de um sistema de contrastes[10] e, nesse caso, o contraste é dado implicitamente pela cidade e sua contemporaneidade. A presença da urbe na canção – sugerida e não declarada – é demarcada pela lembrança, pelo sonho, ou pelo passado mais longínquo, representado pela história da nação. Imagens, que selecionadas pela memória ou pela história, entram no registro literário da poética da canção. Desenraizado do tempo presente, o provinciano realiza, na canção, o reencontro com a identidade perdida em meio à profusão de signos da metrópole.

Os temas musicais e poéticos trabalhados pelos compositores se constituem num *entre-lugar*, numa fronteira imaginária entre a cidade, território onde vive o provinciano, mas com o qual não se identifica totalmente, e o

---

10 DAMATTA, Roberto. *A casa e a rua*. Rio de Janeiro: Ed. Rocco, 2003, p. 36.

campo, território de origem, núcleo de suas referências, do qual encontra-se apartado.

O cancioneiro folclórico aciona uma trama cujos fios vão compondo uma estrutura comum de lembranças, atando o passado ao presente como tradição.[11] As imagens recriadas pelas canções, nas palavras de Michel De Certeau, exaltam, "a beleza do morto",[12] que aqui revive, fermentando uma nova narrativa identitária.

Os artistas mediadores[13] e as estratégias de difusão da cultura provinciana nos espaços da metrópole

Representada pela canção folclórica, a identidade desse *entre-lugar*, resultante dessa mescla entre territórios que até então se repeliam mutuamente, é possibilitada e moldada também pela atuação estratégica dos mediadores – intérpretes e compositores que atuaram paralelamente como produtores artísticos de programas radiais, donos de casas de noturnas, escolas de música e dança, centros de tradições. Responsáveis pela difusão e circulação do cancioneiro folclórico para um público mais amplo e diversificado que o local, prescreveram práticas de apropriação, condição

---

11 Concordamos com Eric Hobsbawm e Terence Ranger, para quem as tradições, constantemente re-inventadas, visam estabelecer uma continuidade artificial com o passado, oferecendo legitimidade a um conjunto de práticas, de natureza ritual ou simbólica, que tem como objetivo inculcar valores e normas de comportamento pela repetição. *A invenção das tradições*. São Paulo: Paz e Terra, 2002.

12 DE CERTEAU, Michel. "A beleza do Morto". In Michel De Certeau. *A invenção do cotidiano. Artes de Fazer*. Petrópolis: Editora Vozes, 1998.

13 O sentido de mediação cultural utilizado aqui, baseia-se na considerações de Serge Gruzinski sobre "agentes mediadores", denominação que utiliza ao referir-se aos "agentes sociais que a partir de sua posição liminar entre duas culturas, favorecendo a transferência e o dialogo entre universo aparentemente incompatíveis, elaborando mediações (...) e colaborando assim para articulação e permeabilização de suas fronteiras." In Berta Ares e Serge Gruzinski (org.) *Entre dos mundos. Fronteras culturales e agentes mediadores*. Sevilla: CSIC, 1997. p. 8

essencial para consagração do paradigma e sua legitimação como símbolo da identidade nacional argentina.

Andrés Chazarreta foi um dos primeiros a desempenhar esse papel. Referendado pelos defensores do genuíno folclore argentino como um de seus mais tradicionais representantes, já na década de 1920, com sua Companhia, criava espetáculos folclóricos para serem apresentados em teatros da capital para um público heterogêneo, nem sempre familiarizado com a cultura do interior da Argentina. Chazarreta foi quem inicialmente introduziu o piano nos arranjos das canções folclóricas, com o intuito de facilitar a recepção e evitar, por exemplo, estranhamentos quanto aos timbres de instrumentos nem sempre reconhecíveis pelo público citadino.

Os anos de 1930 marcam o início da carreira de muitos compositores folcloristas que migraram para a Buenos Aires na expectativa de melhores oportunidades profissionais, como Hilário Cuadros (Mendoza), Buenaventura Luna (San Juan), Manuel Acosta Vilafañe (Catamarca), Montbrum Ocampo (San Juan). Quase todos de origem cuyana, com exceção do catamarquenho Vilafañe. Estes precursores – a partir de lugares estratégicos ocupados, também deram sua colaboração para a configuração do paradigma clássico.

No entanto, seria preciso esperar os ventos favoráveis anunciados pelos anos de 1940 e 1950, pela política peronista para que o cancioneiro folclórico conquistasse um avanço significativo, sobrepondo, no final da década, o próprio tango.

Desse período, dentre os artistas que contribuíram sobremaneira para a difusão e recepção das canções ligadas à identidade do interior da Argentina no território da metrópole, destacamos, das páginas de *Mundo Radial*, Los Hermanos Ábalos, Carlos Montbrum Ocampo e Manuel Marcos Lopez, que, não por acaso estão entre os artistas folclóricos em maior evidência na revista. Todos os três, nascidos e criados no interior da Argentina e migrados para Buenos Aires, entre final dos anos de 1930 e 1940, em busca de melhores oportunidades de trabalho.

Los Ábalos, para além da produção e difusão do seu repertório, conscientes da pouca familiaridade do público bonarense com a cultura musical do interior, negociaram com os limites simbólicos de ocupação do território urbano, adaptando performances, incorporando hibridismos, e lançando mão de ações pedagógicas. Apresentavam-se geralmente de terno, adequados às formalidades do ambiente urbano por onde circulavam, mas peculiarmente sobreposto por um capa, identificando a origem e o compromisso do grupo com a cultura *gaucha*. No repertório, numa tradição que vinha desde Andrés Chazarreta, na maior parte dos arranjos está presente o piano. Instrumento que, aliás, acompanha também as interpretações e composições do sanjuanino Carlos Montbrum Ocampo, que trataremos a seguir.

Como empresários do show business, Los Ábalos inauguram em 1942 uma espécie de peña, "El Salon Achalay". Posteriormente fundam um clube privado, Club de Los Ábalos, que logo se transforma num lugar muito concorrido e frequentado pelo "melhor da sociedade portenha".[14] É bastante emblemático o testemunho de um dos irmãos a respeito da frequência e da dinâmica do local:

> (...) por isso digo sempre que o wisky tem muito a ver com o folclore, porque muitos começaram a frequentar a casa por isso e depois terminavam gostando da zamba e do gato. (...) Aí fazíamos só o nosso, como nas festas do Jockey Club em Santiago [de Estero]: um pouco de música nativa e outro tanto passávamos à música da moda, porque não há nenhum gênero que possa aguentar 6 ou 7 horas de gente bailando o mesmo.[15]

Embora Los Ábalos sejam considerados puristas em termos de folclore, na administração de seu negócio, como podemos notar, não eram nenhum pouco conservadores. Ao contrário, na intenção de atrair e manter seus clientes, servia-se a bebida de preferência de seu frequentadores e

---
14 *Revista Los Grandes del Folklore*, ano I, nº 3, julho de 1991. p. 17
15 *Revista Los Grandes del Folklore*, ano I, nº 3, julho de 1991. p. 17

mesclava-se folclore com outros ritmos da moda, introduzindo, em doses homeopáticas, o repertório interiorano entre os portenhos. Certamente, esse tipo de ambiente onde se ouvia e se dançava as canções folclóricas sem o culto exclusivo do gênero, permitiu que aqueles não diretamente interessados nessas sonoridades, terminassem se aproximando.

Com o sucesso do clube privado, Los Ábalos terminam expandindo o negócio e abrem a luxuosa casa "Achalay Huassi". O local torna-se um dos centros noturnos mais afamados da cidade, lugar de encontro de artistas escritores, e obrigatório para aqueles que queriam ver e serem vistos na noite portenha. Em *Mundo Radial* de 25/05/1950, sob o título "Casa bela,[16] onde reina o folclore" segue a matéria ilustrada por fotografias que revelam o requinte do ambiente com um piano de calda ao fundo:

> (…) um verdadeiro baluarte do genuíno folclore na cidade imensa que tem despertado de sua apatia para oferecer seu calor e seu afeto para "avançada" do campo que chega cheia de brio e valores espirituais para ganhar o lugar que lhe corresponde no coração do povo e do qual nunca deveria ser apartada. Em Achalay Huasi, Martinez e Ledesma vozes melodiosas, gaúchos de smokey branco fazem tanto pelo folclore que merecem todo apoio e consideração dos que, com legitimo orgulho, se sentem argentinos.[17]

O texto notoriamente realça a importância da cidade saber valorizar a cultura autóctone, da qual o povo, supostamente o boanarense, encontra-se afastado – referindo-se provavelmente à forte presença estrangeira na capital e à programação radial. O autor comenta, ainda, o traje dos músicos que, apesar do smokey, mantinham a essência da cultura *gaucha* na interpretação do cancioneiro. A opção por um traje social em vez da roupa típica dependia do perfil de cada artista, mas respondia também às demandas do ambiente e da ocasião.

---

16 "Achalay Huasi" significa "Casa bela" em quéchua.
17 *Mundo Radial*, de 25/05/1950, s/p.

Los Ábalos também se dispuseram a difundir de forma didática a cultura folclórica argentina, conquistando novos adeptos. Em 1945 abrem o Primer Estudio Integral de Arte Nativo. Ensinam piano, violão, instrumentos autóctones, canto, danças, sapateado criollo, literatura tradicional e lendas.[18] Também em suas apresentações ao vivo, não era incomum explicarem os gêneros que interpretavam, ensinando inclusive os passos das danças, com um casal de bailarinos em cena.

O músico, compositor e intérprete Carlos Montbrun Ocampo, foi outra figura que se destacou como mediador na divulgação do cancioneiro folclórico na cidade de Buenos Aires. Ocampo, além de se apresentar em casas de show da noite bonarense, como "Mi Rincon", ainda dirigia "Mi refugio" outro ambiente dedicado à canção *criolla* .

A figura do sajuanino Carlos Montbrun Ocampo, "trajando smokey e sentado ao piano", no melhor estilo dos músicos de boates de classe média, era perfeita para fazer essa ponte entre o campo e a cidade. Como bem analisa Octávio Sanchez, nascido numa família abastada do interior, Ocampo era um tipo distinto do folclorista tradicional. Não era popular como Tormo ou Hilário Cuadros, mas circulava "num estrato social alto, atuando em lugares frequentados por um público distinto das peñas mais populares, o que corroborava para propagar uma determinada imagem de si como intérprete do folclore,[19] e, podemos acrescentar, agregava ao folclore uma imagem mais positiva, promovendo sua circulação e aceitação entre um público urbano que, pela sua origem social, era mais reticente à rusticidade dos costumes campesinos.

Vale reproduzir aqui a notícia vinculada em *Mundo Radial*[20] sobre a apresentação de Ocampo em *Mi Rincon*. Sob o título "Um Rincão campesino na grande cidade", segue o texto:

---
18 Revista *Los Grandes del Folklore*, ano I, n° 3, julho de 1991.
19 SANCHEZ, Otávio. "Intersecciones sociales em la circulación de Carlos Montbrun Ocampo". In *Huellas, Búsquedas em Artes y Deseño*, n° 6, 2008, Mendoza: ISSN 1666-8197, p. 187.
20 *Mundo Radial*, 25/05/1950.

Em *Mi Rincon*, onde as notas do piano prodigioso de Carlos Montbrun Ocampo [que, como observa o narrador, "vestido com smoking acompaña ao piano"], senhor do folclore, somam aos rasqueados viris do violão e ao retumbar monocórdico da caixa nortenha... notas que formam zambas, cielitos, escondidos, gatos...Tudo é animação e alegria no ambiente. Alçam os lenços perfumados da cidade. O piso encerado substituí o espaço livre de terra dos ranchos humildes; não há percales, nem laços, nem arranjos para cabelo. Nem sequer camponeses com bombacha e adorno de prata. Tão pouco cheiro de manjericão. São homens e mulheres da cidade que cantam e bailam (...) ritmos nativos."[21]

Ocampo, ao agregar ao seu perfil aristocrático um espírito empreendedor, além de um repertório de melodias fáceis, com sublinha Sanchez, torna-se, como Los Hermanos Ábalos, uma peça chave na conexão entre o campo e a cidade, contribuindo para a popularização do cancioneiro folclórico entre os bonarenses, condição *sine qua non* para a elevação do gênero à representante da identidade nacional argentina.

Outro personagem ligado ao cancioneiro folclórico que, entre os anos de 1940 e 1950, contribuiu para expandir a cultura do interior na cidade portenha foi Manuel Marcos López. Oriundo da província de Córdoba e líder do grupo Los Troperos de Pampa Achala, apresenta-se pela primeira vez na Radio *El Mundo* de Buenos Aires, em 1947, para, logo em seguida, estrear, na mesma emissora, com seu programa "Defendamos lo Nuestro", que passa a ir ao ar todos os domingos entre 10:00 a 11:00 horas da manhã e aos Sábados, de 20:00 às 21:30 horas.

Em 1948, Los Troperos de Pampa Achala gravam seu primeiro disco pelo selo Odeon, contendo a zamba "Bellezas Serranas", de Julio Alberto Tello, seguida pela "Tonada del Arbolito", recopilada por Pedro Herrera. De um modo geral, o repertório do grupo era mais identificado com o cuyano, prevalecendo as tonadas.

---

21 *Mundo Radial*, 25/05/1950. Número especial dedicado ao folclore.

Na revista *Mundo Radial* de 20/10/1949 é noticiada a presença de Los Troperos de Pampa Achala no Centro Tradicionalista Provincianos Unidos (CPTU). Nesse espaço, onde eram cultuadas as tradições do interior da Argentina, o grupo apresentava a teatralização de um *casamento serrano*, desde a benção, a chegada dos cantores, o baile dos noivos, até o cancioneiro de festejo. Não por acaso, o Centro Tradicionalista Provincianos Unidos (CTPU) tinha como presidente e um de seus fundadores Manuel Marcos Lopez. Situado no bairro de Flores, em B. Aires, o CPTU também sediava com frequência espetáculos nativistas. Em datas cívicas, como 25 de maio,[22] 20 de junho,[23] 17 de agosto[24] e o dia da Tradição, dali saiam grupos de gaúchos com carretas transportando orquestras que desfilavam até a Praça de Maio, no coração da cidade. Muitos desses eventos eram transmitidos pela rádio "El Mundo" de Buenos Aires no programa dirigido por Manuel Marcos Lopes, "Defendamolos ló Nuestro",

O Centro Tradiclenlistas Provincianos Unidos era não só uma referência segura para os artistas do interior que vinham tentar a vida na capital, como ainda agregava os provincianos que faziam questão de se reunir para cultivar suas tradições. O lugar estratégico ocupado Manuel Marcos Lopez entre os cultores do folclore, o governo e os artistas, lhe conferia reconhecimento e prestigio, o tornando, portanto, outra figura chave na operação de urbanização/massificação da cultura provinciana.

Considerações finais

A invenção da canção folclórica argentina é resultado de um processo de transformações sociais, políticas, econômicas e culturais que, longe de significar estritamente a preservação de uma cultura campesina em vias de extinção, constitui um discurso sobre a tradição. Moldado pelos meios de comunicação e por artistas, em grande parte migrados para os grandes

---

22 Formação do primeiro governo argentino.
23 Dia da bandeira argentina e da morte de seu criador general Manuel Belgrano.
24 Morte do libertador General Jose de San Martin.

centros urbanos e voltado para um público mais amplo que o local, o repertório do cancioneiro folclórico evoca um passado cuja principal forma de acesso é a memória. As lembranças desses lugares e tempos idos são constituídas individual – pelos vestígios das recordações de cada história em particular – e coletivamente – pelas referências partilhadas e legitimadas conjuntamente. Longe de seus lugares de origem, reunidos na cidade grande, as distintas experiência desses artistas vão sendo somadas, arranjadas e propagadas num discurso coerente acordado por todos, legitimando uma história comum. Nem a cidade nem o campo, a canção folclórica é oriunda de um *entre-lugar*, cuja imagem é filtrada pela memória.

A atuação desses músicos e compositores do cancioneiro folclórico como mediadores, desempenhando os papeis simultâneos de educadores, diretores artísticos de programações radiofônicas, empreendedores do show business ou ainda de dirigentes de centros tradicionalistas foi fundamental para a aceitação desse repertório por um público mais amplo que o local. Ocupando esses lugares de poder e de prestígio corroboraram para promover o diálogo entre dois mundos – o rural e o urbano – historicamente cindidos.

A política cultural dos tempos de Perón calcada no nacional-popular e o controle exercido pelo governo sobre os meios de comunicação, concedeu à canção folclórica um espaço nunca antes usufruído. Os artistas ligados a cultura nacional e popular, organizados em sindicatos, e muitas vezes filiados ao partido governista beneficiaram-se inclusive de leis que protegiam seus interesses, garantindo-lhes oportunidades de trabalho e projeção na carreira artística. Para a política peronista, as representações imaginárias desse *entre-lugar* ao atar simbolicamente as pontas desses universos em conflito, facilitou a construção de uma nova hegemonia.

A revista *Mundo Radial* – fonte dessa pesquisa – sob o controle da Subsecretaria de Informações, ao veicular em suas páginas um discurso flagrantemente nacionalista, exaltando as manifestações folclóricas como genuína expressão do caráter nacional, participou ativamente da configuração de uma nova identidade do povo argentino ao selecionar, incluindo e excluindo,[25] artistas e repertórios que deveriam representar a autêntica canção folclórica argentina.

As representações ou os cânones que configuram o paradigma clássico da canção folclórica argentina são, portanto, forjados num cenário bastante particular, caracterizado pelo predomínio cada vez maior da vida urbana sobre a vida rural, pelo surgimento de uma sociedade de massa e pela reconstrução de uma identidade cultural que encontra respaldo nos interesses de mercado e na perspectiva de constituição de uma nova hegemonia política, levada a cabo pelo governo de Juan Domingo Perón. Nesse período de intensas mudanças, a cultura, mais uma vez, é eleita "o espaço estratégico para reconciliação das classes e a reabsorção das diferenças sociais."[26]

Bibliografia

ARES, Berta; GRUZINSKI, Serge (org.) *Entre dos mundos. Fronteras culturales e agentes mediadores.* Sevilla: CSIC, 1997.

DAMATTA, Roberto. *A casa e a rua.* Rio de Janeiro: Ed. Rocco, 2003, p. 36.

DE CERTEAU, Michel. "A beleza do Morto". In De CERTEAU, Michel. *A invenção do cotidiano. Artes de Fazer.* Petrópolis: Editora Vozes, 1998.

DIAZ, Claudio. *Variaciones sobre el ser nacional. Una aproximación sociodiscursiva al folklore argentino.* Córdoba: Ediciones Recovecos, 2009.

---

25 O músico folcloristas Atahualpa Yupanqui foi censurado e condenado ao silêncio pelo governo de Perón por não colaborar com a imagem de uma nação orgânica, ao denunciar a exploração a que era submetido o trabalhador no campo. Sobre esse assunto cf: GARCIA, Tânia da Costa. "Entre a tradição e o engajamento. Atahualpa Yupanqui e a canção folclórica nos tempo de Perón". In *Projeto História.* São Paulo, n°36, p. 197-209, jun. 2008.
26 MARTIN-BARBERO, Jesus. *Dos meios às mediações.* Rio de Janeiro: UFRJ, 1997, p. 169.

GARCIA, Tânia da Costa. "Entre a tradição e o engajamento. Atahualpa Yupanqui e a canção folclórica nos tempo de Perón". In *Projeto História*, São Paulo, n° 36, p. 197-209, jun. 2008.

HALBWACHS, Maurice. *A mémoria Coletiva*. São Paulo: Editora Centauro, 2006.

HALL, Stuart. *Da diáspora. Identidades e mediações culturais*. Belo Horizonte: Ed. UFMG/ Humanitas, 2003.

HOBSBAWM, E.; RANGER, T. *A invenção das tradições*. São Paulo: Paz e Terra, 2002.

MARTIN-BARBERO, Jesus. *Dos meios às mediações*. Rio de Janeiro: Editora da UFRJ, 1997.

SANCHEZ, Otavio. "Intersecciones sociales em la circulación de Carlos Montbrun Ocampo". In *Huellas, Búsquedas en Artes y Deseño*, n° 6, 2008, Mendoza: ISSN 1666-8197.

Fontes Primárias

Revista Los Grandes del Folklore, ano I, n° 3, julho de 1991.

Revista Mundo Radial (diversos números entre 1949-1952).

Entre a dança e o canto:
novas identidades no folclore argentino do século XXI

Claudio Fernando Díaz

Introdução

Durante a última década do século passado e os primeiros anos do presente, a Argentina, como boa parte da América Latina, foi palco para implementação de políticas neoliberais que produziram mudanças substantivas nas estruturas produtivas, nas formas de sociabilidade, nos modos de fazer política e nas práticas culturais. No campo da música popular, e especialmente do folclore, ocorreu uma transformação substantiva, na medida em que a lógica do mercado tornou-se completamente dominante, ao ponto de reduzir, à sua mínima expressão critérios de legitimação estabelecidos desde os tempos de fundação do campo como tal.

Durante o desenvolvimento do campo do folclore – entre as décadas de 1920 e de 1980 –, a lógica da mercadoria conviveu (e nem sempre de modo dominante) com outros critérios de valor, como o apego às tradições e saberes provincianos, a fidelidade às "artes esquecidas" de que falava Atahualpa Yupanqui, o testemunho em relação às lutas populares ou a "qualidade" na elaboração tanto musical como poética.[1] Essa convivência e disputa entre critérios de valores diferentes se vinculava também ao desenvolvimento de tradições e paradigmas discursivos distintos, demarcadores da legitimidade pela qual competiam os artistas. Em meio a essas tradições, se cosolidaram ainda narrativas identitárias que se apropriaram de modos distintos dessa herança valorizada que recebia o nome comum de "folclore".

Mas com a expansão quase ilimitada da forma mercadoria,[2] as cifras de venda como único critério de valor, e a concentração da indústria discográfica nas mãos das multinacionais, no campo do folclore foram produzidas diferentes hibridações (com as baladas românticas, com o "pop latino", com diversas tradições roqueiras etc.), que foram diluindo, de algum modo, as tradições anteriores. Essas modificações geraram as condições para a emergência de um "folclore jovem", caracterizado pela identificação do público com a figura do artista – concebido como "estrela"–, e que recuperava de um modo vago e mais ou menos híbrido alguns elementos identitários nacionalistas do paradigma clássico do folclore: alguns elementos de vestuário, as bandeiras argentinas, as camisetas da seleção, a agitação[3] de ponchos etc. Nas palavras de Natalia Díaz:

> Graças à espectacularização das performances, da erotização das corporalidades (particularmente masculinas), da ilusão de

---

1 Coloco "qualidade" entre aspas porque os critérios de qualidade se alteram e são distintos nas diferentes tradições. Para um conhecimento mais profundo da questão do valor na música popular, ver SANS, Juan Francisco, e LÓPEZ CANO, Rubén (comp.). *Música popular y juicios de valor. Una reflexión desde América latina.* Caracas: Ed. Fundación CELARG, 2011. ISBN 978-980-399-021-3.
2 Sobre a expansão da forma mercadoria no mundo contemporâneo, ver MARGULIS, Mario: "Ideología, fetichismo de la mercancía y reificación", em *Estudios sociológicos* V. XXIV, n° 1, jan.-abr. 2006, Colegio de México, México DF.
3 "Revoleo" de ponchos.

complementariedade criada entre o cantor e seu público, o artista se transforma em estrela. O ídolo é um produto que termina se impondo pela repetição de sua imagem em publicidades, *merchadinsings*, videos musicais, e sua constante difusão via meios massivos de comunicação.[4]

Entretanto, por mais intensa que tenha sido a orientação neoliberal imposta nesses anos, numerosas fissuras ocorridas no processo permitiram o desenvolvimento de outros discursos e outras práticas. Alguns músicos, poetas e bailarinos começaram a criar, nesses anos, uma alternativa que bebia em algumas das tradições do campo e as ressignificava em relação às outras tradições populares. Essas práticas tiveram como eixo chave a produção de lugares de encontro que escaparam do circuito comercial dos grandes festivais, e terminaram por originar um circuito alternativo de produção e consumo, graças ao qual desenvolveu-se uma música e um modo de dançar com características próprias. Nesse circuito foi tecida uma nova narrativa identitária enredando músicos, bailarinos e público num fenômeno que em nossos dias gera eventos multitudinários.[5]

Identidade e folclore

Desde os tempos da constituição do campo, o folclore argentino (tal qual ocorreu em outros países da região) esteve fortemente ligado a um certo imaginário de nação. Os estados-nação modernos chegaram a adquirir a solidez e a aparência do óbvio constituindo-se em fortes enclaves identitários, pelo menos até o final do século XX. Porém, abordar a reflexão

---

[4] DÍAZ, Natalia: "La Argentinidad al Palo: el folklore en la década de los noventa"; em Díaz, Claudio (comp.) *Fisuras en el sentido. Músicas populares y luchas simbólicas.* Córdoba: Ediciones Recovecos (no prelo), 2013.
[5] Para uma análise mais detalhada desse fenômeno, ver: DÍAZ, Natalia; PÁEZ, Florencia; DÍAZ, Claudio. *Bailar en San Antonio. Testimonios y reflexiones sobre el Encuentro Nacional Cultural de San Antonio de Arredondo.* Villa María: Eduvim, 2012.

acerca do folclore em relação *a um certo imaginário de nação* implica numa ruptura com essa evidência da Doxa.⁶ A ideia de um "imaginário" mostra-se consistente para abordar esta problemática, em especial em relação às músicas populares.⁷

Desse ponto de vista, "nação", "pátria" ou "ser nacional" não são nomes de objetos dados de um modo simples pela experiência, mas sim criações sociais da ordem do *imaginário*.⁸ Essas significações imaginárias permitem pensar as identidades, na medida em que estabelecem quem somos e quem são os outros, narram de onde viemos, quem são nossos heróis fundadores, quem são nossos deuses. O fato de serem criações sociais não lhes tira seu caráter de verdades profundas nas quais se funda o sentido da vida.

Pois bem, essas significações, sobre as quais é fundada a identidade – individual e coletiva–, ganham habitualmente a forma de relatos. Simon Frith afirma, questionando todo essencialismo, que o "eu" é fundamentalmente imaginado a partir de uma estrutura narrativa.⁹ Nessa construção

---

6   Uso o termo "Doxa" no sentido que lhe atribuí Roland Barthes. *El susurro del linguaje*. Barcelona-Bs. As. -México: Paidós, 1987.

7   No texto as expressões "simbólico" e "imaginário" são empregadas indistintamente, sem considerar a distinção lacaniana entre ambas. Nesse caso o uso do termo "simbólico" vem da tradição bourdiesiana e se refere às lutas pela imposição de um "arbítrio cultural". Enquanto o termo "imaginario", é empregado no sentido atribuído por Castoriadis, como fica explicitado no corpo do texto.

8   Na perspectiva de Cornelius Castoriadis, o imaginário não deve ser entendido como fantasioso, inexistente, falso no sentido de não verificavel, oposto ao verdadeiro. O imaginário é, pois sim, uma capacidade radical de criação específicamente humana. A capacidade de criação de significações imaginárias (não somente representações, uma vez que há significações fundamentais que não *representam* nada, como por exemplo "Deus") é o que permite às sociedades fundar um mundo com sentido, um "cosmos" social. As significações imaginárias socialmente criadas são as que sustentam esse mundo pleno de sentido. São, portanto, profundamente verdadeiras. CASTORIADIS, Cornelius. *Los dominios del hombre: las encrucijadas del laberinto*. Barcelona: Gedisa, 1994.

9   FRITH, Simon. "Música e identidad", em HALL, Stuart e DU GAY, Paul (comps.) *Cuestiones de identidad cultural*. Buenos Aires, Madrid: Amorrortu editores, 2003.

narrativa das identidades, o "eu" e o "nós" nunca são meramente uma constatação do dado, mas estão atravessadas por essas significações imaginárias relacionadas a ideais de todo tipo. A identidade é também um ideal. Não se trata só do que acreditamos que somos, mas também do que gostaríamos de ser. Contudo, poderia agregar algo mais: a identidade é também a negação daquilo que não queremos ser, daquilo que nos aterroriza e, portanto, negamos de variadas formas.

Do ponto de vista de Frith, e de certas linhas dos Estudos Culturais, são nas práticas culturais – como a música – onde as identidades se constituem. Por este motivo, acaba sendo muito interessante indagar sobre as contribuições do folclore na criação desses imaginários de nação que, ao longo do tempo, atravessaram as identidades de diferentes grupos sociais. É importante indagá-los em sua complexidade, porque sendo fenômenos massivos, tornam-se espaços de luta em torno da definição das identidades. Assim, é possível afirmar que as músicas populares foram e são o cenário de uma luta pela definição do que Bourdieu chamava dos princípios de visão e divisão legítima do mundo social.[10] Quanto ao aspecto que interessa para esse trabalho, pode-se afirmar, então que, em relação ao folclore, "pátria", "nação" ou "ser nacional" designam significações na disputa das lutas simbólicas.

Definir o folclore

Essas disputas pela imposição de um relato identitário que fixa os sentidos da nação tem uma genealogia que necessita ser recuperada para que se possa entender as novas narrativas emergentes em fins do século XX. Começaria por definir o que entendo por folclore e porque falo de um momento fundacional.

Folclore é um termo enormemente polissêmico. Para reduzir essa polissemia acredito ser possível distinguir, pela menos na Argentina, três processos relacionados ao folclore. Refiro-me, em primeiro lugar, ao processo

---

10 BOURDIEU, Pierre. ¿Qué significa hablar? Madrid: Akal, 1985.

de introdução, desenvolvimento e estabelecimento de uma Ciência do Folclore, que começou em fins do século XIX, e suas relações com o projeto de construção de uma Argentina moderna. Em segundo lugar, ao projeto de uma arte "nacional" que começou a se esboçar na mesma época sobre a base de raízes que remontam ao Romantismo, e que tomou forma doutrinária em um corpus textual na época do Centenário da Revolução de maio (1910),[11] dando lugar às correntes "nativistas" ou "tradicionalistas" que a partir daí se desenvolveram até o início da década de 1940 e ainda depois. E, em terceiro lugar, à circulação e consumo massivo de certo tipo de produtos culturais – especialmente, diversos gêneros de canções provenientes de diferentes regiões do interior do país –, que se tornaram possíveis graças ao desenvolvimento do rádio, da indústria discográfica, da publicidade e posteriormente da televisão. Este último desenvolvimento deu espaço para a criação dos grandes festivais, para o estabelecimento de um sistema de consagração de artistas que se converteram em ídolos populares, e a todo um campo de produção e consumo que forma parte da música popular, no sentido da expressão que lhe atribui Juan Pablo González.[12]

Meu interesse está centrado nesse último fenômeno. Entretanto, a contribuição desse campo da música popular para a definição dos imaginários de nação está marcada por sua relação com os outros dois processos mencionados. O nacionalismo cultural se desenvolveu graças às profundas transformações decorrentes da modernização oligárquica, iniciada após as guerras civis, a guerra contra o Paraguai e a guerra contra o índio. Um dos traços característicos dessa modernização foi a introdução de grandes massas imigratórias de origem europeia. Nesse contexto, o impacto da imigração gerou uma enfática busca de elementos identitários "nacionais" por um

---

11 A revolução de maio de 1810 é considerada em todos os relatos como o momento fundacional da Nação Argentina. A partir de então começaram as guerras de independência, que seria vitoriosa em 1816.
12 GONZÁLEZ, Juan Pablo. "Musicología popular en América latina. Síntesis de sus logros, problemas y desafíos". *Revista musical chilena*, v. 55, n° 195, p. 38-64. Santiago, 2001.

grupo de intelectuais pertencentes às aristocracias provincianas (Leopoldo Lugones, Manuel Gálvez, Ricardo Rojas, entre outros). Em textos como *El Payador*[13] e *Eurindia*,[14] foi esboçado um programa que sinalizava para a construção de uma arte nacional baseada na apropriação do *gaucho* como figura mítica e herói fundador da nacionalidade.[15] Essa idealização estava atrelada a um mito de origem que postulava uma idade de ouro pré moderna e provinciana, cujos valores eram encarnados pelo *gaucho*, seu mundo, suas coisas, sua língua, seus costumes, suas canções e sua dança.

Nesse contexto, o Folclore, a nova disciplina que vinha se desenvolvendo na Europa, encontrou condições favoráveis que marcariam a especificidade de seu desenvolvimento na Argentina. O interesse da nova disciplina pela recopilação, classificação e estudo dos velhos costumes e sobrevivências dos setores populares, preferencialmente rurais, confluiu com a necessidade dos setores dominantes da Argentina de construir para si uma "origem" e uma "genealogia" distintiva que lhes garantissem a proteção simbólica da identidade ameaçada. O *gaucho*, seu ambiente, seus costumes, sua cultura se tornam foco de interesse, valorização, recopilação e estudo.[16]

Nos textos programáticos do nacionalismo cultural, além disso, há uma insistência na necessidade de inculcar o sentimento da nacionalidade

---

13 LUGONES, Leopoldo. *El Payador*. Buenos Aires: Ediciones Centurión, [1916] 1944.

14 ROJAS, Ricardo. *Eurindia. Ensayo de estética sobre las culturas americanas*. Buenos Aires: CEAL, [1924] 1980.

15 Sobre as profundas disputas pela apropriação da figura do *gaucho* ver Prieto, Adolfo. *El discurso criollista en la formación de la Argentina moderna*. Buenos Aires: Sudamericana, 1988 e Ludmer, Josefina. *El género gauchesco. Un tratado sobre la patria*. Buenos Aires: Libros Perfil, 2000. Em sua relação específica com o fenômeno do folclore ver DÍAZ, Claudio. "Las disputas por la apropiación del gaucho y la emergencia del 'folklore' en la cultura de masas", em *Actas de las JALLA (Jornadas Andinas de Literatura Latinoamericana)*. Bogotá: Universidad de los Andes, Universidad Nacional de Colombia, Pontificia Universidad Javeriana, 2006. CD. ISBN 958-695-230-4.

16 ONEGA, Gladys. *La inmigración en la literatura argentina (1880-1910)*. Buenos Aires: CEAL, 1982.

através da introdução do folclore na escola. O imigrante, que na concepção da geração do '37[17] foi pensado como um elemento civilizador, isto é, educador, era percebido agora como uma massa perigosa que devia ser educada, disciplinada, normalizada e nacionalizada. Em outros termos, devia ser imbuída de uma identidade que, como já vimos, expressava, antes de mais nada, um ideal.

A tarefa do Estado, então, não era só resgatar, mas também "difundir" isso que vinha do "profundo", para gerar "patriotismo". Vale dizer, não se tratava de expressar uma identidade, mas sim de contribuir para produzi-la.

Ao mesmo tempo, os materiais recolhidos foram objeto de "uma expurgação cuidadosa e paciente"[18] para seu uso na escola. Foram eliminadas as incorreções linguísticas, as alusões aos costumes censuráveis, as marcas de classe do proletariado rural etc. Houve ainda exclusões mais gerais, profusamente fundamentadas tanto nos textos dos nacionalistas como nas teorizações dos folcloristas: na pureza da identidade nacional não havia lugar para as marcas de classe, e tão pouco para os elementos provenientes dos povos originários e menos ainda para as culturas afro. Os nacionalistas haviam construído a imagem do *gaucho* como herói civilizador e lhe atribuído um inimigo "bárbaro": o índio, o grande excluído do folclore. O mesmo ocorria com o negro.

A partir de meados da terceira década do século XX, quando teve início a difusão, através das rádios e da indústria discográfica, de um conjunto de canções provenientes de distintas provincias com o nome de folclore, os folcloristas necessitaram distingui-las dos fenômenos que estudavam. Essa necessidade deu lugar ao desenvolvimento de numerosas discussões sobre o conceito de "projeção". Todavia, para além dos esforços acadêmicos para

---

17 Assim é denominada na Argentina a geração romântica do século XIX, à qual pertenceram figuras como Esteban Echeverría e Domingo Faustino Sarmiento. O processo de modernização referido no texto deve muito às ideias desses pensadores.
18 Consejo Nacional de Educación. *Antología Folklórica Argentina para las Escuelas de Adultos*. Buenos Aires: Ed. Kraft, 1940.

estabelecer a distinção, essas canções estavam já atravessadas pelas mesmas significações que haviam funcionado como matriz de sentido nas recopilações e no uso escolar do folclore: objetivava-se valorizar o provinciano e o rural, carregado de conotações que remetiam a uma identidade de tipo essencial, concebida em termos de Nação. Esta é, justamente, a perspectiva predominante nas canções que, desde os anos de 1930, são difundidas massivamente pelos meios de comunicação e que se tornaram conhecidas não como projeção, e sim, simplesmente, como "folclore".

Apropriações e disputas

Não obstante o discurso nacionalista e a ciência do folclore tenham construído um primeiro núcleo de significações, as sucessivas apropriações foram produzindo modificações e gerando sentidos novos. Para os fins desse trabalho, destaco quatro processos que deram lugar a orientações distintas na maneira de atribuir sentido à pátria do folclore, e que geraram outras tantas narrativas identitárias.

Em primeiro lugar, a reapropriação do popular que significou a emergência do peronismo. O discurso nacionalista havia construído uma imagem idealizada do *gaucho*, como estereótipo do provinciano, e esse ideal entrou em forte contradição com os provincianos reais, os migrantes internos, as massas de "cabecitas negras"[19] que chegaram às grandes cidades atraídas pelos processos modernizadores dos anos de 1930 e 1940. O *gaucho*, o provinciano de Lugones e Rojas – mas também de Andrés Chazarreta, Buenaventura Luna e dos Hermanos Ábalos[20] –, era muito mais uma

---

19 "Cabecitas negras" era o nome que os setores médios e altos davam aos imigrantes internos. Essa denominação está fortemente carregada de um olhar depreciativo sobre os setores populares. A expressão conquistou fama literária com o conto homônimo de Germán Rozenmacher, editado pela primeira vez pela Editorial Jorge Álvarez em 1962.

20 Referências importantes da época da fundação do folclore como campo da música popular.

abstração, uma figura que se opunha à "descaracterização"[21] imposta pela urbanização. As massas migratórias, pelo contrário, eram uma presença real nas cidades. Disputavam postos de trabalho, ocupavam espaços, criavam bairros precários, saturavam o transporte público, se faziam visíveis nas praças, nos passeios públicos e geravam um fenômeno de consumo cultural. Os setores dominantes e as classes médias percebiam esse fenômeno como uma invasão, daí a origem da expressão "el aluvión zoológico"[22] para referir-se ao fenômeno.

Os "cabecitas negras" foram a base social do peronismo, e nessa articulação há dois elementos que possibilitaram uma reapropriação popular do folclore. Por um lado a melhora das condições de vida a partir da conquista de direitos sociais – resultado das políticas oficiais – abriu um mercado para o folclore produzido pela indústria cultural. Desse modo, houve, nos anos de 1940, uma convergência entre uma indústria cultural que vinha crescendo e amadurecendo, desde os anos de 1920, um Estado que apoiava decididamente esse tipo de manifestação, um campo do folclore já bastante desenvolvido pronto para gerar uma oferta de música popular produzida profissionalmente e um público em condições econômicas de consumir e apropriar-se dessa música, capaz de sustentar seus distintos modos de circulação: as "bailantas" (bailes populares), as peñas, as audições de rádio, as revistas, os cancioneros, as academias de dança e, é claro, os discos.[23]

Mas há outro aspecto do peronismo que interessa aquí. No discurso peronista, os trabalhadores – os "descamisados", os "cabecitas negras"– aparecem como um sujeito que pela primeira vez tem um lugar, e um lugar

---

21 Expressão de Ricardo Rojas para referir-se à influência imigratória.
22 Expressão utilizada pelos meios para referir-se aos migrantes provincianos adeptos do peronismo. Foi pronunciada pela primeira vez em 1947, no Congresso, pelo deputado Radical Ernesto Sammartino, e rapidamente adotada pelos setores antiperonistas.
23 Pablo Vila também faz referência à emergência do folclore e de suas formas características de circulação e visibilidade, particularmente vinculadas com a apropriação do fenômeno por parte dos setores peronistas de origem provinciana. Ver VILA, PABLO. "Peronismo y folklore ¿Un réquiem para el tango?". Revista *Punto de Vista*, Buenos Aires, n° 26, abr. 1986.

especialmente valorizado na história da Pátria. No 1º de maio de 1944, Perón dizia: "*Chegam de todos os pontos do país*, alentando a confiançaa de um povo usurpado que começa a crer na justiça social e sente, pela primera vez, o *orgulho de* saber-se escutado e de *sentir-se argentino*"[24]

De modo que no discurso de Perón estava presente também a valorização simbólica de uma identidade de classe que tendia a coincidir com a própria pátria. Isso possibilitou uma apropriação popular do folclore que competiu com as apropriações oligárquicas. Esta apropriação popular tornou-se possível na medida em que os interesses dos trabalhadores provincianos coincidiam, pelo menos parcialmente, com os do Estado e com os do Mercado. Graças a essa coincidência, os trabalhadores obtinham benefícios simbólicos específicos: 1) podiam reconhecer-se e serem reconhecidos nessa música, em um processo de construção identitária que ultrapassava os limites provinciais e regionais; 2) podiam vincular essa identidade, de um modo especialmente valorizado, com a Nação; 3) e ainda podiam obter satisfação, entretenimento, alegria, e uma solução simbólica para o conflito provocado pelo desenraizamento; e 4) por último, podiam reconhecer-se nessa música, reivindicá-la (e reivindicar-se) como "classe", independente do fato do discurso oficial insistir que o peronismo significava a superação definitiva da luta de classes na Argentina. Se o folclore, como disse Gravano,[25] era visto naqueles anos como "coisa de negros", é porque esses "negros" se apropriavam do folclore e o reivindicavam, reivindicando-se a si mesmos. Daí que, quando Antonio Tormo era nomeado como "o cantor das coisas nossas", esse nós podia referir-se tanto à Nação como à classe.

Em segundo lugar, desde a época dos pioneiros houve um olhar sobre o popular que concorreu com a construção oligárquica das significações de pátria. Esse olhar pode ser observado na maneira yupanquiana de apropriar-se do que chamava as "artes esquecidas", que dará lugar a um modo de vincular-se com o canto que, na sua linguagem, poderíamos chamar de

---

24 Citado por Sigal e Verón, 2003 [1985]: 33 (grifo nosso).
25 GRAVANO, Ariel. *El silencio y la porfía*. Buenos Aires: Corregidor, 1985.

"cantar com fundamento". Carlos Molinero[26] nota com propriedade que Yupanqui introduz precocemente três mudanças (aliás, eu diria três rupturas) centrais em relação ao discurso dos nacionalistas e dos folcloristas: a recuperação e valorização da figura do índio, incluindo na nossa construção identitária um dos grandes excluidos; a ruptura da especialização regional de gêneros e de artistas, iniciando um caminho de aberturas, cruzamentos e apropriações diversas; e o início de um canto militante, que aborda e denuncia uma realidade social que expõe a dimensão do conflito de um "nós" nacional. Eu diria ainda que, Yupanqui define uma posição de artista criador (mesmo sendo fiel às "artes esquecidas") e não mero recopilador, que inspiraria posteriormente muitos músicos e poetas.

Yupanqui bebeu numa tradição de *gauchos* cantores que teve sua elaboração literária no "cantar opinando" hernandiano[27] e que se manteve viva entre os setores populares. Esse "cantar com fundamento" se caracterizava, por um lado, pela proximidade com a experiência e os sofrimentos dos setores subalternos, dos humildes, dos pobres, uma experiência que não só se expressava, mas que também era denunciada no canto. Por outro lado, "cantar com fundamento" era definido também pela autenticidade, pela busca de uma maneira individual, própria, de inserir-se na corrente coletiva. Pretendia-se, desse modo, que o coletivo não se confundisse com o homogêneo, com o sempre idêntico, com o feito em série. E finalmente, caracterizava a seriedade, o respeito pela transcendência do canto, ligado a uma busca e uma experiência que ia além do imediato, que alcançava uma dimensão cósmica e por isso, não admitia frivolidade.

As rupturas de Yupanqui abriram uma brecha no imaginário de nação construído pelo nacionalismo, e inauguraram um modo de apropriação do popular que, em parte coincidia e em parte se diferenciava da apropriação peronista. Tanto é assim que Molinero irá chamá-lo de "esquerdista precoce".

---

26 MOLINERO, Carlos. *Militancia de la Canción. Política en el canto folklórico de la Argentina (1944/1975)*. Buenos Aires: Ediciones de aquí a la vuelta/Editorial Ross. 2011.
27 Refiro-me ao poema *El gaucho Martín Fierro*, que José Hernández publicara em 1872 e que terminaria por converter-se no centro do cânone literário nacional.

Yupanqui, então, converteu-se em referência de toda uma corrente, a dos grandes renovadores, ao afirmar que, para recuperar os fundamentos do canto popular, era necessária uma grande renovação, deixando para trás os estereótipos do folclore clássico. Dessa corrente fazem parte o Movimento do Novo Cancioneiro, os grupos vocais que se apropriaram de outras sonoridades tanto eruditas como populares, os poetas do canto, herdeiros das vanguardas latino-americanas e todo o fenômeno da canção militante.

Em terceiro lugar, entre os anos de 1960 e 1980 – ainda que com raízes anteriores – desenvolveu-se o que Andrés Avellaneda caracterizou como "discurso de repressão cultural".[28] Esse discurso, segundo o autor, não se apresentou completo a partir de um dado momento, mas foi manifestando-se paulatinamente em textos oficiais, regulamentações, instruções, no discurso pedagógico, em certos decretos que regulavam os meios audiovisuais, o discurso jornalístico e diversas manifestações culturais.

A característica mais importante desse discurso, chegando ao final desse artigo, é sua maneira de entender a cultura. Segundo Avellaneda, o discurso repressivo pensa a cultura como subordinada à moral. Sua missão é formar o "homem argentino", e um uso indevido seria permitir a "infiltração" de valores alheios ao "estilo de vida argentino". Justamente por essa concepção essencialista de um "ser nacional" enraizado nas tradições e pertencente ao ocidente cristão, os setores da direita que desenvolveram esse discurso (principalmente vinculados à igreja católica, ao exército e a diversos partidos políticos, incluindo o radicalismo e o peronismo) encontraram no folclore certas significações disponíveis, das quais se apropriaram e as ressemantizaram.

Nesse período, aquela questão fundacional da definição de um "nosso" encontraria um "outro", que não seria mais o imigrante que "descaracterizava" a nação, e sim um inimigo ideológico, o marxismo, que se "infiltrava insidiosamente" para "corromper" a juventude com valores

---

28 AVELLANEDA, Andrés. "El discurso de represión cultural (1960-1983)". *Escribas. Revista de la Escuela de Letras,* Córdoba, n° III. Facultad de Filosofía y Humanidades, Universidad Nacional de Córdoba, 2006.

"subversivos". Assim, enquanto muitos cultores de um folclore politizado e renovador eram perseguidos, o folclore mais clássico, ou certas versões particularmente chauvinistas, se converteram em música oficial do que era chamado de "Estado burocrático-autoritário".[29]

Nota-se, portanto, que as lutas simbólicas pela definição da identidade "nacional" alcançaram uma forte dramatização, paralela à dramatização que alcançaram as lutas políticas. Mas com a ditadura militar (1976-1983), toda a corrente renovadora e crítica foi varrida pela proibição, pela censura e pelo exílio, e o folclore ficou associado aos valores nacionalistas na sua vertente mais autoritária. Isso explica porque durante anos, até a recuperação da democracia, ocorreu um alijamento dos setores juvenis, que encontraram um espaço de resistência no rock.

Em quarto lugar, graças à recuperação da democracia conquistou visibilidade toda uma camada nova de artistas que havia trabalhado silenciosamente durante a ditadura, e que gerou um fenômeno que foi denominado "renovação" do folclore. Refiro-me a artistas como Teresa Parodi, Raúl Carnota, Suna Rocha, Peteco Carabajal e Jacinto Piedra. Esses artistas retomaram os caminhos da corrente renovadora e crítica com duas diferenças fundamentais. Por um lado, do ponto de vista letrístico, em que pese a permanência dos temas característicos da vida provinciana, apareceram novamente as lutas populares, porém vinculadas a uma nova valorização da democracia e das lutas dos novos movimentos sociais: organismos de direitos humanos, coletivos de jovens, mulheres, lutas ambientais etc. E do ponto de vista musical, houve um caminho profundo de aproximação das raízes indígenas e afro, e ao mundo de sentidos do rock. Essa aproximação do rock foi também favorecida pela atitude de figuras emblemáticas da corrente renovadora dos anos 60, como Mercedes Sosa e "el Chango" Farías Gómez, e pelos nomes consagrados do rock como León Gieco e Charly García.

---

29 MARISTANY, Javier. *Narraciones peligrosas. Resistencia y adhesión en las novelas del proceso*. Buenos Aires: Biblos, 1999.

Dançar em San Antonio

No início desse artigo disse que os anos de 1990 foram marcados pela imposição de um referencial neoliberal e por um Mercado que desprezava cada vez mais o Estado como símbolo das relações sociais. Também disse que a expansão ilimitada da forma mercadoria teve um impacto na música popular, e no caso do folclore, tornou possível a emergência do chamado "folclore jovem".

O predomínio dos critérios de eficiência e rentabilidade traçou novas fronteiras interiores, e muitos atores sociais foram empurrados para o lugar do "outro": os ineficientes, os que não se modernizaram, os que não tinham espírito de empresa, os perdedores, os enfermos, os velhos, os pobres, os camponeses, os que questionavam o modelo, os que não eram competitivos.

Mas esse mesmo período foi também de emergência de muitas formas de resistência que produziram fissuras no referencial neoliberal. O movimento piqueteiro, os movimentos sociais, os movimentos de mulheres, as minorias sexuais, o movimento camponês, as organizações ecologistas, os organismos de direitos humanos, as organizações estudantis, as organizações de artistas independentes, todos – e cada um a sua maneira – produziram discursos alternativos. Nesse cenário, no campo do folclore, ocorreu a emergência de uma corrente alternativa, que elaborou uma nova narrativa identitária, retomando e reformulando as tradições do campo. Essa corrente deu lugar a todo um circuito de *peñas* e a uma série de encontros de artistas que tentavam escapar à lógica comercial dos grandes festivais. Entre eles, o Encontro Nacional de San Antonio de Arredondo (província de Córdoba), fundado em 1991, converteu-se em um enorme e massivo ritual anual, reunindo artistas e público. Gostaria de encerrar este trabalho descrevendo algumas características artísticas e rituais nas quais podem ser observados os traços centrais da trama argumentativa dessa nova narrativa identitária que se relaciona e tensiona as distintas tradições e modos de apropriação do folclore.

a) **Nós e os outros.** Assim como o "outro" para o folclore clássico foi o estrangeiro que "descaracterizava" a nação, e para apropriação autoritária a "subversão apátrida", esta nova narrativa também constrói um sistema de inclusões e exclusões, embora radicalmente diferente. Um dos elementos de coesão entre artistas e público é o rechaço comum a uma zona do folclore que percebem como puramente comercial, e que coincide com a maioria dos representantes do chamado "folclore jovem" e outros artistas de grande público como "el Chaqueño" Palavecino. Como oposição a isso apresentam uma forma de produção fundada principalmente em critérios artísticos e ligada às tradições e às lutas populares.

Portanto, também são rechaçadas as apropriações nacionalistas de cunho autoritário, e recuperadas as tradições renovadoras dos anos de 1960 e 1980, o cantar com fundamento yupanquiano, e tudo que no paradigma clássico se reportava às "artes esquecidas" e às tradições populares. Essa recuperação é realizada a partir de um lugar específico que expande o "nós" em novas direções.

Há um novo interesse pelas canções e pelas danças e uma ampla recuperação das raízes indígenas e afro das músicas populares. O que pode ser observado tanto nas letras como na música. Nas letras, não só através da tematização, mas também pela apropriação de toda uma retórica e um conjunto de metáforas que se referem às lutas campesinas, às injustiças dos processos de conquista e, genericamente, a toda uma espiritualidade sincrética que em parte se sobrepõe e em parte se opõe à oficial.

Essa espiritualidade é devedora das apropriações e elaborações provenientes da cultura rock tal como se desenvolveu na Argentina. O interesse pelos mundos indígenas e negros foi parte integrante de toda uma espiritualidade vinculada à contracultura, às religiões orientais, às correntes subterrâneas da filosofia, aos poetas malditos, ao inconsciente, às experimentações com drogas psicodélicas etc. Muitas dessas referências aparecem nas letras das canções, convivendo e sobrepondo tradições, como os "rezabailes santiagueños"[30] ou os cultos aos santos populares.

---

30 Os *rezabailes* são rituais em que se baila e se realizam oferendas em cumprimento de alguma promessa a um santo ou virgem. Também costumam realizar-se em homenagem a algum personagem legendário, como a Telesita, ou a alguma pessoa importante.

Quanto à música, um dos traços que caracteriza esta corrente é a reintrodução nas músicas criollas (como a cueca cuyana ou el rasguido doble correntino) de elementos percusivos de origem afro que estavam excluidos do folklore clássico. E ainda a recuperação de gêneros que haviam sidos renegados, como o candombe ou as canções de murga. Há também uma recuperação de instrumentações e bases rítmicas de origem indígena ou mestiça. Nesse sentido, a aproximação do universo rockeiro é fundamental. Parte importante da recuperação do negro vem mediada não só intelectual, mas também musicalmente pelo rock. Algumas experiências, como a da Eléctrica Folklórica,[31] levaram muito longe a hibridação de elementos, resultando numa banda com som rockeiro fusionado com instrumentações oriundas dos gêneros folklóricos que, como tal, seguem sendo reconhecíveis e dançantes.

Finalmente, há também uma expansão dessa identidade do "nós" relacionada a uma ampla gama de lutas populares que tem enfrentado, desde os anos de 1990, a imposição do modelo neoliberal: os organismos de direitos humanos, o movimento dos trabalhadores rurais, as organizações que lutam contra megamineradoras, os grupos que resistem ao monocultivo de soja e suas fumigações massivas, a Rede de Comércio Justo, coletivos artísticos e de bairros etc. É importante destacar que nas letras das canções de artistas como do Dúo Coplanacu, Raly Barrionuevo, Paola Bernal ou Lula Fernández, essas lutas são permanentemente relacionadas com as lutas de décadas anteriores e com figuras míticas que encarnaram aquelas e estas. Assim, nas canções podem aparecer tanto as Madres de Plaza de Mayo ou "el Che" Guevara, como o Subcomandante Marcos ou os líderes do movimento dos trabalhadores rurais.

---

31 A *Eléctrica Folklórica* foi uma formação encabeçada por Bicho Díaz (charanguista, quenista, especializado em ritmos folclóricos do noroeste argentino) e Titi Rivarola (guitarrista e líder de uma das bandas de rock de maior trajetória em Córdoba). Durante a década de 1990 contribuiu para uma grande renovação musical e foi referência para muitos músicos, posteriormente.

b) **O regresso da *minga*.** A minga era um modo de organização de trabalho comunitário próprio de muitos povos originários. A comunidade se encarregava de uma tarefa que beneficiava a alguém em particular (construir uma casa, fazer uma colheita etc.) na confiança do compromisso do beneficiado de participar em outra minga que beneficiaria a outros. A minga é um modelo paradigmático, de raiz indígena, de uma solidariedade comunitária que desafia, por sua própria natureza, a lógica da mercadoria.

A minga, como prática solidária, tem sido amplamente recuperada pela corrente que estamos analisando. Aparece tematizada nas letras das canções, no nome de alguns grupos e, fundamentalmente, no modelo de organização da atividade. Esse último se dá em vários níveis. Por um lado, é muito comum que se organizem *peñas*, das quais os artistas participam solidariamente, para arrecadar fundos para uma gama bastante ampla de objetivos: ajudar a um restaurante popular ou a um hospital, colaborar com alguma luta específica, ajudar a reparar a moradia incendiada de alguém etc. Por outro, o espírito da minga está na decisão generalizada, às vezes de forma muito consciente e outras nem tanto, de produzir de forma independente tanto os discos como as apresentações ao vivo. Em alguns casos, artistas como o Dúo Coplanacu, chegaram a desenvolver um selo de gravação próprio (Latitud Sur), a partir do qual não só produzem seus próprios discos, como também ajudam a muitos outros artistas a produzirem em condições muito diferentes daquelas impostas habitualmente pela indústria.

Essa ação de colaboração mútua terminou por favorecer a construção de uma ampla rede de relações entre os artistas. Em primeiro lugar, entre os músicos e poetas, que trabalham juntos e colaboram permanentemente na produção dos discos e apresentações, e geram parcerias de composição. Em segundo lugar, entre músicos e bailarinos, tanto os mais ou menos profissionais que participam das apresentações, como os inúmeros bailarinos *amadores* que vão às *peñas* para bailar. Finalmente, nota-se também uma extensa rede de relações entre artistas, público e organizações sociais muito variadas.

A recuperação do espírito da minga também se expressa na negativa do artistas em ocupar e promover o lugar de "estrela" que caracteriza a zona mais comercial do campo. No Encuentro de San Antonio circula uma frase que se repete amiúde: "Às estrelas, os festivais". Desse modo se estabelece uma diferença profunda entre festivais como de Cosquín e a lógica que caracteriza encontros como o de San Antonio. Assim, no dito encontro os artistas não cobram por sua participação, não fazem publicidade nos circuitos midiáticos, não cobram entrada para nenhuma das muitas atividades realizadas, e não se anuncia previamente quem estará no palco, para evitar que as pessoas escolham os momentos em que vão tocar as figuras mais conhecidas. Ainda mais, durante a manhã ou a tarde, em meio às atividades culturais, é possível encontrar artistas conhecidos (como Paola Bernal, Luna Monti o Silvia Zerbini) dando ou participando de uma oficina, ou até cortando cebolas ou fazendo empanadas na cozinha comunitária. E o mesmo ocorre em muitas *peñas* multitudinárias, onde qualquer um pode se aproximar e conversar com os artistas que se misturam ao público antes de subir no palco. Trata-se de elementos rituais chaves na trama argumentativa dessa narrativa identitária, orientados a desconstruir ritualmente a distância entre artistas e público, reforçando assim um "nós" comum.

c) **Bailar vivendo e viver bailando**. O último aspecto que gostaria de destacar é o novo lugar ocupado pelo baile nesse tipo de *peña*. Nas *peñas* e festivais folclóricos oficiais sempre houve um lugar para as danças, mas desde os anos fundadores até a década de 1990, esse lugar foi se limitando ao palco cênico a partir de dois processos. Por um lado, as danças populares que eram recopiladas ao serem encenadas foram adquirindo progressivamente as características de espectáculo, especificamente do ballet. Os vestuários, as luzes, as coreografias, mas principalmente a técnica e os corpos dos bailarinos foram se adaptando a essa necessidade. Inclusive a busca por legitimidade fez com que a dança fosse adotando elementos formais e técnicos provenientes do ballet clássico. Por outro, a partir dos anos 1940 e 1950, instituiu-se um sistema de ensino baseado nas academias que estandardizaram e fixaram fortemente não só as coreografias, os passos e as posições corporais, como também associaram todo esse conjunto aos valores nacionalistas que estabeleciam corpos e formas válidas ou incorrectas. Assim, por exemplo, todo movimento de cadeiras, próprio da influência afro, foi eliminado.[32] Como consequência desse processo, nos festivais e nas *peñas* o baile ficou circunscrito aos artistas profissionais aos palcos.

A corrente que estamos analizando reconfigurou completamente o sentido da dança, numa tentativa de recuperar seu caráter popular. Essa tendência nasceu da relação entre bailarinos e músicos das correntes renovadoras que gerou uma série de oficinas, as quais, em primeira instância, apontavam para o descobrimento mútuo das duas formas artísticas. Mas, rapidamente, figuras como Silvia Zerbini, Juan Saavedra ou Jorge Valdivia, começaram a propor oficinas de danças populares que passaram a formar outros tipos de bailarinos a partir de um método que não se remetia às coreografías e posições corporais fixas, e sim à conexão com a música, com os demais e com o mundo, valorizando a expressão corporal e a busca do movimento próprio. Nessas oficinas se formaram bailarinos que, no decorrer dos anos de 1990 foram transformando as *peñas* em bailes. A formação desses bailarinos teve algumas consequências muito notórias. Em primeiro lugar, disseminou-se a ideia de que qualquer um pode dançar as danças populares. Não são somente para especialistas, com corpos disciplinados e treinados. São danças para todos, seja qual for a idade, o gênero ou as características corporais. Em segundo lugar, essa apropriação gerou um deslocamento notório dos palcos para as pistas de baile como centro da festa. Essa alteração produziu uma transformação substantiva na disposição do espaço, com a pista de baile ganhando cada vez mais lugar até converter-se num único espaço dançante nas *peñas* mais massivas. Finalmente, a busca

---

32 DÍAZ, Claudio; DÍAZ, Natalia. "Devolverle el cuerpo a la gente. Danzas folklóricas y disputas por los sentidos de corporalidad". Atas da IX RAM (Reunião de Antropologia do Mercosul) UFPR, Curitiba, 2011. Disponível em: <http://www.sistemasmart.com.br/ram/arquivos/ram_GT23_Claudio_F_Diaz.pdf >. Acesso em: 15 set. 2013.

de um movimento próprio num contexto urbano e moderno, tornou possível a incorporação de linguagens provenientes de outras tradições, como a dança contemporânea, o flamenco, as danças afro e toda linguagem corporal desenvolvida no mundo do rock, incluindo rastas, piercing, tatuagens e roupas artesanais.

Em síntese, trata-se de uma narrativa identitária que ressignificou completamente as tradições folclóricas, a tal ponto que tanto os artistas como o público que participam dessa corrente são denominados pelos "outros" com um nome bastante estranho a essas tradições: os chamam "hippies".

Multiculturalismo na "enciclopédia do som" de Moses Asch[1]

Mariana Oliveira Arantes

No ano de 1948 foi criada uma gravadora na cidade de Nova Iorque que se tornaria uma das principais referências na atividade de gravação, preservação e divulgação do repertório folclórico e étnico dos Estados Unidos durante as décadas de 1950 a 1980, a Folkways. O presente texto detém-se, primeiramente, na trajetória profissional do maior idealizador da gravadora: Moses Asch, um judeu atuante no cenário musical do país até a sua morte, em 1986, e em seguida analisa a produção da Folkways em seus anos iniciais, de 1948 a 1960.

---

1 Este texto integra nossa tese de Doutorado desenvolvida junto ao Programa de Pós-graduação em História da Faculdade de Ciências Humanas e Sociais da Universidade Estadual Paulista "Júlio de Mesquita Filho", Campus de Franca/SP, intitulada "Folk Music e Direitos Civis nos Estados Unidos (1945-1960)", sob orientação da Professora Doutora Tânia da Costa Garcia e financiada pela Fapesp-Fundação de Amparo à Pesquisa do Estado de São Paulo.

Moses Asch imigrou com sua família da Europa para os Estados Unidos em 1915, seguindo a carreira de seu pai Sholem Asch, conhecido escritor de livros e peças de teatro que tratavam das tradições judaicas e de suas experiências na Polônia. Sua infância foi marcada pelas migrações forçadas pelo contexto internacional da Primeira Grande Guerra, quando a família Asch viveu exilada em Berlin e Paris, antes de se mudar para Nova Iorque.

Nos anos de 1920, Moses foi estudar engenharia eletrônica na respeitada Electronische Hochschule em Bingen-en-Rhine, na Alemanha. Quando voltou aos Estados Unidos, em 1926, trabalhou para várias empresas na área de eletrônicos antes de abrir seu próprio negócio. De acordo com o produtor e editor musical executivo da Pearson Prentice Hall, Richard Carlin, Asch trabalhou instalando sistemas de som em eventos, o que o levou a um emprego em uma grande estação de rádio em Nova Iorque, a Stromberg-Carlson rádios, gravando programas em discos de acetato e sendo introduzido ao mundo do marketing e sistemas de distribuição das gravações.[2]

O primeiro negócio próprio foi aberto no ano de 1930, a loja chamada Radio Laboratories, em sociedade com Harry Mearns, com o capital inicial emprestado pelo pai.[3] Inicialmente os dois sócios fabricavam e instalavam sistemas de alto-falantes, sendo seus principais clientes os teatros judeus de Nova Iorque. Em 1938, eles construíram um estúdio em uma parte da loja e começaram a gravar discos para uso nas estações de rádio. Desde esse trabalho inicial de gravação de discos, grande parte da sua clientela era judia, considerando que estavam entre os poucos a gravarem música judaica.

Em março de 1940 a sociedade acabou. Houve uma divisão da Radio Lab e Asch ficou com o equipamento de gravação e com o estúdio.[4] A partir de então, Moses começou a se dedicar integralmente ao trabalho

---

2 CARLIN, Richard. *Worlds of sound*: the story of Smithsonian Folkways. New York: Smithsonian Books, 2008, p. 3.
3 GOLDSMITH, Peter D. *Making people's music*: Moe Asch and Folkways Records. Washington: Smithsonian Institution, 1998, p. 63.
4 *Ibidem*, p. 87-88.

de gravação de discos, em sua maioria de música judaica, pelo menos até 1944. De acordo com o antropólogo Peter Goldsmith, as grandes gravadoras como Victor, Decca e Columbia gravaram muito desse repertório na década de 1920, mas, após os anos da Depressão, elas passaram a investir em outros gêneros.[5] Neste período as gravadoras independentes tinham pouco espaço no mercado musical e Asch viu no repertório judaico um nicho ao qual nenhuma outra companhia estava se dedicando no momento.

Reveste-se de significado a origem judaica de Moses Asch, uma vez que diversos estudiosos da canção folclórica dos Estados Unidos reconhecem a importância desse grupo na consolidação do repertório folclórico no país.

A importância dos judeus para a música folclórica, a partir dos anos 1930, é muito comentada, mas pouco estudada. Figuras importantes do cenário folclórico eram judias, não apenas intérpretes famosos como Bob Dylan, Jack Elliott e John Cohen, mas pessoas que atuavam nos "bastidores" como Moses Asch, Ruth Rubin, uma intérprete de orientação esquerdista especialista em canções em iídiche,[6] Irwin Silber, um jornalista, editor e ativista político do Partido Comunista, os produtores Israel Young e Manny Greenhill, entre outros.

O historiador Ronald Cohen acrescenta, em seu livro *Rainbow quest*, que para os jovens judeus, muitos com pais imigrantes, as canções folclóricas poderiam conectá-los à história e à cultura dos Estados Unidos, legitimando sua busca por pertencimento e, ao mesmo tempo, servindo como uma saída à sua alienação do *status quo* político.[7]

O historiador Michael Brenner, autor da obra *Breve história dos judeus*, publicada em 2013, também destaca a importância de diversos personagens na história musical dos Estados Unidos como Leonard Bernstein, primeiro maestro da Filarmônica de Nova Iorque por muito tempo, Barbra

---

5   *Ibidem*, p. 101.
6   Língua resultante da fusão do hebreu, alemão medieval e línguas eslavas, falada e escrita pelos judeus.
7   COHEN, Ronald D. *Rainbow quest*: the folk music revival and American society, 1940-1970. Amherst: University of Massachusetts, 2002, p. 65.

Streisand e Neil Diamond. E o autor afirma: "Escritores, atores e músicos judeus ajudaram a moldar a cultura norte-americana nos últimos cinquenta anos em um grau que se compara somente ao da influência dos intelectuais de língua alemã no começo do século XX".[8]

Em 1941 Marian Distler, judia e de esquerda, simpática ao Partido Comunista, recém-graduada do Hunter College, foi contratada como secretária da gravadora, passando a ser a parceira mais fiel de Moses Asch até sua morte, em 1964. Trabalhando juntos, em 1946 iniciaram a Disc Records of America, apresentando um catálogo de títulos bem variados entre jazz contemporâneo, jazz tradicional, música folclórica, música clássica e linguagem falada.

A política de funcionamento dos negócios de Moses Asch era muito diferente das demais gravadoras; apesar de prover o sustento de sua família com seu trabalho, seu objetivo não era apenas o lucro e sim a preservação de determinado material sonoro. Se algo o interessava ele gravava, sem cobrar nada dos intérpretes, mas também quando alguém o procurava querendo gravar e ele não considerava o material de relevância cultural, a gravação era negada. Não havia um plano de ação para a promoção do catálogo, tampouco uma organização das finanças. Um dos maiores problemas financeiros na Disc Company era a incapacidade de Moses de distribuir seu catálogo, requerendo assim a contratação de terceiros, o que era muito oneroso. Devido a vários processos por falta de pagamento Moses Asch levou a Disc Company of America à falência.

Com a certeza da futura falência oficial da Disc, Asch começou a arquitetar um plano para continuar no mercado de discos. Primeiro Marian Distler desligou-se da Disc para trabalhar com seu amigo, Erlinger, e depois abriu seu próprio negócio, a Folkways Records and Service. Segundo Peter Goldsmith, por ter aconselhado Distler sobre a abertura deste negócio Asch

---

8 BRENNER, Michael. *Breve história dos judeus*. São Paulo: WMF Martins Fontes, 2013, p. 336.

recebeu um montante e o direito de utilizar uma parte do estúdio de Distler para continuar administrando a Disc.⁹

Na verdade, Moses sempre foi dono e idealizador da Folkways, mas esse plano foi necessário já que ele estava impossibilitado de abrir um novo negócio, após a falência da Disc Records of America, declarada oficialmente no dia 15 de janeiro de 1949, e do não pagamento a muitos de seus credores.

Em 1948 era, então, criada a Folkways Records, que tinha como presidente Marian Distler e Moses como seu consultor. Tony Olmsted defende que a história da Folkways ilustra o aprendizado adquirido nos negócios anteriores no sentido de ter cautela quanto à contratação de terceiros para a distribuição do catálogo e às parceiras no processo de produção dos discos, bem como quanto aos esforços em manter os custos de produção baixos. "Folkways atesta o desenvolvimento de Moe como um homem de negócios e como um empreendedor criativo".[10]

A criação da gravadora demonstra o quanto seguir regulamentações governamentais nunca foi uma prioridade para Asch. Entre as primeiras gravações da Folkways encontram-se reedições de gravações realizadas anteriormente pela Disc Records ou por outras gravadoras maiores, muitas vezes sem se preocupar com os devidos direitos das canções. Sobre o assunto recorremos às palavras de Richard Carlin:[11]

> A decisão de Asch de reeditar gravações de jazz nos dez volumes da série de jazz organizada por Frederic Ramsey e depois editar a Antologia da Música Folclórica Americana, ambas consistindo de gravações feitas pelas grandes gravadoras, provocou muitos da indústria musical. Eles o chamavam de "pirata musical", o que, por sua vez, irritou Moe que achava não estar roubando nada. Ao contrário, ao tornar disponíveis gravações que de outro modo estariam definhando nos cofres corporativos, ele estava na verdade

---

9   GOLDSMITH, *op. cit.*, p. 213.
10 OLMSTED, Tony. *Folkways Records*: Moses Asch and his encyclopedia of sound. New York: Routledge, 2003, p. 59.
11 Os textos em inglês foram livremente traduzidos pela autora.

criando um novo público para esta música, o que, no final, beneficiaria as grandes gravadoras.[12]

O mais importante para Moses era o direito de acesso das pessoas à informação. Carlin ainda afirma que para se defender das acusações de pirataria ele utilizava a lei de direitos autorais federal que não regularizava as gravações feitas antes de 15 de fevereiro de 1972, deixando, tecnicamente, tais gravações em domínio público. Ele ainda baseava sua filosofia na Constituição dos Estados Unidos afirmando:

> (...) a Constituição dos Estados Unidos era pra mim um documento muito básico. Quando a II Guerra Mundial começou havia uma escassez de metais, cobre e goma-laca, então as grandes companhias quebraram as matrizes... de Bessie Smith e todas as primeiras gravações. Elas todas desapareceram. Eu comecei a perceber aqui que a Constituição defendia a "disseminação" – o direito de saber é um direito do povo e as companhias fonográficas não estavam se importando com o direito do povo, elas estavam destruindo propriedade que alegavam ter direito. Eu sempre afirmei que o que eles estavam destruindo era cultura, então comecei a reeditar algumas gravações que eu achava que deveriam ser preservadas.[13]

Apesar de já se dedicar à gravação do repertório folclórico e étnico de maneira independente ou em sociedade com outros profissionais do ramo, já antes de fundar a Folkways, esta foi a concretização de seus ideais de preservação e divulgação desse repertório.

Concordamos com Peter Goldsmith quando afirma que apesar do reconhecimento que a Folkways recebeu nos anos de 1960, o trabalho que mereceu destaque nesse período iniciou-se anteriormente, quando Moses Asch determinou como seria sua política editorial, suas vendas, distribuição e estratégias de mercado, desde a criação da Disc Records.[14]

---
12 CARLIN, *op. cit.*, p. 72.
13 CARLIN, *op. cit.*, p. 76.
14 GOLDSMITH, *op. cit.*, p. 226.

Devido à sua ideologia de documentar materiais sonoros relevantes culturalmente, Moses acreditava que todas as gravações deveriam ser disponibilizadas a todo o momento, independente da demanda. Sobre o assunto recorremos às palavras de Richard Carlin:

> A filosofia básica de Asch suportava esta ideia: "Só porque a letra J é menos popular do que a letra S, você não tira ela do dicionário". Apesar de ele dizer que todos os seus álbuns estavam "disponíveis", ele não tinha um depósito abarrotado de milhares de discos. Ao invés disso, Asch pensava que podia prensar os álbuns quando a demanda atingisse um nível suficiente (às vezes pouco como vinte e cinco pedidos) e que seus clientes esperariam felizes por um álbum com conteúdo. Ele pôde escapar do ciclo de altos e baixos que incomodava seus concorrentes.[15]

Ou seja, para Moses era preferível manter um catálogo com muitos títulos disponíveis, mesmo que eles vendessem pouco, do que ter poucos títulos com grande vendagem, pois ele acreditava que teria o lucro do material gravado por meio de sua longa vida de vendagem, garantindo uma capacitação de recursos mesmo em períodos de crise, até porque esta constância dos materiais disponíveis garantia um público fiel de consumidores do seu catálogo.

Outra importante característica do catálogo da Folkways era que, nos anos iniciais, os discos de 78rpm eram geralmente empacotados em "álbuns", que armazenavam de seis a dez unidades, junto com um pequeno livreto que trazia informações e letras de música. E isso continuou mesmo com a mudança para os LPs. Cabe destacar que a Folkways iniciou seus trabalhos em 1948, mesmo ano em que a Columbia lançou seu LP. Como bem observa Tony Olmsted, o LP permitiu que Asch tivesse mais liberdade para explorar uma variada gama de expressões sonoras, uma vez que este suporte limitava menos o tempo das gravações e tinha um custo de produção bem mais baixo do que o dos discos de 78rpm.[16]

---

15 CARLIN, *op. cit.*, p. 10.
16 OLMSTED, *op. cit.*, p. 63.

Os encartes da Folkways vinham separados em livretos que continham muito mais informação do que os encartes de disco das demais gravadoras. Asch contratava especialistas sobre a temática dos álbuns para escrever os livretos e possibilitava a compra dos discos separados dos livretos. As propagandas, quando havia, eram impressas na parte traseira, nos espaços que sobravam.

A propaganda da gravadora também se diferenciava das demais gravadoras. De tempos em tempos era contratada uma empresa para fazer propaganda, raramente promovendo um álbum individualmente. Moses também se recusava a enviar cópias gratuitas aos DJs, como era de praxe na época.

Durante os anos 1950 as lojas de discos mantinham os discos da Folkways em suas prateleiras, mas isso não era suficiente para sustentar a gravadora, então, como afirma Carlin, em 1958 Asch criou a RBF (Record, Book and Film) como uma subsidiária da Folkways para vender os discos e enviá-los por correio e contratou um *promoter* experiente que trabalhava como editor da revista Sing Out!: Irwin Silber.[17] No entanto, até 1958, a promoção da gravadora se dava basicamente de boca em boca, nos poucos anúncios publicados em algumas revistas e pela circulação em lojas de discos.

Richard Carlin afirma que nenhum disco da Folkways alcançou o top 10 das paradas de sucesso, nem mesmo o top 100, porém, sua influência foi muito mais duradoura do que a das canções mais populares.[18]

Um dos melhores mercados para as gravações da Folkways eram as escolas e bibliotecas. Richard Carlin esclarece que as coleções de material sonoro eram uma parte importante de qualquer biblioteca e estas instituições procuravam pelas gravações de efeitos sonoros, material relacionado à ciência e natureza, linguagem falada e materiais de instrução.[19]

---

17 CARLIN, *op. cit.*, p. 224.
18 CARLIN, *op. cit.*, p. 02.
19 *Ibidem*, p.221.

Segundo Peter Goldsmith o principal objetivo de Moses Asch sempre foi disponibilizar as mais diferentes tradições musicais e, nos anos 50, ele percebeu que sua única chance de competir com as grandes gravadoras era direcionar-se aos mercados pequenos, desprezados pelas grandes gravadoras, representados pela música folclórica e étnica.[20]

Entre o ano de lançamento da gravadora, 1948, e 1960 foram lançados 655 discos. Além das gravações de canções do repertório folclórico nacional e internacional, foram gravados discos dedicados à educação de crianças em período escolar, como os discos sobre épocas específicas da história dos Estados Unidos, com canções de diferentes períodos, entre eles: *Ballads of the Revolution*; *Ballads – War of 1812*; *Ballads of the Civil War* e *Frontier Ballads*. Houve, ainda, gravações encomendadas por museus para compor as exposições, como os sons de floresta encomendados pelo Museu de História Natural de Nova Iorque, ou os guias para estudo de instrumentos, ou, ainda, as edições de poemas ou discursos políticos.

No ano de 1949 foi iniciada a série *Music of the World's People*, na qual os discos eram compostos por canções do repertório folclórico de diversos países, entre eles Madagascar, Irlanda, Grécia, Japão, Nigéria, Índia, França, Rússia, Bali, Arábia, Taiti, Tibete, Estados Unidos, Islândia e Espanha.

Há também a série *Antologia do Jazz*, idealizada logo no início das atividades da Folkways e que foi desenvolvida ao longo de toda a década de 1950. O objetivo era lançar LPs que traçassem a história do jazz. E há, ainda, as séries *Negro Folk Music of Alabama*, *Anthology of American Folk Music* e *Music from the South*.

Como podemos observar, Moses Asch se dedicou a uma grande variedade de estilos e tipos de gravação, comprovando o que o próprio afirmava ter como missão: documentar toda possível expressão sonora e fazer uma enciclopédia do som. Ele era engenheiro de gravação por formação, mas se auto intitulava um documentarista.

---

20 GOLDSMITH, *op. cit.*, p. 206.

O Catálogo da Folkways Records

O catálogo de discos da Folkways Records entre 1948 - anos de sua criação - e 1987 – ano da morte de Moses Asch e compra do selo pelo Smithsonian Institute - é composto de 1.929 títulos. Analisaremos aqui apenas os 12 anos iniciais da gravadora, 1948-1960, período durante o qual foram publicados 655 discos de 78 e 45rpm.

Nossa metodologia de trabalho implicou na divisão do catálogo em treze tabelas com distintas categorias, com as quais pudemos agrupar os gêneros musicais abordados, bem como os assuntos e tipos de gravação.

Os organizadores do catálogo oficial da gravadora, disponível no site do Smithsonian Institute,[21] após a morte de Moses Asch, misturaram as publicações da Folkways com os discos publicados pelo próprio Smithsonian Institute, portanto, a análise e seleção de nossa documentação sonora demandou um trabalho de catalogação e divisão dos discos editados entre 1948 e 1960.

É necessário esclarecer que no catálogo oficial não há nenhuma classificação específica dos discos da Folkways por tipos, estilos, gêneros ou temas, portanto, as seguintes categorias elencadas para a criação das tabelas foram criadas por nós: *música folclórica estadunidense*; *música folclórica e étnica estrangeira*; *música clássica*; *músicas infantis*; *instrução*; *História dos Estados Unidos*; *linguagem falada*; *filmes*; *jazz e ragtime*; *programas de rádio*; *sons diversos*, *vaudeville* e *baladas românticas populares*. Acreditamos que algumas destas nomeações são autoexplicativas como *música clássica*,[22] mas algumas demandam esclarecimentos.

A categoria *filmes* abarca apenas três títulos com as trilhas sonoras dos filmes Kinfolks, Picasso e A Walk in the Sun. Em seguida, de acordo com a quantidade de discos gravados, vem a categoria *música clássica* com apenas

---

21 http://www.folkways.si.edu/?leadsource=BrandedSFW&gclid=CL6wh63pw6sCFU bs7QodAQbC5g

22 O uso do termo música clássica tem apenas fins didáticos, sem nenhuma alusão à diferenciação entre música clássica ou erudita e música popular, ou alta e baixa cultura.

cinco títulos; depois a categoria *programas de rádio* com seis títulos que contém programas de rádio dos anos de 1955, 1956, 1957 e 1959.

Com quinze títulos a categoria *História dos Estados Unidos* apresenta discos temáticos sobre episódios históricos como a Revolução de 1767, a Guerra de 1812, a Guerra Civil ou a Grande Depressão.

Na categoria *jazz e ragtime* enquadramos vinte títulos. E com dezessete títulos temos o grupo *instrução*, com discos sobre ciência, um manual de hipnose, um guia sobre os prazeres do teatro, métodos sobre a arte de discursar e material de instrução musical. Há, ainda, dezenove títulos com *músicas infantis* e vinte e seis títulos na categoria *sons diversos* que abarca sons de floresta, mar, estudos sobre a extensão da voz humana, sons de animais, locomotivas e efeitos sonoros elétricos.

Sobre as categorias *jazz* e *músicas infantis* devemos esclarecer que não as excluímos totalmente da classificação música folclórica, tal separação tem apenas fins didáticos e refere-se à hierarquia necessária aos objetivos de nosso trabalho. Também partilhamos da opinião de Richard Carlin de que, nos anos 1940, a divisão entre *folk* e jazz não era muito nítida. Pontos noturnos progressivos como o Café Society, em Nova Iorque, apresentava cantores *folk* como Lead Belly e Brownie McGhee junto com intérpretes de jazz como Thelonius Monk e Billie Holiday. E o público era o mesmo: brancos e afro americanos de esquerda. De acordo com Carlin:

> E, musicalmente falando, não havia muita diferença entre "Strange Fruit" de Billie Holiday (escrita pelo professor de esquerda Lewis Allen) e "One Meat Ball" de Josh White, uma vez que ambas as canções tratavam de questões sociais: "Strange Fruit" atacava a segregação racial e os linchamentos, enquanto "One Meat Ball", no mínimo, implicitamente, tratava da pobreza.[23]

Peter Goldsmith também afirma que Moses Asch via o jazz como integrante do repertório folclórico estadunidense e afirma que muitos

---
23 CARLIN, *op. cit.*, p. 19.

musicólogos têm debatido se o jazz deve ser considerado um tipo de arte musical nativa, uma forma de música popular ou o desenvolvimento de elementos musicais afro americanos que são "inegavelmente folclóricos na origem".[24]

Na categoria *linguagem falada* classificamos oitenta e oito discos com recitações de poesias, leituras de histórias e contos, discursos, entrevistas e cursos de línguas. Entre estes há quatro discos com gravações de poemas e literatura judia, interpretadas em iídiche.

As duas categorias com a maior quantidade de títulos são *música folclórica e étnica estrangeira*, com duzentos e noventa e nove, e *música folclórica estadunidense*, com cento e cinquenta e cinco títulos. Ambas as categorias abarcam uma grande variedade de gêneros musicais e apresentam discos com gravações tanto de música instrumental quanto de canções. No grupo de *música folclórica e étnica estrangeira* há canções sacras e profanas, vinte e sete discos com música judaica e um repertório folclórico que perpassa mais de sessenta e quatro países,[25] englobando todos os continentes e uma grande quantidade de culturas distintas, demonstrando explicitamente o internacionalismo almejado por Moses Asch.

Apesar de acreditarmos que todo o catálogo da Folkways merece um estudo detalhado pela sua relevância aos estudos culturais e à História, nosso foco de análise centra-se na categoria *música folclórica estadunidense*. Como dissemos, este conjunto de discos abarca diversos gêneros musicais englobados no termo "música folclórica" como o blues, o country, as baladas, o gospel, as canções spiritual ou canções relacionadas às ocupações

---

24 GOLDSMITH, *op. cit.*, p. 156.
25 Inglaterra, Espanha, Irlanda, Escócia, Alemanha, França, Hungria, Noruega, Romênia, Itália, Suíça, Holanda, Suécia, Portugal, Polônia, Dinamarca, Áustria, Grécia, Austrália, Nova Zelândia, Libéria, Tailândia, Ucrânia, Birmânia, Yugoslávia, Paquistão, Coreia, Arábia, Rússia, China, Irã, Tcheco-eslováquia, Armênia, Palestina, Indonésia, Turquia, Japão, Índia, Israel, Granada, Etiópia, Líbano, Egito, Gana, Congo, Nigéria, Camarões, Jamaica, Gâmbia, Canadá, Bahamas, Haiti, Caribe, Colômbia, Argentina, Finlândia, Chile, Filipinas, Venezuela, Cuba, México, Peru, Honduras e Brasil.

como lenhadores e marinheiros. Este é o grupo de discos mais heterogêneo entre os treze por nós elencados.

Na grande maioria dos casos os títulos dos discos são bastante explícitos, como os discos sobre ofícios específicos, *Sea Shanties and Loggers' Songs* de 1951, *Cowboy Ballads* de 1952, *Songs of the Maritimes: Lumberman Songs and Songs of the Sea* de 1959 e *Songs of a New York Lumberjack* de 1958; os discos sobre determinado gênero como *Spirituals with Dock Reed and Vera Hall Ward* de 1953, *Traditional Blues* - Vol. 1, de 1951, *Favorite Gospel Songs* de 1957 ou *American Favorite Ballads*, Vol. 1 de 1957; os discos com canções de determinadas regiões do país como *American Northwest Ballads* de 1955, *Music from the South*, Vol. 1 de 1955, *Sounds of the American Southwest* de 1954 e *Texas Folk Songs with Hermes Nye and Guitar* de 1955.

Há também muitos discos com o termo *folk music* no título como *Lonesome Valley - A Collection of American Folk Music* de 1951 e *American Folk Songs Sung by the Seegers* de 1957.

O catálogo da Folkways é tão abrangente que até discos com canções de grupos indígenas do país foram gravados e este repertório (bem como os próprios grupos indígenas) é muito ignorado nos estudos sobre música folclórica e étnica nacional.

Uma característica do catálogo que particularmente nos interessa são os álbuns relacionados à cultura afro-americana. Como afirma Richard Carlin, com seu forte interesse na cultura afro americana, Asch esteve entre os primeiros a reconhecer o crescimento do movimento pelos direitos civis e sua importância em transformar a vida política e social da América e muitos dos artistas que ele gravou foram os primeiros defensores dos direitos civis.[26]

De fato, desde a criação da Disc Records of America, Moses se preocupou em gravar um repertório de canções afro americanas, como demonstra suas primeiras gravações com o intérprete Leadbelly em 1941.

Sobre o posicionamento político da Folkways são esclarecedoras as palavras de Peter Goldsmith:

---

26 CARLIN, *op. cit.*, p. 214.

Asch pode até ter negado que havia uma plataforma ideológica para a inclusão ou exclusão de um título em particular, e que sua intenção não era outra do que a de simplesmente tornar disponível um material que o público poderia interpretar como quisesse. Mas àqueles que vinham a ele com projetos de gravação – e àqueles que constituíam a melhor parte de seu mercado – estavam interessados em documentos que eram, no mínimo, neutros, se não simpáticos às causas liberais da época.[27]

O autor também afirma que quando o movimento pelos direitos civis tornou-se mais evidente e fortalecido após o boicote de ônibus de Montgomery em 1955, Moses Asch finalmente encontrou uma causa a qual ele poderia se dedicar. Na verdade, ele já havia se comprometido em divulgar a cultura afro-americana desde suas primeiras gravações de poetas e músicos afro-americanos de jazz e blues.[28]

Devemos ter em mente que no período pós-Segunda Grande Guerra o mundo mudou e as formas de atuação política também. Nos Estados Unidos, o intenso uso do repertório folclórico por ativistas da esquerda iniciado com a Frente Popular em 1935 sofreu um forte revés com a perseguição aos comunistas promovida pelo macarthismo.[29] Como afirma Peter Goldsmith, "a prosperidade que muitos usufruíram nos anos do pós-guerra aparentava proporcionar poucos motivos para o protesto".[30] Todavia, por mais que a censura do período macarthista dificultasse a atuação e divulgação dos intérpretes de canções folclóricas, devido sua aproximação dos temas sociais muitas vezes considerados comunistas, sua popularidade aumentou com a inserção das canções em distintos circuitos comerciais.

---

27 GOLDSMITH, *op. cit.*, p. 287.
28 *Ibidem*, p.345.
29 O termo macarthismo refere-se ao Senador Joseph McCarthy, figura atuante no Comitê de Atividades Antiamericanas, que perseguia intelectuais, artistas, e outros, acusados de exercerem atividades "nocivas" à sociedade estadunidense. O Senador foi obrigado a encerrar sua carreira política em 1954, após uma repreensão pública do Senado e a consequente perda do apoio popular.
30 GOLDSMITH, *op. cit.*, p. 226.

Richard Carlin afirma que muitos estudiosos da música folclórica dos Estados Unidos já questionaram o porquê de a Folkways não ter sofrido muitos ataques por parte do FBI durante o período Macarthista, já que outras pequenas gravadoras, dedicadas ao repertório folclórico e intérpretes de esquerda, sofreram boicotes governamentais; o diferencial de Moses Asch é que ele sempre se auto intitulou um documentarista, sem associar-se intimamente com nenhum grupo de esquerda.[31]

Em entrevistas realizadas com Moses Asch nos anos 1970 e 1980,[32] Asch afirmava ser um homem de esquerda, sem ser *da* esquerda, identificando-se muito como um anarquista. Todavia, Goldsmith afirma que esse suposto anarquismo estava sempre em guerra com um libertarismo intuitivo, uma vez que Asch não acreditava no poder redentor da vida em coletividade, mas sim no poder das pequenas ações individuais, com poucas pessoas fazendo grandes coisas, como explicita Goldsmith:

> Nessa visão de mundo, coisas grandes são inevitavelmente o inimigo: "Coisas grandes são lutar, matar, exterminar; monopólios, gângsteres, carteis, nações". Ele visualizava a necessidade de "muitas poucas pessoas ", ao invés das "massas", lutando individualmente contra a "máquina".[33]

Tal visão de mundo funde-se bem à experiência reconhecível como judaica vivida por Moses Asch, durante a infância exilada, fugindo do Nazismo e do extermínio de judeus. Como afirmou o historiador Eric Hobsbawm, em sua obra *Tempos fraturados*, "onde os judeus têm direitos iguais, ao menos em tese, certo grau de desconforto nas relações entre eles e os não judeus tem sido historicamente útil", no sentido de apoiar outros grupos que sofriam discriminação racial, como nos Estados Unidos.[34] Todavia,

---

31 CARLIN, *op. cit.*, p. 153.
32 Informações sobre tais entrevistas estão disponíveis em GOLDSMITH, *op. cit.*
33 GOLDSMITH, *op. cit.*, p. 160-161.
34 HOBSBAWM, Eric. *Tempos fraturados*: cultura e sociedade no século XX. São Paulo: Companhia das Letras, 2013, p. 80.

de acordo com Goldsmith, Moses Asch não tinha esperança no idealismo do Partido Comunista, voltando-se para a expressão artística como lugar privilegiado de luta social.[35]

O antropólogo Tony Olmsted afirma que as publicações de materiais relacionados à cultura afro foram importantes para a criação de uma identidade afro americana para além da "race music" ou dos estereótipos do mundo do entretenimento.[36]

A série *Negro Folk Music of Alabama*, gravada pela Folkways em seis volumes entre 1951 e 1960, foi um dos trabalhos de busca de uma história e memória étnica afro americana, a fim de valorizar e preservar a cultura de tal grupo. Vários intérpretes contribuíram com gravações e, nas palavras de seu editor, Harold Courlander, a série objetivava demonstrar "o que o folclore americano negro realmente é". O editor também afirma que as gravações são um material de estudo, bem como música para bons ouvintes.

As peças inclusas nestes seis álbuns foram selecionadas entre centenas, gravadas durante uma viagem de pesquisa de campo de Harold Courlander, financiada pela Wenner-Gren Foundation, em 1950. A preparação dos álbuns e dos textos que os acompanham também foi feita por Harold Courlander, durante o curso da sua bolsa de estudos Guggenheim.[37]

Courlander foi um escritor formado na Universidade de Michigan em Literatura Inglesa que também se dedicou ao Folclore e à Antropologia, tendo se especializado no estudo das culturas africana, afro americana e caribenha e publicado cerca de trinta e cinco livros, bem como diversos artigos ao longo da vida. Por meio de bolsas de estudo ou custeio governamental, o autor viajou para diversos países como Haiti, República Dominicana, Etiópia, Cuba e Índia objetivando conhecer diferentes culturas e se tornar um porta-voz desse povo por meio de seus escritos.

---

35 GOLDSMITH, *op. cit.*, p. 228.
36 OLMSTED, *op. cit.*, p. 74.
37 A Fundação Solomon R. Guggenheim existe desde 1937 como uma preeminente instituição para a coleta, preservação e pesquisa sobre a arte moderna e contemporânea.

A parceria entre Moses Asch e Harold Courlander começou nos anos de 1940, quando Moses ainda realizava gravações de maneira independente. Harold foi coletor das canções e editor de diversos discos gravados por Moses e, a partir de 1947, ajudou Asch a estabelecer a Folkways em Nova Iorque.

Os organizadores do catálogo da Folkways afirmam que a série *Negro Folk Music of Alabama* foi uma tentativa de romper com a caricatura da música negra que era popular no país na década de 1950, e que Harold Courlander compilou esta coleção como uma tentativa de documentar a música negra no Alabama em sua forma pura. Também se afirma que muitos aspectos do estilo musical gravado, como as palmas, o canto responsivo e o *falsetto*, são originários de tradições musicais africanas.

Os seis discos são acompanhados por um livreto com explicações sobre o conteúdo do álbum. Os livretos foram organizados e escritos por Courlander e há um texto introdutório, as letras das canções e notas sobre cada canção, a fim de esclarecer quem é o intérprete, se existe autoria e, se possível, informações sobre o gênero. Cada livreto apresenta o mesmo texto introdutório, o que os distingue são as letras e as notas sobre as canções, bem como as imagens publicadas, isto é, fotografias dos intérpretes e paisagens do Alabama.

Acreditamos que o texto de Courlander esclarece muitas questões sobre o tema dos discos, direcionando sua escuta de maneira deliberada. O autor alega que os seis álbuns não representam toda a música folclórica negra, mas apenas uma parcela da vida musical de uma determinada região e que a escolha das canções do Alabama baseou-se no conteúdo musical e no estilo, em detrimento da *performance* musical.

Um dos aspectos mais explorados no texto é a deformação pela qual a música folclórica negra teria sido vítima, no país, ao longo do tempo. O repertório apresentado nos meios de comunicação seria apenas uma caricatura dessa música. Courlander insiste na necessidade de preservar e valorizar o repertório de música negra tradicional encontrado nas áreas rurais do país e interpretado por afro americanos.

De maneira geral, os temas das canções da série *Negro Folk Music of Alabama* perpassam as relações amorosas, as atividades diárias das comunidades afro americanas pobres, como o trabalho no campo e os afazeres domésticos, as crenças religiosas e espirituais que confiam em uma vida melhor após a morte e na salvação obtida pela fé em Jesus Cristo, bem como as brincadeiras infantis.

Outro exemplo de trabalho que objetivou "resgatar" a experiência musical afro americana foi o disco *Get on Board: Negro Folksongs by the Folkmasters*, gravado em 1952, com canções interpretadas por Sonny Terry na harmônica, Brownie McGhee na guitarra e Coyal McMahan na percussão. O álbum apresenta blues tradicionais, spiritual e músicas instrumentais dos três intérpretes.

O encarte deste disco também apresenta um texto introdutório às canções escrito por George Hoefer, no qual o autor relembra a primeira vez que teve contato com um repertório de canções afro americanas tradicionais, interpretadas por um grupo de presos da penitenciária de Durham. Hoefer destaca que, assim como nas demais gravações da Folkways, o disco não tem intenção comercial, nem pretende exaltar ou se intrometer nas *performances* "sinceras" dos artistas.

De acordo com George Hoefer, as canções do disco representam uma parte da vida dos negros, especialmente os sulistas. Nas palavras do autor:

> É necessário lembrar que o blues folclórico, spiritual, canções de trabalho, etc., foram as canções da melancolia do negro muito antes do fonógrafo ser inventado. Estas são interpretações naturais ao invés de produções artificiais como o blues formal e até o jazz americano, que tem certa ligação com o entretenimento.[38]

Ou seja, o disco seria uma forma de documentar um material musical que estava em processo de extinção e que necessitava ser resguardado para as gerações futuras.

---

38 MCGHEE, Brownie; MCMAHAN, Coyal; TERRY, Sonny. *Get on board: Negro folksongs by the folkmasters*. Nova Iorque: Folkways Records, FA- 2028, 1952. LP.

Neste sentido, acreditamos que ao se preocupar com a gravação, preservação e promoção de uma *Antologia sobre Jazz*, de um material musical educativo sobre grupos minoritários como indígenas, judeus e outros grupos de imigrantes, bem como de afro americanos, Asch demonstrou que muito do conteúdo político do catálogo da Folkways, nos anos 1950, se expressava no fato de gravar música folclórica e étnica, mesmo quando esta não apresentava militância política explícita.

Sobre a postura de Moses Asch, concordamos com as afirmações do antropólogo Tony Olmsted:

> Começando com suas gravações de Franklin D. Roosevelt nos anos 1930, Moe nunca se intimidou sobre o lançamento de materiais politicamente ou socialmente importantes, ele acreditava que tais lançamentos eram justificáveis. Foi intensamente contra o lançamento de material que promovesse ódio ou subordinação de um grupo, enquanto ativamente promovia materiais que suportavam várias causas.[39]

Uma das causas que encontrou suporte nos discos da Folkways foi a luta pelos direitos civis das minorias. No ano de 1960 foi lançado o disco *The Nashville Sit-in Story: Songs and Scenes of Nashville Lunch Counter Desegregation (by the Sit-In Participants)*.[40] O disco foi a primeira gravação documental disponível comercialmente sobre o movimento pelos direitos civis.

Devemos esclarecer que o título *The Nashville Sit-in Story* refere-se às manifestações de protesto pacíficas ocorridas entre 13 de fevereiro a 10 de maio de 1960, na cidade de Nashville, no Tennessee, organizadas por um grupo de estudantes e outros cidadãos afro-americanos, que se opunham

---

39 OLMSTED, *op. cit.*, p. 73.
40 Trata-se de um álbum temático, gravado em 1960 com coordenação e direção de Guy Carawan, compositor e intérprete, narração das partes faladas do Reverendo C. Tindell Vivien, vice presidente da Nashville Christian Leadership Conference, edição de Mel Kaiser, técnico de gravação do Cue Recording Studio. GUY CARAWAN. *The Nashville sit-in story*. Nova Iorque: Folkways Records, FH-5590, 1960. LP.

à segregação racial em restaurantes e lanchonetes da cidade. Os estudantes eram provenientes de diversas instituições como o American Baptist Theological Seminary, a Fisk University e a Tennessee A & I State University.

O disco apresenta nove faixas gravadas e no encarte há um texto introdutório escrito por Guy Carawan, outro escrito pelo Reverendo Kelly Miller Smith e dois depoimentos de estudantes que participaram das manifestações: Peggi Alexander e E. Angeline Butler. No encarte figuram ainda três fotografias tiradas durante as manifestações: uma retratando um piquete em frente ao Tribunal de Justiça da cidade, outra com estudantes cantando em uma reunião do movimento e outra com cenas na sala do Tribunal de Justiça.

A capa do disco também é composta por três fotografias: uma com os estudantes presos na cadeia de Nashville, outra com imagens das manifestações e a seguinte com três afro-americanos e uma mulher branca comendo em uma lanchonete juntos.

No texto escrito por Guy Carawan ele explica de onde surgiu a ideia do disco e como foi seu processo de realização. Carawan afirma que, depois de passar dois meses em Nashville convivendo com os organizadores das manifestações, ele decidiu gravar algumas das canções que inspiravam essas pessoas. Depois veio a ideia de que as canções significariam mais se elas fossem colocadas no contexto do qual elas saíram. Aos poucos se formou a ideia de compor uma obra com canções, narrações e recriações de cenas. Assim, Guy Carawan dirigiu a gravação de algumas canções significativas para o movimento, duas narrações sobre os acontecimentos, uma faixa com entrevistas e a recriação de quatro cenas.

A primeira faixa apresenta a canção *We shall overcome*, um tradicional spiritual cantado em coro e com uma letra modificada a fim de expressar os sentimentos de luta, esperança e perseverança do movimento. Esta canção se tornou o principal tema musical do movimento pelos direitos civis.

O disco apresenta ainda um discurso narrado por Paul la Prad sobre os acontecimentos em Nashville, uma mixagem da canção *I'm going to sit at the welcome table*, com narrações sobre os acontecimentos em Nashville, mais a canção *We shall not be moved*, a recriação de cenas de estudantes sendo presos com uma música de fundo, a recriação da cena do julgamento no Tribunal de Justiça também com músicas de fundo, uma entrevista com John Lewis, Marion Berry e Diane Nash, explicando as razões para as manifestações, um discurso do Reverendo C. Tindell Vivien com uma retrospectiva, a recriação da cena de manifestação em frente à Prefeitura da cidade e uma recriação da reunião dos participantes após a vitória legal, com discursos e canções.

A grande inovação deste projeto foi apresentar pela primeira vez o tema dos direitos civis de maneira explícita e apresentar um formato inédito de mixagens de falas com canções.

Ao analisarmos a importância do disco no período devemos ter em mente que ao longo dos anos de 1950 foram formados diversos grupos oriundos das igrejas e instituições educacionais que se dedicavam a lutar pelos direitos civis de afro americanos, organizando passeatas, pressionando o Congresso Nacional para obterem direito de voto, bem como uma efetiva integração, que começasse em escolas, igrejas e locais públicos em níveis municipais, estaduais e regionais.

Os líderes das manifestações de Nashville tinham como exemplo de liderança personagens já conhecidos, como o Reverendo Martin Luther King Jr., que emergiu do boicote de ônibus de Montgomery como uma figura política nacional. Combinando suas crenças cristãs com os preceitos da resistência sem violência, King liderou muitos protestos de massa contra o que ele acreditava ser uma injustiça à moral da sociedade segregada.

Depois do bem-sucedido boicote de Montgomery, em 1957, King, com o apoio de Stanley Levinson e Bayard Rustin, formou uma nova organização a favor dos direitos civis, conhecida como The Southern Christian Leadership Council (SCLC). As metas da organização eram manter acesa a chama da luta e ampliar suas ações. Ela representava vários grupos, igrejas e organizações comunitárias, todas necessitadas de uma organização central que pudesse coordenar seus objetivos e esforços individuais.

Um dos principais líderes das manifestações de Nashville, o Reverendo C. Tindell Vivien atuou junto à King no Southern Christian Leadership Council, antes de se tornar o vice-presidente da Nashville Christian Leadership Conference e, após a vitória em Nashville, ele continuou contribuindo para o movimento. Em 1963 o Reverendo Vivien participou da marcha em Washington D.C., liderada por King.

Sobre os acontecimentos em Nashville, são significativas as palavras do Reverendo Kelly Miller Smith[41] no texto escrito para o disco *The Nashville Sit-in Story*, no qual afirma que as manifestações de Nashville não foram apenas estudantis, mas um protesto de toda a comunidade e que a Nashville Christian Leadership Conference- NCLC era uma organização cristã, com o objetivo de atuar nos problemas sociais da cidade, orientada pela fé e pela paz. A intenção imediata da organização era aumentar o número de negros registrados para votar. A NCLC começou suas atividades em 1958 e, em 1959, incorporou aos seus objetivos o projeto de integrar restaurantes e lanchonetes segregados.

Smith destaca que a orientação dada aos manifestantes era agir de maneira pacífica, de acordo com os preceitos cristãos de amor e paz e que as manifestações demonstravam que os negros não estavam satisfeitos com sua condição de cidadãos de segunda classe.

Durante as manifestações muitos estudantes foram presos e os demais sofreram ataques verbais e físicos; foram mais de 150 detenções. Ao longo do processo treze advogados se voluntariaram para defender os estudantes. Nesta marcha havia muitos manifestantes brancos e, após as negociações com os lojistas da cidade, seis lanchonetes foram integradas. Todavia, apesar desta vitória legal, ocorreram outras manifestações em

---

41 Reverendo Kelly Miller Smith foi um pregador muito militante no movimento pelos direitos civis nos Estados Unidos, ele formou-se em Religião e Música no Morehouse College em Atlanta, mudou-se para Nashville em 1951 e ajudou a fundar a Nashville Christian Leadership Conference.

Nashville até 1964, quando foi aprovada a Lei pelos Direitos Civis de 1964, com a qual os três poderes do governo nacional começaram a agir no sentido de garantir a integração.

Discos como esse e a própria trajetória profissional de Moses Asch alinham-se fortemente a um multiculturalismo,[42] que, como esclarece a cientista política Lucia Lippi Oliveira[43] "envolve a constituição de um discurso capaz de garantir a convivência de diferentes linhagens étnicas, substituindo o ideal de unidade, noção básica do conceito de nação, pelo ideal de diversidade". A autora ainda afirma que o multiculturalismo "busca a história, a memória dos diferentes grupos étnicos", objetivo primeiro de Moses Asch, que, como podemos constatar, explicita-se no catálogo da Folkways Records.

---

42 O multiculturalismo pode ser caracterizado como um movimento de ideias heterogêneo, com diversas posições teóricas que foram cada vez mais debatidas a partir das manifestações pelos direitos civis nos Estados Unidos, de 1960 em diante. Sobre uma possível delimitação de multiculturalismo, concordamos com o sociólogo Andrea Semprini: "os conflitos multiculturais não poderiam ser reduzidos a uma questão bipolar maioria-minoria ou a uma dialética integração/separação. São principalmente o gerenciamento da diferença e as modalidades de partilha de um espaço policêntrico que o multiculturalismo coloca como desafios à sociedade americana contemporânea", SEMPRINI, Andrea. *Multiculturalismo*. Bauru: Edusc Ed., 1999, p. 36. Assim, independente de uma abordagem mais relativista ou universalista, o multiculturalismo é pluralista uma vez que valoriza o diálogo entre diferentes culturas para uma convivência pacífica.

43 OLIVEIRA, Lucia Lippi. Reflexões sobre identidade e alteridade: Brasil e Estados Unidos. In: SILVA, Gilvan Ventura; NADER, Maria Beatriz; FRANCO, Sebastião Pimentel. (Org). *As identidades no tempo*: ensaios de gênero, etnia e religião. Vitória: EDUFES, 2006, p. 43.

"Todos juntos seremos la historia a cumplir": representações sobre o sentido da história na canção engajada chilena (1969-1973)[1]

Natália Ayo Schmiedecke

Introdução

Reunindo músicos que pretendiam vincular seu ofício ao processo de mudanças experimentado pelo país na segunda metade do século XX,

---

1 Este trabalho é uma versão resumida da segunda parte do terceiro capítulo da dissertação de Mestrado intitulada *"Tomemos la historia en nuestras manos": utopia revolucionária e música popular no Chile (1966-1973)*, desenvolvida junto ao Programa de Pós-Graduação em História da FCHS-UNESP, *campus* de Franca, sob orientação da Prof² Dr² Tânia da Costa Garcia e defendida em abril de 2013. A pesquisa contou com financiamento da Capes (2011) e da Fapesp (2011-2013). Outra versão da mesma parte da dissertação foi publicada com o título de *O engajamento político da Nova Canção Chilena e a construção musical de um devir histórico durante a Unidade Popular* na revista chilena *Izquierdas*, n. 20, set. 2014, p. 27-51, como prêmio pela obtenção do segundo lugar no concurso historiográfico *A 40 años del Golé de Estado en Chile*, promovido pela mesma revista em parceria com o IDEA-USACH.

o movimento da Nova Canção Chilena (NCCh) ficou fortemente identificado com o projeto da *via chilena ao socialismo*, encampado pela Unidade Popular (UP) na figura do presidente Salvador Allende.

De acordo com o historiador Marcos Napolitano, "a música tem sido, ao menos em boa parte do século XX, a tradutora de nossos anseios nacionais e veículo de nossas utopias sociais".[2] Daí a possibilidade e o interesse em trabalhar com fontes musicais para examinar os diferentes "sonhos coletivos" esboçados e perseguidos pelos homens e mulheres do passado – tema de grande relevância, conforme destacou o historiador Hilário Franco Júnior: "Para o sentimento de identidade coletiva, tão importante quanto viver uma mesma realidade concreta é sonhar os mesmos sonhos. Por isso, talvez nenhum fenômeno expresse tão bem a dinâmica histórica quanto o incessante construir de utopias".[3]

Dado que as utopias – projetos de futuro baseados em uma ordem social ideal – se nutrem simultaneamente da realidade e da possibilidade de uma mudança radical na história,[4] não é de surpreender que a problemática central que atravessa os anos 1960/70 latino-americanos seja a concretização do sonho socialista. Para a historiadora Claudia Gilman, a singularidade daquela época consistiria justamente na percepção de que o mundo estava prestes a mudar, somada à crença na inevitabilidade do socialismo – diagnóstico pautado em "acontecimentos verdadeiramente inaugurais, como a Revolução Cubana".[5] Na mesma linha, o economista Jorge Castañeda assinalou que

---

2 NAPOLITANO, Marcos. *História e música: História cultural da música popular*. Belo Horizonte: Autêntica, 2005, p. 7.
3 FRANCO JÚNIOR, Hilário. Apresentação. In SALIBA, Elias Thomé. *As utopias românticas*. São Paulo: Brasiliense, 1991, p. 10.
4 SALIBA, *op. cit.*, p. 15.
5 GILMAN, Claudia. *Entre la pluma y el fusil*. Buenos Aires: Siglo XXI, 2003, p. 33--45. Todas as traduções de textos estrangeiros utilizadas no presente trabalho são de nossa autoria.

Antes de Fidel entrar em Havana, a esquerda latino-americana havia sido reformista, gradualista ou resignadamente pessimista diante da possibilidade de um triunfo revolucionário. Nas três décadas seguintes, a revolução passou a ser o primeiro item de sua ordem do dia.[6]

No caso chileno, as crescentes conquistas trabalhistas e a incorporação de novos atores sociais na vida política a partir da década de 1950 alimentaram as esperanças dos partidos de esquerda a respeito da realização de uma revolução nacional. Não obstante as visões divergentes – e frequentemente antagônicas – sobre os meios, ritmos e atores que deveriam orientá-la, prevaleceu a opção pela *via democrática*, pautada na compreensão de que seria possível utilizar o marco político-institucional vigente para atingir o socialismo no país.[7]

A fim de observar como a valorização da política e a expectativa revolucionária se traduziram musicalmente nesse contexto, centraremos nossa análise nos referenciais simbólicos evocados no discurso politizado da NCCh, partindo da concepção de que "não há prática ou estrutura que não seja produzida pelas representações, contraditórias e afrontadas, pelas quais os indivíduos e os grupos dão sentido a seu mundo".[8]

Para trabalhar com esta problemática, privilegiaremos os *Long Plays* (LPs) produzidos no Chile entre fins dos anos 1960 e início dos 70 por Víctor Jara e pelos conjuntos Quilapayún e Inti-Illimani. O diálogo proposto entre as três trajetórias musicais se baseia na proximidade

---

6 CASTAÑEDA, Jorge. *Utopia desarmada: intrigas, dilemas e promessas da esquerda latino-americana*. São Paulo: Companhia das Letras, 1994, p. 69.

7 Sobre as propostas conflitantes que conviveram no interior da UP, ver os trabalhos de Julio Pinto Vallejos e Alberto Aggio listados ao final deste texto.

8 CHARTIER, Roger. *À beira da falésia: a História entre certeza e inquietude*. Porto Alegre: Ed.UFRGS, 2002, p. 66. De acordo com Chartier, as "representações" são compreendidas como o modo pelo qual em diferentes lugares e momentos uma determinada realidade é construída, pensada, dada a ler por meio da correlação entre uma imagem presente e um objeto ausente.

estabelecida pelos artistas no período analisado, tanto no âmbito pessoal quanto no profissional, sendo que Jara foi diretor dos dois grupos ao passo que estes fizeram várias colaborações em seus LPs. Nesse sentido, é possível conceber que suas obras estiveram fortemente integradas. Outro aspecto que motivou nossa escolha foi a militância política dos músicos no período considerado. Filiados às Juventudes Comunistas do Chile e ligados ao meio universitário[9] – ocupando posições de destaque no processo de Reforma Universitária iniciado em 1967 –, vincularam-se ao governo da UP, sendo integrados à Secretaria de Extensão e Comunicações da Universidad Técnica del Estado e nomeados Embaixadores Culturais do Governo Popular entre 1970 e 1973.

Circulando pelo universo das esquerdas, apresentando-se em casas folclóricas, gravando discos, promovendo a integração entre diferentes expressões artísticas e reivindicando o comprometimento social destas, Víctor Jara e os integrantes dos dois conjuntos estabeleceram intensos diálogos entre o mundo das artes e o da política no polarizado cenário nacional do período. Portanto, constituem objeto privilegiado para analisar a dinâmica da inserção das esquerdas e do seu temário nos espaços de produção cultural.

Enfocando o modo pelo qual a experiência temporal aparece representada em seu repertório, defenderemos a hipótese de que os músicos procuraram relacionar o contexto chileno a um suposto sentido da história, apontando para o presente como momento decisivo na concretização de um projeto de futuro do qual a UP se colocaria como representante: o socialismo, tomado como "fim da história".

---

9   Formado em atuação (1959) e direção teatral (1961) pela Escola de Teatro da Universidad de Chile – posteriormente rebatizada Instituto de Teatro da Universidad de Chile (ITUCH) –, Víctor Jara se integrou à sua equipe permanente de diretores em 1963, cargo que ocupou até 1970. Paralelamente, exerceu a função de professor (1964-1967) da mesma instituição. Por sua vez, os dois conjuntos eram formados por estudantes universitários, sendo que o Inti-Illimani se originou na Escola de Artes e Ofícios da Universidad Técnica del Estado (UTE).

"Hoy es el tiempo / que puede ser mañana"

Em seu livro *Futuro passado*, o historiador Reinhart Koselleck aponta para o tempo como uma construção cultural que, em cada época, determina um modo específico de relacionamento entre o já conhecido e experimentado como passado e as possibilidades que se lançam ao futuro entendido como horizonte de expectativas.[10] Em sua busca por imprimir sentido à experiência contemporânea e reivindicar perspectivas de futuro, os atores sociais procurariam ordenar o tempo, sendo que "cada uma das temporalidades – o passado, o presente e o futuro – pode imaginariamente se alterar, contrair ou se expandir conforme cada época ou sociedade, modificando-se também a maneira como são pensadas e sentidas as relações entre elas", conforme anotou o historiador José d'Assunção Barros.[11]

É possível distinguir no repertório analisado duas maneiras de interpretar o presente, estreitamente relacionadas com a conjuntura política do país: até 1970, predominou a sensação de continuidade em relação ao passado, depositando as esperanças de mudança no futuro; entre 1970 e 1973, a ênfase foi posta na ruptura com o "ontem", aproximando o "hoje" do "amanhã". No primeiro caso, destacam-se as canções que apontavam para a atualidade de lutas transcorridas em períodos anteriores, sendo emblemático o LP *A la Resistencia Española / A la Revolución Mexicana*, lançado pelo selo independente Hit Parade em 1969 e interpretado por Rolando Alarcón (lado A) e Inti-Illimani (lado B).[12]

---

10 JASMIN, Marcelo. Apresentação. KOSELLECK, Reinhart. *Futuro passado: Contribuição à semântica dos tempos históricos*. Rio de Janeiro: Contraponto; Ed. PUC-Rio, 2006, p. 9.

11 BARROS, José d'Assunção. Rupturas entre o presente e o passado: Leituras sobre as concepções de tempo de Koselleck e Hannah Arendt. *Revista Páginas de Filosofia*, v. 2, n° 2, jul./dez. 2010, p. 67.

12 ALARCÓN, Rolando. *A la Resistencia Española* / INTI-ILLIMANI. *A la Revolución Mexicana*. Hit Parade, 1969. LP.

Como se pode depreender, o lado A[13] é dedicado ao repertório da Guerra Civil Espanhola (1936-1939)[14] associado à causa republicana. A ênfase é posta sobre canções que versam sobre o mundo do trabalho, denunciando a exploração a que mineiros, operários e camponeses eram submetidos por seus patrões e o respaldo oferecido pelo governo espanhol a estes últimos. Na faixa inicial, "*La Paloma*", a denúncia de tal situação culmina na afirmação de que "*pero nos uniremos / contra la explotación; / la fuerza de los hombres, paloma, / siempre será la unión*". Essa temática encontra continuação nas faixas "*A la huelga*" e "*Coplas del Tiempo*". Na primeira, os trabalhadores são incitados a entrar na greve federal "*contra el gobierno del hambre*". Por sua vez, "*Coplas del Tiempo*" exalta a união das forças de esquerda que teve lugar nas bacias mineiras das Astúrias: "*Hay una lumbre en Asturias / que calienta España entera, / y es que allí se ha levantado, / toda la cuenca minera. / Ay asturianos, / están nuestros destinos / en vuestras manos*". A letra da canção indica a divisão existente no interior das forças religiosas espanholas durante a guerra, criticando os padres que ficaram ao lado dos patrões, mas reconhecendo que "*Hay algunos sacerdotes / francamente progresistas / apoyan las peticiones / de los mineros huelguistas*".

---
13 Todas as canções gravadas em A la Resistencia Española foram compostas pelo músico espanhol Chicho Sánchez Ferlosio, que as havia gravado clandestinamente entre 1963 e 1964.

14 Conflito bélico deflagrado em 1936, após um fracassado golpe de Estado encabeçado por um setor do exército contra o governo da Segunda República Espanhola, que era liderado por uma coalizão de partidos de esquerda denominada Frente Popular. O conflito dividiu o país entre bando republicano e bando nacional. Em 1º de abril de 1939, foi imposta a vitória dos militares, inaugurando o regime fascista liderado pelo general Francisco Franco, que se estendeu até 1975. Tendo atuado como cônsul do Chile em Madri durante a guerra, Pablo Neruda comprometeu-se com a causa da Frente Popular e se incumbiu da tarefa de enviar os refugiados republicanos ao Chile. Por meio destes exilados e dos chilenos que combateram na Espanha, as canções em voga durante a guerra se tornaram bastante conhecidas no Chile, sendo apropriadas pelos partidos de esquerda como expressão das lutas trabalhistas mundiais. Cf. RODRÍGUEZ MUSSO, Osvaldo. *Cantores que reflexionan. Notas para una historia personal de la Nueva Canción Chilena*. Madri: LAR, 1984, p. 55-57.

Por sua vez, a faixa *"El gallo rojo"* aborda as duas forças em combate valendo-se da metáfora "galo preto" *versus* "galo vermelho", na qual o primeiro tipo representa os nacionalistas e o segundo, os republicanos. A preferência por esta segunda tendência se explicita nos versos *"Cuando canta el gallo negro / es que ya se acaba el día. / Si cantara el gallo rojo / otro gallo cantaría"*. Reconhecendo a preponderância do galo preto naquele momento, a canção se encerra com a garantia de que a luta não acabou: *"Gallo negro, gallo negro, / gallo negro, te lo advierto: / no se rinde un gallo rojo / mas que cuando está ya muerto"*.

Podemos observar a ênfase dada no disco à figura dos trabalhadores revolucionários – temática utilizada como chave de leitura da Guerra Civil Espanhola. O apelo a tal memória dialoga diretamente com o contexto político no qual A *la Resistencia Española* foi produzido – marcado pelo acirramento das lutas trabalhistas no Chile. Nesse sentido, os episódios selecionados da Guerra figuram como seus antecedentes diretos, estabelecendo uma "tradição revolucionária" na qual o presente chileno estaria inserido.

A tentativa de associar a realidade nacional ao conflito espanhol também aparece nas mudanças de palavras promovidas por Rolando Alarcón em relação às letras originais das canções, dentre as quais podem ser destacadas: substituição de *"Nacerá el trigo joven entre besanas"* por *"Nacerá el trigo joven entrevesado"* (*"Canción de Grimau"*); de *"Desde el pozo y la besana"* por *"Desde el pozo y el arado"* (*"A la huelga"*); de *"Ale, asturianos"* por *"Ay, asturianos"* (*"Coplas del tiempo"*); e de *"cojo el fusil y la manta"* por *"tomo el fusil y la manta"* (*"Canción de soldados"*). Observa-se aqui a tentativa de chilenizar as letras, substituindo expressões espanholas por equivalentes e, desse modo, buscando a identificação do público nacional com as temáticas abordadas.

Dando continuidade à temática das lutas trabalhistas, o lado B do LP, *A la Revolución Mexicana*, apresenta na capa[15] uma notícia jornalística

---

15 Ao invés de capa e contracapa, o LP em questão possui duas capas, sendo uma correspondente ao lado A do vinil e uma correspondente ao lado B.

contemporânea ao conflito, datada de 10 de abril de 1919. Sob o título "*Los campesinos mejicanos se quedan sin caudillo*", esta apresenta a clássica foto (datada de 1914) de Francisco ("Pancho") Villa sentado na cadeira presidencial, tendo ao lado esquerdo o guerrilheiro Emiliano Zapata. Como indicou o historiador Carlos Alberto Barbosa, "Villa e Zapata representam uma espécie de retrato do México, de Norte a Sul. Esta fotografia sintetiza o auge da revolução camponesa".[16] Ao lado da imagem, figura um texto que informa sobre a morte de Zapata, "defensor de seus irmãos, os camponeses índios", por forças do então presidente, Venustiano Carranza. De acordo com a notícia, Zapata constituía uma grave ameaça para o regime instaurado enquanto este não resolvesse a questão agrária e o problema indígena: "'Luto não somente por meus índios, senão por todos os camponeses do mundo'. Tal era o lema do 'índio bom' assassinado".

Ao virarmos o disco de vinil, deparamo-nos com uma sonoridade bastante diversa. Embora mantenham a base instrumental das canções gravadas por Rolando Alarcón – voz e violão –, as faixas do lado B pertencem a um gênero musical característico do México, denominado *corrido*,[17] que esteve em voga durante a Revolução. Tendo como marca a abordagem direta de acontecimentos e/ou personagens específicos, ressaltando o próprio contexto narrado, os *corridos* ficaram fortemente associados no imaginário coletivo à história das lutas populares camponesas.

Essa relação aparece com clareza na faixa que abre o álbum, "*Nuestro México, febrero 23*", na qual se estabelece a oposição Villa (herói) *verus*

---

16 BARBOSA, Carlos A. S. *A fotografia a serviço de Clio: Uma interpretação visual da Revolução Mexicana (1900-1940)*. São Paulo: Ed. Unesp, 2006, p. 118.

17 Segundo o historiador mexicano Antonio Hernández, o *corrido* constitui "um gênero lírico narrativo popular, de temática múltipla, que pode ser cantado ou não, e é usado para narrar histórias reais ou de ficção, que expressam o ponto de vista do bando, ou as ligações afetivas ou ideológicas a que está afiliado o autor e cuja construção obedece às formas folclóricas, poéticas e/ou musicais, que prevalecem na região onde se produz" (*La narrativa de las Cristiadas. Novela, cuento, teatro, cine y corrido de las Rebeliones Cristeras*. Tese (Doutorado em História), UAM-1, Cidade do México, 2006, p. 633).

Carranza (inimigo), em que o primeiro é representado como defensor dos interesses nacionais, enquanto o segundo é acusado de aliar-se ao governo norte-americano. Acreditamos que a canção tematiza a Expedição Punitiva liderada pelo general John Pershing em resposta ao ataque ao povoado de Columbus – desencadeado por tropas villistas, em maio de 1916, em protesto ao apoio oferecido pelo governo do presidente Thomas W. Wilson a Carranza, resultando na morte de civis e oficiais norte-americanos. Os versos finais convocam a união popular em defesa da nação mexicana, encarnada por Villa: "*Yo les encargo mis fieles compañeros / que se estén firmes al pie de su cañón / que disparen la última metralla / para defensa de nuestra nación*".

"*El Siete Leguas*", a terceira faixa do álbum, é outra canção centrada na figura de Villa. Fazendo referência ao cavalo que o teria carregado semi-inconsciente por sete léguas após uma batalha, a música narra os feitos heróicos do guerrilheiro, exaltando sua valentia. A figura do "*Soldado Revolucionario*" é novamente abordada na faixa seguinte, tendo como mote o dia-a-dia no campo de batalha. A julgar pelas referências presentes na letra – a exemplo da menção a "*mi buen treinta-treinta*", arma mais leve e utilizada em emboscadas e lutas próximas do combatente –, a canção remete aos exércitos populares. Nesse sentido, é significativa a presença do elemento religioso nos versos finais: "*Ya con esta me voy despidiendo, / ya me voy de revolucionario, / si Dios quiere que vuelva, pos vuelvo / si no, rezan por mí un novenario*".

Assim, a ênfase é posta no caráter supostamente "popular" da Revolução, representado pelos exércitos de Pancho Villa e Emiliano Zapata e expresso nas temáticas abordadas nos *corridos* selecionados. Trazendo à tona a questão da luta camponesa pelo acesso a terra, *A la Revolución Mexicana* dialoga com a reivindicação pela intensificação da Reforma Agrária iniciada no Chile, durante o governo de Eduardo Frei (1964-1970) – pauta que tomou grandes proporções no período anterior às eleições de 1970, transformando-se numa das principais medidas previstas no programa de governo da UP. Outros paralelos observáveis com a conjuntura chilena são a denúncia do "imperialismo" norte-americano e a associação da religiosidade com o popular, indicando que a Igreja deveria se comprometer com as lutas de seus fiéis, conforme defendiam seus setores progressistas.

Estabelecendo vínculos com os conflitos espanhol e mexicano, lidos na chave das reivindicações de cunho social, Rolando Alarcón e o Inti-Illimani apontaram para um presente no qual os problemas que motivaram conflitos no passado permaneceriam vigentes. Os "movimentos revolucionários" de "ontem" foram tomados como exemplo a ser seguido pelos "oprimidos" de "hoje" e as esperanças de mudança foram depositadas no "amanhã", como podemos observar na *"Canción de Grimau"*, integrante de A *la Resistencia Española*. Constituindo uma homenagem ao comunista Julián Grimau, fuzilado em 1963 pelo regime franquista, a canção opõe presente e futuro, assinalando a expectativa de um desenlace diferente para as causas defendidas pelo mártir: "*Las piedras del camino / hoy sangre llevan, / [....] / Nacerá el trigo joven entrevesado, / las razones de nuevo pisoteadas. / Pero a pesar de todo / yo sé que un día / tú estarás con nosotros / como querías, como querías*".

Outras canções que trabalham com a perspectiva de continuidade entre passado e presente depositando no futuro a possibilidade de mudança podem ser encontradas nos repertórios de Víctor Jara e do conjunto Quilapayún. É o caso de *"El arado"*,[18] que após denunciar a exploração do trabalho do camponês, afirma: "*Y en la tarde cuando vuelvo / en el cielo apareciendo / una estrella. / Nunca es tarde, me dice ella, / la paloma volará, volará, volará, / como el yugo de apretado / tengo el puño esperanzado / porque todo cambiará*". De forma similar, *"Peoncito del mandiocal"*, composição do uruguaio Aníbal Sampayo incluída no LP *Canciones folklóricas de América*,[19] incentiva o menino camponês a sonhar com um futuro melhor: "*sueña, niño sueña, cielo y luna de almidón, / carpe tu esperanza que la noche te hará un sol*". Por sua vez, *"El pueblo"* – canção de Ángel Parra

---

18 Faixa integrante do LP *Victor Jara*. Demon, 1966.
19 JARA, Víctor; QUILAPAYÚN. *Canciones folklóricas de America*. EMI Odeon, 1968. LP.

gravada pelo conjunto em 1967[20] – destaca a longa espera pelo "florescer", reafirmando a certeza de que ele virá: *"Mucho tiempo hace que espero / ver mi tierra florecer / que se termine tu invierno / tu verano va a nacer"*.

A formulação mais clara da concepção predominante nos discos pré-UP pode ser encontrada em *"Somos pájaros libres"*, canção de Jara gravada no já citado LP *Quilapayún* (1967): *"Yo no soy aquel que soy, / yo soy aquel que será"*. Em algumas canções compostas em 1969, já se manifesta a mudança de enfoque que será característica dos anos seguintes: a esperança em dias melhores cede lugar à convocação para "antecipar" o amanhã, conforme podemos observar em *"Plegaria a un labrador"*,[21] canção com a qual Víctor Jara venceu o *I Festival de la Nueva Canción Chilena*:

> <u>Levántate</u> *y mírate las manos / para crecer estréchala a tu hermano. / Juntos iremos unidos en la sangre /* <u>*hoy es el tiempo que puede ser mañana*</u>*. / Líbranos de aquel que nos domina / en la miseria. / Tráenos tu reino de justicia / e igualdad. / [...] /* <u>*Hágase por fin*</u> *tu voluntad / aquí en la tierra* (grifo nosso).

A noção do presente como tempo de transição se fundamentava na compreensão de que se estava vivenciando um momento decisivo da história, no qual a concretização do ideal de futuro estaria nas mãos dos contemporâneos. A canção *"El martillo"*[22] – "um genuíno hino da época",[23] gravado por Jara no LP *Pongo en tus manos abiertas...*[24] – capta esse espírito, enfatizando o protagonismo dos músicos na construção da justiça, liberdade e paz:

---

20 QUILAPAYÚN. *Quilapayún*. EMI Odeon, 1967. LP.
21 A canção foi incluída posteriormente nos LPs *Quilapayún 4* (EMI Odeon, 1970), do conjunto homônimo; e *El derecho de vivir en paz* (DICAP, 1971), de Víctor Jara.
22 Trata-se da versão em espanhol realizada por Víctor Jara da canção "If I had a hammer", de Lee Hays e Pete Seeger, que havia sido popularizada em 1962 pelo trio norte-americano Peter, Paul and Mary.
23 ACEVEDO *et al*. *Víctor Jara: obra musical completa*. Santiago: Fundación Víctor Jara, 1999, p. 44.
24 JARA, Víctor. *Pongo en tus manos abiertas...* Jota Jota, 1969. LP.

> Si tuviera un martillo, / golpearía en la mañana, / golpearía en la noche / por todo el país. / Alerta el peligro / debemos unirnos para defender / la paz. / Si tuviera una campana, / tocaría en la mañana, / tocaría en la noche / por todo el país. / [...] / Si tuviera una canción, / cantaría en la mañana, / cantaría en la noche / por todo el país. / [...] / Ahora tengo un martillo / y tengo una campana / y tengo una canción que cantar / por todo el país. / Martillo de justicia, / campana de libertad / y una canción de paz.

A partir de 1970, essa perspectiva que associava o presente ao futuro ganhou força, conforme indicam as diversas canções que celebram a chegada da UP ao poder, identificando-a como o momento em que o "povo" conquista sua liberdade, deixando para trás o passado de ódio e exploração:

> *La libertad ha llegado, conquista del pueblo ha sido / en el corazón chileno, su llama ya se ha encendido. / [...] / Y esta sí que es libertad / con la patria rescatada / con la justicia en la frente / nuestra tierra liberada. / [...] / El pueblo y su dignidad / conquista su libertad* (Cirilo Vila, "Cueca de la libertad". Quilapayún, *Quilapayún 5*, EMI-Odeon, 1972).

> *Con arados se despiertan / tierras que estaban dormidas / [...] / Ya se acaba el latifundio / el campo al que lo trabaja / se hace la reforma agraria. / El momento es importante / nadie se ponga delante. / Y los técnicos agrarios / ya se ponen al servicio / del campesino chileno / que ha encontrado su destino* (Julio Rojas / Sergio Ortega, "Canción de la reforma agraria". Inti-Illimani, *Canto al programa*, DICAP, 1970).

> *Y también al ancho mar que en Chiloé / infierno fue hace diez años / el chilote con astucia y con engaño / le arrebata el porvenir. / Ancho mar que ayer dejó / la población en soledad desesperada / hoy le entrega su alimento y su morada / le hace fácil el vivir* (Sergio Ortega, "Canción 10". Quilapayún, *La Fragua*, DICAP, 1973).

> *Yo canto porque el presente / no es de pena ni es de llanto, / por eso es que cuando canto, / canto lo que el pueblo siente. / […] / Como cantar es mi oficio / yo canto el esfuerzo duro / de construir el futuro / con alegre sacrificio* (Carlos Puebla, "Soy del pueblo". Quilapayún, *Vivir como él*, DICAP, 1971).

> *María, / abre la ventana / y deja que el sol alumbre / por todos los rincones / de tu casa. / María, / mira hacia afuera / […] / Pasó lo más cruel, / ahora tus ojos se llenan de luz / y tus manos de miel. / […] / tu risa brota como la mañana brota en el jardín. / María…* (Víctor Jara, "Abre la ventana". Víctor Jara, *El derecho de vivir en paz*, DICAP, 1971).

> *Ven, ven, conmigo ven, / ven, ven, conmigo ven. / Vamos por ancho camino, / nacerá un nuevo destino, ven. / El odio quedó atrás / no vuelvas nunca, / sigue hacia el mar / tu canto es río, sol y viento / pájaro que anuncia la paz* (Víctor Jara, "Vamos por ancho camino". Víctor Jara, *El derecho de vivir en paz*, DICAP, 1971).

Podemos perceber nesses fragmentos a ideia de um presente melhor do que o passado, já que estaria mais próximo do "fim da história", quando o "povo" consolidaria o poder recém-conquistado. Assim, a "*Marcha de los pobladores*" – que encerra o LP temático *La población*,[25] de Víctor Jara – convida a "seguir avançando" com o "governo popular", rumo ao porvir:

---

25 JARA, Víctor. *La población*. DICAP, 1972. LP. Segundo Víctor Jara, *La población* teria sido concebido por um amigo seu: "Um dia Choño Sanhuesa me disse: 'Por que não escreve algo sobre nós, os pobladores?'". Assimilando a sugestão, o músico visitou várias *poblaciones* santiaguinas, onde recolheu material para o álbum: "Eu trabalhei com a gravadora em mãos. Para este disco assim cheguei à [población] Herminda de la Victoria, à Violeta Parra, à Luis Emilio Recabarren, à Lo Hermida, à Los Nogales (a población de minha adolescência), à La Victoria, à El Cortijo etc. Tive que conversar com muita gente…" (*apud* KÓSICHEV, Leonard. *La gitarra y el poncho de Victor Jara*. Moscou: Progreso, 1990, p. 152). A ideia era que o disco

> *Poblador, compañero poblador, / seguiremos avanzando hasta el final, / poblador, compañero poblador, / por los hijos, por la patria y el hogar, / poblador, compañero poblador, / <u>ahora la historia es para ti</u> / con techo, abrigo y pan / <u>marchemos juntos al porvenir</u>. / Poblador, compañero poblador, / con las banderas del gobierno popular, / [...] / trabajemos siempre unidos / y será Chile el gran hogar.* (grifo nosso)

A mesma ideia está presente na parte final da cantata popular *La Fragua* – composta por Sergio Ortega, interpretada pelo Quilapayún e gravada em disco em 1973.[26] Dedicada à comemoração do cinquentenário do Partido Comunista do Chile (1972), a obra discorre sobre a gestação, o desenvolvimento e o legado das lutas trabalhistas levadas a cabo no país, selecionando e interpretando episódios de modo a identificar os trabalhadores como motor da história nacional. Seu "*Recitado 9*" chama o "povo" a apropriar-se da história, a fim de "abrir o caminho" para o futuro:

> *Pueblo, la Historia está entregando tareas luminosas, / la Historia está dejando en tu rivera / tremendos desafíos. / Libera tu energía en esta hora, / pescador, jornalero de Quillota / y tú, compañera tejedora. / Tomemos la historia en nuestras manos. / Abramos el camino.* (grifo nosso)

Na sequência do disco, são celebradas duas medidas "patrióticas" levadas a cabo pelo governo da UP: a nacionalização dos recursos naturais e a reforma agrária. Essas atitudes são apontadas como a concretização do objetivo anunciado pelo "visionário" Luis Emilio Recabarren (fundador do Partido Obrero Socialista, futuro Partido Comunista) e perseguido pelos trabalhadores durante toda a história nacional – "*Abriendo el camino / que Chile se ha forjado*" ("*Canción 12*"). Assim, o Chile de Allende é representado como o momento de libertação da classe trabalhadora, que

---

contasse a história das *poblaciones*, desde a luta pela ocupação das terras até as tradições culturais compartilhadas por seus moradores.

26 QUILAPAYÚN. *La Fragua*. DICAP, 1973. LP.

passaria a ser dona de seu destino e protagonista da "nova pátria": *"La historia te pertenece / el pueblo dice: ¡adelante!"* (*"Pregón"*); *"Tú renacerás, / tú defenderás, / abre tu camino, / forja tu destino, / con la clase obrera / toma la bandera. / Tú construirás, / tu defenderás, / la patria espera, / tu gran bandera"* (*"Canción 9"*).

Diferentemente do que ocorre na maioria das canções gravadas antes de 1970, a possibilidade de um desenlace diferente para as lutas do passado é aqui associada ao presente – e não mais ao futuro –, confirmando a tese de Koselleck segundo a qual "na era moderna a diferença entre experiência e expectativa aumenta progressivamente, ou melhor, só se pode conceber a modernidade como um tempo novo a partir do momento em que as expectativas passam a distanciar-se cada vez mais das experiências feitas até então".[27]

"Socialista será el porvenir"

O projeto de futuro defendido pelos músicos previa a realização de três objetivos principais: o fim do domínio "imperialista", a paz mundial e a construção do socialismo. No que tange ao primeiro ponto, pode-se destacar uma pequena passagem da *"Canción del poder popular"* (Julio Rojas / Luis Advis), integrante do LP *Canto al programa*:[28] *"Echaremos fuera al yanqui / y su lenguaje siniestro. / […] / La patria se verá grande / con su tierra*

---

27 KOSELLECK, *op. cit.*, p. 314.
28 INTI-ILLIMANI. *Canto al Programa*. DICAP, 1970. LP. Abarcando faixas compostas por Julio Rojas e Claudio Iturra (letra), Luis Advis e Sergio Ortega (música), o LP *Canto al programa*, interpretado pelo Inti-Illimani, foi lançado entre a vitória eleitoral de Allende e a ratificação de sua posse, com o objetivo de difundir o programa de governo da UP. Assim, figuram no disco canções como *"El vals de la profundización de la democracia"*, *"El rin de la nueva constitución"*, *"Canción de la reforma agraria"*, *"Vals de la educación para todos"*, entre outras. Toda a construção do álbum pretende transmitir a ideia de que a vitória eleitoral de Allende representaria um poder conquistado pelo "povo" e para ele, ou seja, *"Con la Unidad Popular / ahora somos gobierno. / Porque esta vez no se trata / de cambiar un presidente, / será el pueblo quien construya / un Chile bien diferente"* (*"Canción del poder popular"*).

liberada". Tendo nas "libertações" nacionais sua condição de possibilidade, a expectativa de paz mundial supunha o fim das guerras entre países e a substituição da segregação pela união, conforme indicam as seguintes canções, também gravadas pelo Inti-Illimani:

> *Si somos americanos / seremos buenos vecinos, / compartiremos el trigo, / seremos buenos hermanos. / [...] / Si somos americanos, / seremos todos iguales, / el blanco, el mestizo, el indio / y el negro son como tales* (Rolando Alarcón, "Si somos americanos". Inti-Illimani, *Si somos americanos*, Méndez/Impacto, 1969).

> *Que empiece la fiesta grande / de corazones ardientes, / se abracen los continentes / por este momento cumbre, / que surja una perdidumbre / de lágrimas de alegría, / se baile y cante a porfía, / se acaben las pesadumbres. / Entremos en la columna / humana de este desfile. / Miles y miles de miles / de voces fundidas en una. / De todas partes los "hurra", / aquí todos son hermanos / y así estarán, de la mano, / como formando cadena / porque la sangre en las venas / fluirá de amor sobrehumano* (Violeta Parra/Luis Advis, "Canción final". Inti-Illimani; Isabel Parra; Carmen Bunster. *Canto para una semilla*, DICAP, 1972).

Na concepção marxista da história – compartilhada pelos músicos filiados ao Partido Comunista –, o "amor universal" só poderia ser alcançado na sociedade comunista, em que o individualismo e a competitividade seriam substituídos pela união em nome do bem coletivo. Tomado como fim último da história, o socialismo representaria o momento de redenção da humanidade, instaurando uma nova era em que o "povo" seria protagonista.

No repertório analisado, essas representações conviveram com a afirmação de que o porvir só poderia ser alcançado por meio das ações efetivas dos contemporâneos. Assim, a canção final da cantata *Santa María de*

Iquique[29] – composição de Luis Advis interpretada pelo Quilapayún e dedicada a rememorar um episódio trágico da história nacional ocorrido em 1907, quando trabalhadores grevistas foram brutalmente reprimidos pelas forças policiais – alertava:

> *Ustedes que ya escucharon / la historia que se contó / no sigan allí sentados / pensando que ya pasó. / No basta sólo el recuerdo, / el canto no bastará. / No basta sólo el lamento, /miremos la realidad. / Quizás mañana o pasado / o bien, en un tiempo más, / la historia que han escuchado / de nuevo sucederá. / [...] / si es que no nos preparamos / resueltos para luchar. / Tenemos razones puras, / tenemos por qué pelear. / Tenemos las manos duras, / tenemos con qué ganar.*

Aqui a realização da utopia é colocada como uma *possibilidade* real, mas condicionada à conduta dos atores envolvidos com o projeto revolucionário. Embora não faltem testemunhos do otimismo[30] reinante entre os apoiadores da UP – especialmente no período imediatamente posterior às eleições de 1970 –, a "chegada" do socialismo não foi encarada por eles como algo que ocorreria automaticamente. A canção "*Venceremos*" (Claudio Iturra/Sergio Ortega), que fecha o disco *Canto*

---

29 Esta cantata popular foi gravada em disco em 1970, interpretada pelo Quilapayún e pelo ator Héctor Duvauchelle. QUILAPAYÚN; DUVAUCHELLE, Héctor. *Santa María de Iquique*. Jota Jota, 1970. LP.

30 Esse otimismo pode ser percebido nas seguintes palavras de Eduardo Carrasco: "[...] nesse momento estávamos longe de pensar que algo assim [um desfecho trágico] podia ocorrer, porque na realidade era como um movimento de ascensão das lutas populares, veio o triunfo de Allende [...] então a cantata se via mais como uma expressão positiva, nós estávamos muito longe de pensar que poderia ocorrer uma coisa como o que ocorreu depois com a ditadura". Entrevista concedida a Eileen Karmy em 26 de julho de 2009. Cf. KARMY, Eileen. *"Ecos de um tiempo distante": La Cantata Popular Santa María de Iquique (Luis Advis – Quilapayún) y sus resignificaciones sociales a 40 años de su estreno*. Dissertação (Mestrado em Artes, menção em Musicologia) – Facultad de Artes, Universidad de Chile, Santiago, 2011, p. 137.

al programa, do Inti-Illimani, é representativa dessa combinação entre otimismo e chamado à ação:

> Desde el hondo crisol de la patria / se levanta el clamor popular, / ya se anuncia la nueva alborada, / todo Chile comienza a cantar. / [...] / Venceremos, venceremos / Mil cadenas habrá que romper / [...] / Campesinos, soldados, mineros, / la mujer de la patria también, / estudiantes, empleados, mineros / cumpliremos con nuestro deber. / Sembraremos las tierras de gloria, / socialista será el porvenir, / todos juntos seremos la historia, / a cumplir, a cumplir, a cumplir.

O governo da UP é assim apontado como um movimento histórico progressista, voltado a realizar a transição do capitalismo para o socialismo – objetivo final que só poderia ser concretizado com a realização de todas as etapas abordadas ao decorrer do disco (*"mil cadenas habrá que romper"*), correspondentes ao projeto da *via chilena ao socialismo*. Tal concepção foi explicitada pelo personagem-narrador Peyuco Pueblo no relato que antecede a canção *"Venceremos"*:

> Yo que soy Peyuco Pueblo / confío en que ahora se hace / el programa que termina / para ustedes de cantarse. / Pero, ¿quién lo hace? / ¡Nosotros! Sin egoísmo ni nada, / para esto los chilenos / somos gallos de palabra. / Como estamos decididos, / aunque es dura la tarea, / escuchemos esta marcha / que viene con pinta nueva.

Assim, a certeza expressa na canção se refere antes à disposição dos chilenos a levarem o projeto adiante do que a qualquer lei histórica irreversível. Mas a julgar pela amplitude da campanha promovida pelo governo desde a posse de Allende com o objetivo de envolver os setores populares em seu programa, essa confiança na ação popular constituiu antes uma estratégia retórica – visando torná-la realidade efetiva – do que propriamente uma certeza por parte dos governantes. Daí as diversas "canções de construção do novo Chile" compostas e difundidas pelos artistas da NCCh entre

1970 e 1973, dentre as quais se encontram: *"Marcha de la producción"* e *"La fiesta del domingo"*, de Sergio Ortega, gravadas pelo Quilapayún; *"Que lindo es ser voluntario"* e *"Parando los tijerales"*, de Víctor Jara; *"Póngale el hombro, m'hijito"*, *"La hormiga vecina"* e *"En esta tierra que tanto quiero"*, de Isabel Parra; *"Canto al trabajo voluntario"*, de Osvaldo Rodríguez; *"Cueca de la organización"*, de Ángel Parra; além dos discos *Canto al programa* (Inti-Illimani) e *Las cuarenta medidas* (Richard Rojas), inteiramente dedicados ao programa da UP.[31]

Como destacou o historiador Claudio Rolle, essas canções insistem na responsabilidade coletiva que os chilenos assumiram ao eleger Allende como presidente. Particularmente significativo e recorrente nesse sentido é o tema dos trabalhos voluntários, que eram realizados aos domingos visando atingir metas de produção e melhorar as condições de vida das famílias mais carentes.[32] Em *"Que lindo es ser voluntario"*, canção gravada em um compacto de 1972,[33] Víctor Jara reitera a ideia de que tais trabalhos seriam fundamentais para atingir o "destino" do país: *"Qué cosa más linda es ser voluntario, / construyendo parques para el vecindario, / levantando puentes, casas y caminos, / siguiendo adelante con nuestro destino, ¡sí!"*.

Para "seguir adiante", o governo da UP deveria ser constantemente defendido dos ataques das forças retrógradas – argumento que foi constantemente reforçado por Allende e que está presente na parte final da cantata popular *La Fragua*, intitulada *"El puño del Pueblo"*: *"El duro camino que lleva al socialismo / el puño del pueblo lo construirá / y aquellos que intenten cerrarnos el camino / el puño del pueblo los castigará"* (*"Recitado 11"*). É significativo, nesse sentido, que tenham sido incluídas na sequência da cantata – no LP homônimo de 1973 – algumas das canções contingentes

---

31 ROLLE, Claudio. La "Nueva Canción Chilena", el proyecto cultural popular y la campaña de gobierno de Salvador Allende. Anais do III Congresso da IASPM-AL. Bogotá, 2000, p. 1-13. Disponível em: <http://www.iaspmal.net/wp-content/uploads/2011/10/Rolle.pdf>. Acesso em: 5 set. 2013.

32 *Ibidem*, p. 9-10.

33 JARA, Víctor. *La bala / Que lindo es ser voluntario*. DICAP, 1972. Single.

popularizadas anteriormente pelo Quilapayún com o objetivo de "veicular ideias, ser um meio de propaganda e massificar uma determinada mensagem".[34] Eduardo Carrasco (integrante do conjunto) assinala a influência exercida pelo músico cubano Carlos Puebla – conhecido como "o cantor da Revolução Cubana" – no desenvolvimento desse repertório: "Suas canções, que assumiam um compromisso com a luta política e que queriam ser um fator na luta ideológica, eram para nós um bom exemplo de eficácia histórica".[35]

Tomando como base ritmos cubanos como a *guaracha* e o *son*, o conjunto chileno acrescentou-lhes um tom humorístico, perceptível tanto nas letras quanto na interpretação das canções – que abordavam as manobras políticas dos opositores da UP (*"El enano maldito"*, *"Las ollitas"*), denunciando seu comprometimento com os interesses "imperialistas" (*"La Tribuna"*) e reivindicando que o presidente Allende adotasse uma atitude mais dura para conter os ataques ao governo (*"Vox Populi"*). Tais canções são indicativas do papel assumido pelos músicos comprometidos com o projeto da *via chilena*: mobilizar a população, a fim de fazer emergir o "punho do povo".

A importância que os artistas atribuíam ao seu ofício num contexto de extrema polarização ideológica pode ser percebida nas seguintes palavras de Víctor Jara:

> Vivemos um processo de transição de uma sociedade capitalista para uma sociedade socialista. A luta deve dar-se em todos os cantos. E isso significa não ceder nunca ante as pressões. Jamais perder a autenticidade do compromisso. A burguesia, como regra normal de seus hábitos, quer adquirir tudo com o dinheiro, inclusive as consciências. No instante que vivemos, o pior que pode acontecer a um cantor revolucionário é deixar de arriscar sua vida com seu canto.[36]

---

34 SANTANDER, Ignacio. *Quilapayún*. Madri: Júcar, 1984. (Los Juglares), p. 82.
35 CARRASCO, Eduardo. *Quilapayún: la revolución y las estrellas*. Santiago: RIL, 2003, p. 168.
36 *Apud* Una canción vale más que diez discursos. *El Siglo*. Santiago, [1972], p. 12.

Desse modo, a "batalha pelas consciências" constituiria a tarefa primordial do "músico revolucionário" naquele momento; esta seria sua maneira de contribuir para o avanço da história no sentido do socialismo. Mas é importante ressaltar que em diversas ocasiões Jara esclareceu que "o combate com o violão" não deveria se reduzir às canções de conteúdo político explícito. A perspectiva de um mundo livre trazia novos desafios à criatividade artística – pois uma vez que "somos chamados a criar a nova cultura", "temos nesses momentos que buscar, eu diria, em todos os cantos da alma, para que a sensibilidade vibre com uma força que nos renove e assim ajudar a renovação e a transformação total".[37]

Como observou a pesquisadora Nadinne Canto em sua dissertação, os escritores e artistas comprometidos com o projeto da UP se dedicaram ao "[...] desenvolvimento de práticas estéticas [...] que configurassem um modo singular de inscrever *sentido* na comunidade, [...] delineando um novo modelo social que, através de um repertório significante em conformidade ao projeto [político], pudesse integrar as massas".[38] Esse programa se aproximava daquele defendido por Che Guevara em suas formulações acerca do "homem novo" – que tinham como premissa a concepção de que a "revolução" não previa unicamente uma transformação das estruturas sociais e políticas, mas principalmente uma profunda e radical transformação dos homens em termos de consciência e valores:

> Para construir o comunismo, simultaneamente com a base material, é necessário fazer o homem novo [...] é necessário o desenvolvimento de uma consciência na qual os valores adquiram categorias novas. [...] Neste período de construção do socialismo podemos ver o homem novo que vai nascendo. [...] O importante

---

37 *Apud* MALDONADO, Carlos. La mejor escuela para el canto es la vida. *Revista El Siglo*. Santiago, 14 out. 1972, p. 6.
38 CANTO NOVOA, Nadinne. *Cultura y Hegemonia. Notas sobre la construcción del 'Hombre Nuevo' en la Unidad Popular*. Monografia (Licenciatura em Artes, menção em Teoria e História da Arte) – Facultad de Artes, Universidad de Chile, Santiago, 2010, p. 25, grifo no original.

é que os homens vão adquirindo cada dia mais consciência da necessidade de sua incorporação à sociedade e, ao mesmo tempo, de sua importância como motores da mesma.[39]

Para Guevara, os artistas teriam um papel crucial a cumprir nesse projeto de educação das "massas". Como bem anotou Nadinne Canto, caberia a eles "colocar em marcha um projeto de *produção de subjetividade* [...] por meio da qual seria possível concretizar o desejado *Homem Novo*, ao procurar um tipo de consciência particular nele, que lhe possibilitaria emancipar-se".[40] Para tanto, a separação "burguesa" entre "trabalho material" e "trabalho espiritual" deveria ser superada – ideia reiterada por Fidel Castro quando afirmou que o artista deveria se considerar um trabalhador como qualquer outro, a serviço da revolução.[41]

De acordo com a historiadora Mariana Villaça, a morte de Guevara em 1967 e sua subsequente mitificação como herói/mártir transformaram-no no próprio modelo de "homem novo" que ele havia preconizado: "[...] ideal de homem voluntarioso, solidário, militante disposto a qualquer sacrifício, consciente politicamente de seu papel de cidadão e, principalmente, de seu compromisso com a manutenção das conquistas obtidas com a revolução".[42] Ainda segundo a autora, a ideia do "homem novo" repercutiu com força em diversas manifestações musicais latino-americanas, cujos expoentes procuraram assumir o papel designado pelo dirigente cubano, reivindicando para si a qualidade de "trabalhadores da cultura".[43] Compartilhando desse ideário, Víctor Jara expressou que

---

39 GUEVARA, Ernesto. *El socialismo y el hombre en Cuba*. Cidade do México: Siglo Veintinuno, 1977. (América Nuestra), p. 7-9.
40 CANTO NOVOA, *op. cit.*, p. 12, grifo no original.
41 VILLAÇA Mariana. *Polifonia tropical: Experimentalismo e engajamento na música popular (Brasil e Cuba, 1967-1972)*. São Paulo: Humanitas FFLCH-USP, 2004, p. 98.
42 *Ibidem*, p. 58.
43 *Ibidem*, p. 59.

A música cumpre um papel muito importante no fenômeno de conscientização e esclarecimento [...] um artista é um revolucionário, porque não somente denuncia os males de uma sociedade, mas também contribui para que a vida do homem se esclareça para conseguir sua dignidade e liberdade.[44]

Para cumprir seus objetivos, "que não são outros que colocar o homem em sua posição de ser livre sobre a Terra", o artista comprometido "tem que ser antes um militante de seu compromisso e depois um intelectual desse compromisso".[45] Em uma entrevista posterior, o músico aprofundou este último argumento:

> Seria bom esclarecer que o verdadeiramente revolucionário está atrás do violão, quando o cantor não canta, quando é uma pessoa a mais. Assim sendo, revolucionário é aquele que trabalha pela revolução. Portanto, sendo um artista um trabalhador a mais, deverá colocar a arma de seu talento a serviço do processo que vivemos.[46]

Mas "o artista revolucionário ou o revolucionário-artista, como o trabalhador da música" não deveria limitar sua atuação à esfera criativa. O termo "trabalhador da cultura" tem como premissa a reformulação da divisão intelectual/povo, de modo que o "artista revolucionário" deveria, assim como o restante da população, "[...] acentuar sua participação consciente, individual e coletiva em todos os mecanismos de direção e produção [...] Assim alcançará a total consciência de seu ser social, o que equivale a sua realização plena como criatura humana", conforme expôs Guevara.[47]

---

44 *Apud* CATALDO, Francisco. Víctor Jara: un militante de su compromiso. *El Siglo*. Santiago, 2 maio 1971, p. 11.
45 *Apud ibidem.*, p. 11.
46 *Apud* Una canción vale más que diez discursos. *El Siglo*. Santiago, [1972], p. 12.
47 GUEVARA, *op. cit.*, p. 10.

Essas premissas nos permitem compreender um verso – já mencionado mais ainda não analisado – integrante da *"Canción final"* da cantata popular *Santa María de Iquique*: *"el canto no bastará"*. Como destacou a musicóloga Eileen Karmy em sua dissertação, ele pode ser interpretado como um chamado dirigido à NCCh no sentido de atuar para além do musical, complementando o canto com ações concretas para alcançar as mudanças buscadas pelo movimento e pela UP. Os membros do Quilapayún – intérpretes da obra – figuravam como exemplo a ser seguido, uma vez que sua filiação ao Partido Comunista não implicava somente em cantar um discurso de conotação política, mas possuía consequências práticas: apresentavam-se gratuitamente nos atos organizados pelo partido ou pela UP; abriam mão de parte (ou, em alguns casos, da totalidade) da renda obtida com a venda de discos em favor do partido; participavam dos trabalhos voluntários, entre outras tarefas "de base".[48]

Essa conduta indica que os artistas não concebiam a música como um meio que poderia, por si próprio, conduzir ao "fim da história". Mas tampouco seria possível "seguir em frente" sem cantar, pois "o canto é como a água que limpa as pedras, o vento que nos une, e que fica aí, no fundo de nós para melhorarmos".[49] Nessa perspectiva, "não há revolução sem canções" (lema da campanha de Allende) e não há canções revolucionárias sem o comprometimento integral do "homem por trás do violão" com o projeto socialista. Daí a afirmação de que "o pior que pode acontecer a um cantor revolucionário é deixar de arriscar sua vida com seu canto"[50] – indicando que os músicos que se comprometeram com o projeto da UP tinham consciência dos riscos implicados em suas atitudes, pois a possibilidade de uma reviravolta no curso dos acontecimentos não foi descartada.

Isso não quer dizer que eles previssem o golpe militar e todas as suas consequências trágicas, ou que este desfecho fosse inevitável. O que

---

48 KARMY, *op. cit.*, p. 134.
49 JARA, Víctor. Las raíces del canto. *La Quinta Rueda*. Santiago, 9 ago. 1973, p. 15.
50 *apud* Una canción vale más..., p. 11.

queremos ressaltar é que a convicção de que "a revolução estava por chegar" não constituía uma perspectiva *ingênua*, visto que valorizava acima de tudo a ação dos seres humanos para "mudar a história".[51] Com a breve análise aqui apresentada, pretendemos contribuir para situar esse ideal voluntarista – hoje em franco descrédito – na visão de mundo em que ele se apoiava, inscrevendo a perspectiva revolucionária presente nas canções analisadas nas condições que, aos olhos dos contemporâneos, pareciam sustentá-la.

---

51 Em seu estudo sobre a arte engajada brasileira dos anos 1960/1970, intitulado *Em busca do povo brasileiro: artistas da revolução, do CPC à era da TV* (Rio de Janeiro; São Paulo: Record, 2000), o sociólogo Marcelo Ridenti associou esse ideal voluntarista ao conceito de "romantismo revolucionário", empregado por Michael Löwy e Robert Sayre para definir o tipo de romantismo que procura "'investir' a nostalgia do passado na esperança de um futuro radicalmente novo" e "aspira à abolição do capitalismo ou ao advento de uma utopia igualitária em que seria possível encontrar algumas características ou valores das sociedades anteriores" (*Revolta e melancolia: o romantismo na contramão da modernidade*. Petrópolis: Vozes, 1995, p. 113). No caso chileno, o conceito de "romantismo revolucionário" deve ser aplicado com cautela. Embora possamos encontrar na NCCh elementos associados a uma estrutura de sentimentos romântica – como a busca das "autênticas" raízes populares –, não se verifica que o passado tenha constituído o principal referente dos músicos comprometidos com o projeto revolucionário ou que estes expressaram um "desenraizamento do tempo presente" (ingrediente básico das utopias românticas, segundo Saliba, *op. cit.*, p. 27). Parece-nos necessário adicionar ao ingrediente romântico a "confiança na 'razão teórico-política' [...] fundamento do voluntarismo iluminista da esquerda marxista e da 'via chilena' ao socialismo" (ILLANES OLIVA, María Angélica. *La batalla de la memoria. Ensayos históricos de nuestro siglo. Chile, 1900-2000*. Santiago: Planeta; Ariel, 2002, p. 163).

II. Música popular e indústria fonográfica

E lá vem... sambas e mais sambas nos anos 1970[1]

Adelcio Camilo Machado

A partir do início da década de 1960, o samba foi retomado e apropriado no contexto da produção musical engajada. Jovens cantores e compositores de classe média se voltaram para o morro, que passou a constituir, juntamente com o sertão, um espaço onde se situava o "povo" brasileiro, ao qual deveria ser destinada a sua música, com o intuito de conscientizá-lo

---

1   Este texto consiste num resumo de minha dissertação de mestrado (MACHADO, Adelcio Camilo. *Quem te viu, quem te vê:* o samba pede passagem para os anos 1970. Dissertação (Mestrado em Música) – Instituto de Artes, Universidade Estadual de Campinas, Campinas, 2011). A pesquisa foi feita sob a orientação do Prof. Dr. José Roberto Zan, com o qual divido todos os méritos que a dissertação possa ter. Foram tantas as contribuições feitas por ele durante o trabalho que não há condições de separar aquilo que foram meus próprios *insights* daquilo que foram os apontamentos do referido professor. Assim, agradeço a ele uma vez mais por toda atenção e zelo dedicados a mim e à pesquisa.

politicamente.² Imbuídos desse ideário, esses músicos inicialmente filiados à bossa nova passaram a incorporar elementos do samba, da música caipira e da música nordestina em sua produção. Isso se manifestou em diversas canções desse período, especialmente no célebre show Opinião, que tinha como protagonistas a jovem carioca Nara Leão, o maranhense João do Vale e o sambista de morro Zé Keti. Com isso, o espetáculo produzia um encontro simbólico entre a juventude engajada carioca, o sertão do nordeste e os moradores do morro.³

Nesse contexto, foram compostos diversos sambas que traziam em seus versos denúncias de problemas sociais, críticas ao imperialismo ou afirmações de resistência à ditadura. Apenas para citar alguns exemplos, em "Zelão" de Sérgio Ricardo temos um samba cujo arranjo guarda traços estilísticos da bossa nova e que narra a história de um morador do morro que perdeu sua casa em uma forte chuva.⁴ Já em "Influência do jazz", Carlos Lyra condena a apropriação de elementos do jazz no samba e aponta o morro como o lugar onde o gênero deve se refugiar para se "reencontrar".⁵ Por fim, em "Opinião",

---

2   A recorrência de temas e situações ligadas ao morro e ao sertão na canção de protesto é explorada em CONTIER, Arnaldo Daraya. Edu Lobo e Carlos Lyra: o Nacional e o Popular na Canção de Protesto (os anos 60). *Revista Brasileira de História*, São Paulo, v. 18, n° 35, p. 1-16, 1998. Disponível em: <http://www.scielo.br/scielo.php?script=sci_arttext&pid=S0102-01881998000100002&lng=en&nrm=iso>. Acesso em: 03 jul. 2013.

3   Essas considerações se baseiam na análise do crítico literário Roberto Schwarz sobre esse show. Ver: SCHWARZ, Roberto. Cultura e política, 1964-69. In: SCHWARZ, Roberto. *O pai de família e outros estudos*. Rio de Janeiro: Paz e Terra, 1978, p. 80-2.

4   "Todo morro entendeu quando o Zelão chorou / Ninguém riu, ninguém brincou e era carnaval / [...] Choveu, choveu / A chuva levou seu barraco do chão". Gravado em RICARDO, Sérgio. *A bossa romântica de Sérgio Ricardo*. Odeon, 1960. LP.

5   "Pobre samba meu / Foi se misturando, se modernizando e se perdeu / E o rebolado, cadê? Não tem mais / Cadê o tal gingado que mexe com a gente? / Coitado do meu samba, mudou de repente influência do jazz / [...] Pobre samba meu / Volta lá no morro e pede socorro onde nasceu [...]". Gravado em LYRA, Carlos. *Depois do carnaval*. Philips, 1963. LP. Cabe ressaltar ainda que a crítica ao jazz não se dá apenas no texto dessa canção, mas também

composição de Zé Keti que integrava o referido show de mesmo nome, o eu lírico declara que não deixará o morro, por mais que apanhe, seja preso ou passe fome.[6] Lidos à luz do contexto do pós-golpe de 1964, os versos *"Podem me prender / Podem me bater / Podem até deixar-me sem comer / Que eu não mudo de opinião"* ganham ainda um sentido político, afirmando que, mesmo diante da nova ditadura que se instalava, as ideias e opiniões seriam mantidas.

Contudo, a partir do surgimento e da repercussão dos músicos ligados ao tropicalismo no final da década de 1960, nota-se uma mudança nos padrões sonoros da música popular. O rock, que até então era tido como um "inimigo" da música brasileira – na medida em que era um produto do imperialismo norte-americano –, passou a ser incorporado à MPB. Nesse contexto, uma parcela significativa da produção musical nacional deixou de se voltar para gêneros vistos como "de raiz" ou "genuinamente brasileiros" para incorporar elementos da música internacional. Nesse contexto, o Festival Internacional da Canção promovido pela TV Globo, que em 1968 havia premiado "Sabiá", de Tom Jobim e Chico Buarque, concedia o prêmio de melhor canção do ano de 1970 a "BR-3", composição de Antonio Adolfo e Tibério Gaspar, que foi interpretada por Toni Tornado em estilo muito próximo à *soul music* norte-americana.

Cabe lembrar ainda que em 1968 deu-se o chamado "golpe dentro do golpe" com a promulgação do AI-5, que enrijeceu definitivamente o regime militar brasileiro.[7] A partir disso abalaram-se as crenças no "dia que

---

em seu plano musical, uma vez que esta emprega elementos que são típicos do jazz – como instrumentação formada por piano, contrabaixo e bateria, sugestões de convenções rítmicas na própria melodia –, mas que são exagerados pela interpretação dos instrumentistas e, especialmente, por Carlos Lyra, que pronuncia a palavra "jazz" sempre em um tom de deboche.

6 Gravado em LEÃO, Nara; KETI, Zé; VALE, João do. *Show Opinião*. Philips, 1965. LP.
7 De acordo com Marcelo Ridenti, o AI-5 "colocou em recesso o Congresso Nacional e as Assembleias Legislativas estaduais, passando a ter plenos poderes para cassar mandatos eletivos, suspender direitos políticos dos cidadãos, demitir ou aposentar juízes e outros funcionários públicos, suspender *habeas corpus* em crimes contra a segurança nacional, legislar por decreto, julgar crimes políticos em tribunais

virá", no papel revolucionário do "povo" brasileiro e na força da canção como instrumento de conscientização política. Enfraquecia-se também a ideia que se tinha do samba como um elemento que possibilitaria a aproximação entre o artista-intelectual e as camadas populares. No repertório da MPB no pós-1968, por mais que o samba aparecesse,[8] fazia-o junto a um amplo leque de gêneros e estilos.

Nesse contexto, o samba deixava de ter a mesma relevância no cenário da música popular. Tal aspecto é captado pelo jornalista Sérgio Cabral, um dos grandes defensores e entusiastas desse repertório. Cabral sinaliza o "desaparecimento" dos sambistas da cena musical em uma matéria publicada no jornal O *Pasquim* em 1969, entendendo esse processo como fruto da diminuição do interesse da classe média por eles.

> Há uns sete ou oito anos atrás, os estudantes descobriram os sambistas mais populares e promoveram vários *shows* com a participação deles. Aí, virou moda convidá-los pra tudo que é festinha. Madame queria reunir os amigos e chamava Nelson Cavaquinho. Fulano de tal convidava Cartola e o deputado nordestino chamava Zé Kéti, João do Vale e Ismael Silva.
>
> Os crioulos cantavam para os grã-finos que achavam tudo muito bacana porque pagavam somente uísque e salgadinho, dinheiro não. Só numa pequena fase da vida nacional é que eles viram um pouco de dinheiro no Zicartola, em alguns *shows* e no teatro. E voltaram para os seus morros e para os seus subúrbios porque a grãfinada e a classe média da Zona Sul se encheram deles, uns chatos.

---

militares, dentre outras medidas autoritárias. Paralelamente, nos porões do regime, generalizava-se o uso da tortura, do assassinato e de outros desmandos." (RIDENTI, Marcelo. *Em busca do povo brasileiro*. Rio de Janeiro: Record, 2000, p. 40).

8   A despeito desse quadro mais geral, cabe mencionar que o samba continuou sendo empregado por alguns artistas da MPB, especialmente Chico Buarque e João Bosco, que o utilizaram como veículo de contestação à ditadura, tendo agora que se valer de uma linguagem cada vez mais cifrada para driblar a censura.

Saíram de moda os talentosos crioulos [...].⁹

Porém, ao longo da década de 1970, começaram a surgir novos compositores e intérpretes ligados ao samba. Alguns deles alcançaram grande sucesso comercial, figurando frequentemente nas paradas de sucesso do período. Contudo, conforme se verá na sequência, o samba que surgia nesse contexto não tinha nem o mesmo sentido e nem as mesmas características musicais e poéticas em relação àquele dos anos 1960.

O samba "caiu na moda" nos anos 1970

Se em 1969 Sérgio Cabral havia lamentado certa perda de interesse em torno do samba, em uma entrevista concedida pelo mesmo à revista Veja no ano de 1979, o jornalista afirmava que o samba era, naquele momento, "uma moda em expansão", uma vez que, tanto no Rio de Janeiro quanto em São Paulo, as gafieiras estavam tomando o espaço até então ocupado pelas discotecas. Cabral lembrava ainda o considerável número de novos sambistas surgidos na década, dentre os quais citava Beth Carvalho, Jorge Aragão, Nei Lopes e Wilson Moreira, além de mencionar artistas ligados a outros segmentos, como Gonzaguinha e Zezé Mota, que aderiram ao samba durante o referido período. Por fim, concluía que o sucesso do samba era "um fenômeno de todos os anos 70, onde o samba entrou – e nunca mais saiu – das paradas de sucessos".¹⁰

Antes dele, o também jornalista e crítico musical Tárik de Souza já havia sinalizado o crescimento do interesse pelo samba. Em matéria publicada em 1973, Souza afirmava que "a noite em São Paulo parece ter agora um único senhor: o samba".¹¹ Dois anos depois, o jornalista voltou a afirmar que esse repertório também se fazia presente "na linha de frente

---
9   CABRAL, Sérgio. O samba saiu de moda. *Pasquim*, ano I, nº 4, jun. 1969, p. 15.
10 CARVALHO, Elizabeth. A subida do samba. *Veja*, nº 586, 28 nov. 1979, p. 3-4.
11 SOUZA, Tárik de. O samba agora vai. *Veja*, nº 207, 7 nov. 1973, p. 96.

das paradas de sucessos" e em "copiosas rodas de sambas dos clubes e churrascarias cariocas".[12]

À semelhança de Cabral e Souza, o artigo "Samba, artigo de consumo nacional", da jornalista Margarida Autran publicado originalmente no ano de 1979 também associava o sucesso do samba aos anos 1970. A autora inicia seu texto afirmando que aquela "foi a década do samba", destacando o ano de 1975 que, em suas palavras, "ficou definitivamente marcado, para as gravadoras, como o 'ano do samba'".[13]

No que se refere à popularidade do samba, as afirmações de Tárik de Souza, Sérgio Cabral e Margarida Autran encontram respaldo nas informações levantadas pelo trabalho de Eduardo Vicente. O autor partiu de dados publicados pela empresa Nelson Oliveira Pesquisas de Mercado (NOPEM) que fazia pesquisas no mercado dos discos elaborava listagens com os cinquenta produtos fonográficos mais vendidos em cada ano. Baseando-se nelas, Vicente organizou tabelas separando os discos ali citados entre os seguintes segmentos: repertório internacional, trilhas de novelas, pop romântico, romântico, MPB, samba, rock, infantil, sertanejo, soul/rap/funk e disco.[14] Através delas é possível observar que, entre os anos de 1968 e 1971, houve uma redução na quantidade de discos de samba entre os cinquenta mais vendidos, começando com oito e chegando a três. A partir de 1972, nota-se um aumento desses números, atingindo seu ápice em 1976, quando o samba teve onze títulos entre os mais vendidos. Para se ter uma ideia do que isso representava, entre os anos de 1974 e 1976 o samba teve um número maior de discos citados na listagem do que o segmento de música romântica, que costu-

---

12 SOUZA, Tárik de. País do samba. *Veja*, n° 371, 15 out. 1975, p. 121-2.
13 AUTRAN, Margarida. Samba, artigo de consumo nacional. In: NOVAES, Adauto (org.). *Anos 70*: ainda sob a tempestade. Rio de Janeiro: Aeroplano / Editora SENAC Rio, 2005, p. 72.
14 VICENTE, Eduardo. *Música e disco no Brasil: a trajetória da indústria nas décadas de 80 e 90*. Tese (doutorado) – Universidade de São Paulo, Escola de Comunicação e Artes, 2002, p. 226-7.

mava dividir com o repertório internacional a liderança do mercado fonográfico. Em 1977 e 1978 há nova diminuição na vendagem dos discos de samba, seguido por um aumento em 1979 e nova queda em 1980 (ver tabela abaixo). Mesmo com esta diminuição ao final da década, Vicente partilha da opinião dos outros autores citados e afirma que possivelmente tenha sido o samba "o grande fenômeno de massificação do mercado musical dos anos 70".[15]

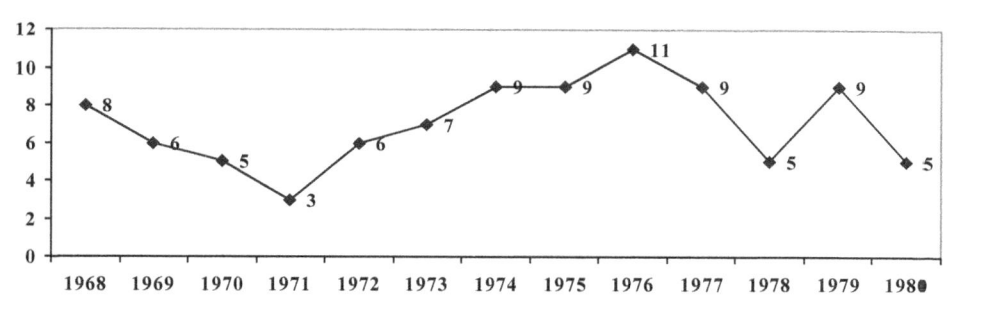

Quantidade de discos de samba nas listagens do NOPEM (1968-1980).[16]

Cabe ressaltar que esse destaque que o samba alcançava no mercado fonográfico se deu em um contexto mais amplo de consolidação da indústria cultural no Brasil. De acordo com o cientista social Renato Ortiz, foi somente durante as décadas de 1960 e 1970 que se consolidou um mercado de bens simbólicos no país, já que neste período ocorreu uma grande expansão na produção, na distribuição e no consumo da cultura, e se consolidaram os grandes conglomerados que administram os meios de comunicação e a cultura popular de massa.[17] Os dados que o pesquisador aponta em relação ao mercado fonográfico são bastante expressivos: em primeiro lugar, Ortiz

---

15 *Ibidem*, p. 76.
16 Elaborada a partir de VICENTE, 2002, *op. cit.*, p. 226-7.
17 ORTIZ, Renato. *A moderna tradição brasileira*. 5ª ed. São Paulo: Brasiliense, 1994, p. 113, 121.

informa que este setor não havia alcançado um crescimento significativo até 1970, mas que, entre 1967 e 1980, observou-se um aumento de 813% nas vendas de toca-discos e um crescimento de 1375% no faturamento das empresas fonográficas.[18] Os dados apresentados por Rita Morelli[19] também apontam para a expansão desse setor ao informar que, durante a década de 1970, houve um crescimento médio de 15%, número semelhante aos 20% apresentados por Paiano,[20] que ainda informa um crescimento acumulado de 444,6% entre os anos de 1966 e 1976, superando outros setores como o mercado de livros e de revistas.

Contudo, ao contrário de considerações mais positivas como as de Sérgio Cabral, uma parte do repertório ligado ao samba produzido nesse período recebeu críticas por parte dos próprios músicos, de jornalistas, críticos musicais e intelectuais. Pela parte dos cancionistas, cabe citar a composição "Argumento", de Paulinho da Viola, gravada em 1975, que critica as mudanças pelas quais o samba passava naquele período, como se vê nos versos: *"Tá legal, eu aceito o argumento / Mas não me altere o samba tanto assim / Olha que a rapaziada está sentindo a falta / De um cavaco, de um pandeiro e de um tamborim"*.[21] Tais considerações sugerem que esse samba que alcançava as paradas de sucesso estava sofrendo modificações em sua forma artística, simbolizadas no caso pelas ausências do cavaco, do pandeiro e do tamborim.

Dentro do repertório que estudei mais atentamente, não se verifica propriamente a *ausência* desses instrumentos em específico, mas, ao contrário, nota-se que eles foram empregados na maioria dos fonogramas ligados ao samba nesse período. Por outro lado, percebe-se que esse

---

18 ORTIZ, *op. cit.*, p. 127.
19 MORELLI, Rita de Cássia Lahoz. *Indústria fonográfica:* um estudo antropológico. 2. ed. Campinas: Editora da Unicamp, 2009, p. 61.
20 PAIANO, Enor. *O berimbau e o som universal:* lutas culturais e indústria fonográfica nos anos 60. Dissertação (mestrado) – Universidade de São Paulo, Escola de Comunicação e Artes, São Paulo, 1994, p. 195-6.
21 VIOLA, Paulinho da. *Paulinho da Viola.* Odeon, 1975. LP.

repertório trazia *acréscimos* de outros instrumentos. A bateria e o contrabaixo, embora não fossem exatamente uma novidade, consolidaram-se e foram empregados com frequência na seção rítmica dessas gravações, geralmente em conjunto com instrumentos de percussão "típicos" do samba. O naipe de cordas também passou a ser amplamente requisitado nas gravações, especialmente de sambas mais lentos e de temática romântica – o que, cabe ressaltar, representava uma parcela significativa dessa produção. Por fim, no caso específico de Benito di Paula, há o acréscimo de instrumentos de percussão que remetem à música latina, como a tumbadora e os timbales. Assim, na crítica de Paulinho da Viola, "cavaco, pandeiro e tamborim" talvez não devam ser tomados ao pé da letra, mas entendidos como uma forma do sambista dizer que *alguma coisa* estava acontecendo com a "tradição" do samba. Com isso, mesmo relativizando sua posição possivelmente passadista nos versos "*Sem preconceito ou mania de passado / Sem querer ficar do lado de quem não quer navegar*", Paulinho da Viola sugere que, diante das modificações pelas quais o samba passava, os compositores e intérpretes devessem proceder com cautela: "*Faça como um velho marinheiro / Que, durante o nevoeiro, / Leva o barco devagar*".

Outro compositor que teceu críticas ao samba daquele período foi Tom Zé com a canção "Lá vem cuíca", gravada em seu LP de 1978.[22] Seu texto reforça que o samba estava "na moda", mas que passava por transformações, que Tom Zé expressa simbolicamente através do sofrimento dos próprios instrumentos ligados à "tradição" do samba: o pandeiro estava pedindo esmola, o piano passava pelo psiquiatra, o reco-reco estava padecendo. Tudo isso em virtude de um instrumento que estava *dominando* a cena do samba naquele período: a cuíca. Para resolver esse impasse, o compositor convoca a figura de Noel Rosa, convertido nessa canção em *santo*, para que possa "socorrer o samba". Vejamos seu texto completo:

---

22 ZÉ, Tom. *Correio da Estação do Brás*. Continental, 1978. LP.

Lá vem cuíca

Tom Zé / Vicente Barreto

O samba caiu na moda, na esquina e na escola,
Tamborim ficou de fora, pandeiro pedindo esmola.
E lá vem cuíca e lá vem cuíca. Lá vem cuíca e lá vem cuíca.

O piano da criada já foi no psiquiatra,
O reco-reco que padece, encostou no INPS.
E lá vem cuíca e lá vem cuíca. Lá vem cuíca e lá vem cuíca.

As violas reunidas contrataram advogado
E levaram no ministério um grosso abaixo-assinado.
Uma reza milagrosa, eu já fiz até promessa
Pedindo a São Noel Rosa pra socorrer o samba depressa.
E lá vem cuíca e lá vem cuíca. Lá vem cuíca e lá vem cuíca.

Pode ser um samba triste, partido-alto ou maxixe,
Pode ser um samba à toa, a malvada não perdoa.
E lá vem cuíca e lá vem cuíca. Lá vem cuíca e lá vem cuíca.

Além da canção de Tom Zé, encontramos outros indícios de que, em meio a essa "moda" do samba, o instrumento que mais se destacava era a cuíca. Ainda em janeiro de 1971, Sérgio Cabral já atentava para a expansão do uso desse instrumento, dizendo que o mesmo provavelmente ganharia destaque pelo fato de ter sido incluído num disco de Miles Davis.[23] Tal previ-

---

23 CABRAL, Sérgio. ABC de Sérgio Cabral. *Pasquim*, n° 81, 21 a jan. 1971, p. 6. Provavelmente o disco ao qual Cabral faz referência é o *Bitches Brew*, lançado por Miles Davis em 1970 (DAVIS, Miles. *Bitches Brew*. Columbia, 1970. LP duplo). Contudo, a faixa na qual Airto Moreira gravou a cuíca – a saber, a composição "Feio" de Wayne Shorter – não foi lançada nesse disco, mas somente na série de quatro discos lançada em 1998 que continha outros fonogramas que foram gravados por Miles e seu grupo naquele período, inclusive os que não foram selecionados para compor o disco (DAVIS, Miles. *The Complete Bitches Brew Sessions*. Columbia/

são parece confirmada, uma vez que a matéria "Cuíca para todos", publicada pela revista Veja em novembro daquele mesmo ano, trazia o seguinte texto:

> O som rouco da cuíca surge nos sucessos de Antonio Carlos e Jocafi ou Elizabeth, nas elaboradas experiências de Dom Salvador com o soul americano e em correntes várias do samba – as de Paulinho da Viola, Martinho da Vila e Jorge Ben. No exterior entre seus admiradores e adeptos estão os jazzistas Miles Davis, Duke Ellington e Oscar Peterson, o cantor Neil Diamond e o grupo jovem Santana.[24]

Ao contrário da letra de "Lá vem cuíca", nota-se nesses textos que o emprego e o sucesso da cuíca não eram considerados sinais necessariamente negativos. Ao contrário, nessa última matéria pode-se ler o depoimento do maestro Rogério Duprat afirmando que, devido a uma relativa queda de interesse pela música nordestina, "a cuíca passou a ocupar o lugar do berimbau como instrumento típico brasileiro".[25] O emprego desse instrumento foi tão intenso que chegou a produzir seus virtuoses, como Fritz Escovão do Trio Mocotó, que, ao invés de fazer apenas efeitos, utilizou-o para fazer o solo da melodia na faixa "Gotas de chuva na minha cuíca", um arranjo da canção *"Raindrops keep falling in my head"* (David / Burt Bacharach), gravada no LP de 1973 do referido grupo.[26]

Cabe ainda lembrar que a cuíca não deixou de ser incorporada na perspectiva da produção musical mais politizada. À semelhança da letra de canções como "Ponteio", de Edu Lobo e Capinam, na qual a viola era utilizada metaforicamente para simbolizar a luta contra o regime ditatorial

---

Legacy/Sony Music, 1998. 4 CDs). Além disso, é possível ver e ouvir a cuíca tocada por Airto Moreira em uma apresentação ao vivo de Miles Davis, cujo vídeo encontra-se disponível on-line, realizada no ano de 1971 (DAVIS, Miles. Call it anything. In: DAVIS, Miles. *Live at The Isle of Wight Festival*. 29 ago. 1970. Disponível em: <http://www.youtube.com/watch?v=bihaL1risM0> . Acesso: 11 nov. 2013.

24 CUÍCA para todos. *Veja*, nº 167, 17 nov. 1971, p. 96.
25 *Ibidem*, p. 96.
26 TRIO MOCOTÓ. *Trio Mocotó*. RGE, 1973. LP.

("Esse dia estou certo que vem / digo logo que vim pra buscar / (...) Quem me dera agora eu tivesse a viola pra cantar"), João Bosco gravou em seu LP de 1976[27] a canção "O ronco da cuíca", composta por ele em parceria com Aldir Blanc, cuja letra também atribuía uma conotação política para o referido instrumento. Nela, o som da cuíca aparece primeiramente representando o ronco da barriga dos que estão famintos; ao final, aparece como metáfora da revolta ao regime (simbolizados pela figura "dos home"), considerado como o causador de problemas sociais (a raiva e a fome).

O ronco da cuíca

João Bosco / Aldir Blanc

Roncou, roncou
Roncou de raiva a cuíca, roncou de fome
Alguém mandou
Mandou parar a cuíca, é coisa dos home

A raiva dá pra parar, pra interromper
A fome não dá pra interromper
A raiva e a fome é coisas dos home

A fome tem que ter raiva pra interromper
A raiva é a fome de interromper
A fome e a raiva é coisas dos home

É coisa dos home, é coisa dos home
A raiva e a fome, a raiva e a fome
Mexendo a cuíca, vai ter que roncar

Diante disso, pode-se considerar que a crítica presente na canção gravada por Tom Zé não era destinada à cuíca em si, seja pelo fato de que esse instrumento, desde os sambistas do Estácio, era empregado no samba, ou em

---

27 BOSCO, João. *Galos de briga*. RCA Victor, 1976. LP.

virtude de que o mesmo estava alcançando prestígio inclusive internacional e sendo usado por cancionistas ligados ao segmento consagrado da MPB. Assim, a crítica de Tom Zé parece se dirigir a um uso indiscriminado que os sambistas da década de 1970 fizeram da cuíca, o que, por sua vez, levava a certa *padronização* ou *estandardização* que se manifestava no samba daquele período.

Tal crítica se faz presente no já citado texto da jornalista Margarida Autran. Após se referir ao grande sucesso comercial de novos sambistas como Martinho da Vila, Clara Nunes, Beth Carvalho, João Nogueira e Alcione, e também à visibilidade alcançada por sambistas da velha-guarda ligados às escolas de samba como Cartola, Donga, Monarco, Mano Décio da Viola e Dona Ivone Lara, que conseguiram gravar seus primeiros LPs na década em questão, a autora mostra certo incômodo diante de uma parte da produção de sambas que, para ela, parecia apenas *copiar* a obra dos sambistas citados. A essa parcela ela rotula como "samba de gravadora", associando-a aos nomes de "Benito di Paula, Agepê, Luiz Ayrão e outros carbonos", afirmando, por fim, que tal produção "veio a desaguar na massificação da música de gafieira".[28]

Dentre os muitos sambistas surgidos e consolidados na década de 1970, a produção de quatro deles parece trazer elementos para que se alcance uma compreensão do samba nesse período. Trata-se de Martinho da Vila, de Benito di Paula e da dupla Antonio Carlos e Jocafi. De diferentes maneiras e produzindo um repertório também diferenciado, esses sambistas apontam para as novas sonoridades que o samba adquiria, para seus novos significados e para os conflitos simbólicos que eram travados em torno desse repertório.

Uma *nova* "tradição" no samba?

Martinho José Ferreira nasceu em 12 de fevereiro de 1938 em uma fazenda da cidade de Duas Barras, no Rio de Janeiro. Aos quatro anos de

---

28 AUTRAN, *op. cit.*, p. 71.

idade, mudou-se com sua família para a Serra dos Pretos Forros, lugar conhecido como Boca do Mato, e, pouco tempo depois, ficou órfão de pai. Diante das dificuldades financeiras da família, Martinho buscou se inserir no mercado de trabalho de diferentes maneiras, até chegar ao serviço militar, onde acabou ocupando o posto de sargento datilógrafo. Ao mesmo tempo, começava a se inserir na escola de samba de sua região, a Acadêmicos da Boca do Mato.[29] Atuando inicialmente como ritmista, o Martinho *da Boca do Mato* conseguiu emplacar seu primeiro samba enredo para sua escola em 1957. A partir de então, a Acadêmicos da Boca do Mato continuou desfilando ao som de suas composições até o ano de 1965. De 1966 em diante, o sambista passou a pertencer à Unidos de Vila Isabel, tornando-se então o Martinho *da Vila*.

Sua primeira inserção nos meios de comunicação de massa da época se deu com a classificação de "Menina moça", de sua autoria, para o III Festival da Música Popular Brasileira da TV Record, interpretada por Jamelão, acompanhado pelo Regional do Caçulinha e por um grupo de pastoras.[30] No ano seguinte, Martinho voltou a participar do festival da TV Record, classificando "Casa de bamba" no IV Festival da Música Popular Brasileira. Dessa vez, coube ao próprio compositor interpretá-la em conjunto com o grupo Os Originais do Samba.[31] Na sequência, Jair Rodrigues gravou duas composições de Martinho da Vila, "Casa de bamba" e "Pra que dinheiro", lançando-as em seu LP de 1969.[32] E foi nesse mesmo ano que Martinho da Vila lançou seu primeiro LP pela RCA Victor.[33]

A partir desse primeiro lançamento, Martinho já alcançava o topo das paradas de sucesso, algo que se repetiria durante toda a década de 1970. Baseando-se nos dados do IBOPE, pode-se afirmar que ele foi o sambista

---

29 Por vezes referida também como *Aprendizes* da Boca do Mato.
30 MELLO, Zuza Homem de. *A era dos festivais:* uma parábola. São Paulo: Editora 34, 2003, p. 201-2.
31 *Ibidem*, p. 453.
32 RODRIGUES, Jair. *Jair de todos os sambas*. Philips, 1969. LP.
33 VILA, Martinho da. *Martinho da Vila*. RCA Victor, 1969. LP.

de maior vendagem de discos no decênio em questão. Raros foram os meses em que não havia algum produto fonográfico – compacto simples ou duplo, LP ou fita cassete – de Martinho da Vila que não estivesse entre os de maior vendagem. Apenas para se ter uma dimensão, o LP *Canta canta minha gente*, de 1974 apareceu continuamente nas listagens dos discos mais vendidos na cidade do Rio de Janeiro durante um ano e um mês – de setembro de 1974 a setembro de 1975 –, alcançando a primeira colocação em três meses, e já foi seguido por citações do LP seguinte, *Maravilha de cenário* de 1975, que foi também durante três meses o LP mais vendido naquela cidade.[34]

O fato de ter sido morador dos morros e membro das escolas de samba mostram que Martinho se aproximou do samba pelo viés daquilo que era considerado como a "tradição" desse repertório. O vínculo que criou com a Unidos de Vila Isabel também não é de menor importância, já que esse foi o bairro onde viveu Noel Rosa, um dos grandes *monumentos* da "tradição" do samba. Contudo, mais do que simplesmente constatar esses aspectos, é interessante perceber que eles se tornaram matéria para as próprias composições de Martinho. Em uma parcela de seus sambas, o cancionista narra sua própria trajetória de vida, dando ênfase a traços biográficos que ajudam a situá-lo no polo da "autenticidade" do samba. O sofrimento diante da perda do pai foi narrado no samba "Chora viola, chora", gravado em 1978,[35] no qual se ouve: *"Eu tinha bem poucos anos / quando Deus meu pai chamou / E a tristeza da falta / Sobre a família se espalhou"*. Sua origem humilde, seu vínculo ao universo rural e sua condição de morador do morro são sintetizados nos versos *"Eu nasci numa fazenda e fui / Criado na favela"* do samba "Linha do Ão", gravado

---

34 Tive acesso às listagens do IBOPE durante minha pesquisa de mestrado. Elas se encontram microfilmadas no Arquivo Edgar Leuenroth, da Unicamp. Apresento os dados relativos à vendagem de discos de Martinho da Vila em MACHADO, 2011, *op. cit.*, p. 278-81.
35 VILA, Martinho da. *Tendinha*. RCA Victor, 1978. LP.

no LP de 1970.[36] Sua ascensão social como sambista do morro é narrada nos versos *"Eu cresci no morro / E me criei na cidade / Saí do submundo e penetrei no seio da alta sociedade"* de sua composição "Cresci no morro" do LP de 1975.[37] Sua atuação nas escolas de samba aparece em "Poeira no caminho", presente no já citado LP de 1978,[38] na qual Martinho diz: *"Já cantei partido alto / Já saí na bateria / Puxei samba no asfalto / Até o romper do dia"*. Seu ingresso na Vila Isabel e seu decorrente vínculo com a "tradição" do samba são expressos em "Boa noite", do LP de 1969:[39] *"Boa noite, Vila Isabel / Quero brincar o carnaval na terra de Noel"*.

Contudo, por mais que Martinho se vinculasse à "tradição" do samba em seus aspectos biográficos, os quais por sua vez são reforçados no texto de suas composições, a música de Martinho da Vila remetia a *outra* "tradição" do samba; aqui, é necessário relembrar alguns aspectos. Especialmente a partir do trabalho de Carlos Sandroni,[40] sabemos que há uma espécie de ruptura na história do samba. Nos primeiros decênios do século XX, o samba era uma prática intimamente ligada aos encontros da comunidade negra que morava no Rio de Janeiro, especialmente no bairro da Cidade Nova. Ele não aparecia como prática autônoma, mas se incluía nas festividades daquele grupo, guardando inclusive um sentido ritual, sagrado. Era praticado normalmente em roda, de modo que dois ou mais versejadores improvisavam versos, enquanto os demais acompanhavam com palmas e entoavam pequenos refrões; era, portanto, muito próximo ao *partido alto*. Tal produção chegou ao disco, com algumas modificações introduzidas por Donga e Mauro de Almeida, com a gravação de "Pelo telefone" em 1917. Por outro lado, a partir da produção dos sambistas do morro do Estácio, o samba ganhou novos contornos e novos significados. Com o intuito de em-

---

36 VILA, Martinho da. *Meu laiaraiá*. RCA Victor, 1970. LP.
37 VILA, Martinho da. *Maravilha de cenário*. RCA Victor, 1975. LP.
38 VILA, Martinho da, 1978, *op. cit.*
39 VILA, Martinho da, 1969, *op. cit.*
40 SANDRONI, Carlos. *Feitiço decente*: transformações do samba no Rio de Janeiro (1917-1933). 2ª ed. ampl. Rio de Janeiro: Zahar, 2012.

balar a evolução dos passistas durante o desfile do carnaval, os sambistas introduziram novos instrumentos como o surdo e o tamborim, e modificaram sua condução rítmica, fazendo um samba tido como mais "marchado". E foi justamente esse repertório que, por sua inserção mais intensa nos meios de comunicação de massa a partir da década de 1930, dentre outros fatores, acabou se tornando símbolo do samba "tradicional".

Fechando o parêntese, o que se nota em Martinho da Vila é que, embora se apoie sobre os ombros de Noel Rosa, sua música remete justamente ao partido alto, o qual, de certa forma, havia ficado de fora dessa "tradição" *inventada*[41] do samba. Tome-se, por exemplo, a canção "Menina moça", bastante representativa de seu estilo, com a qual o sambista teve sua primeira inserção na televisão ao classificá-la para o III Festival da Música Popular Brasileira da TV Record de 1967 e que foi posteriormente gravada em seu LP de 1971.[42] Sua letra narra, passo-a-passo, a trajetória amorosa de uma personagem, que se inicia com o desejo de arrumar um companheiro, passa pela consolidação dessa união e finaliza com a separação do casal. Cada estrofe de seu texto é cantada por Martinho e apresenta quatro versos, sempre rimando verbos no infinitivo terminando em "ar" alternados com o vocábulo "iaiá", que enfatizam a sonoridade da vogal "a": passear, iaiá, acompanhar, flertar, namorar etc. Por sua vez, geralmente o último verso de cada estrofe é repetido por um coro misto. Certamente trata-se de uma canção planejada para ser registrada em disco, mas a distribuição dos versos *simula* o diálogo entre versejadores e os demais envolvidos em uma roda de partido alto. Era como se o coro "espontaneamente" repetisse o último verso "improvisado" pelo versejador, com a única diferença que, na realidade, já não havia improviso algum.

---

41 A noção de "tradição" inventada aqui mencionada foi formulada pelo historiador Eric Hobsbawn. Ver HOBSBAWN, Eric. A invenção das tradições. In: HOBSBAWN, Eric; RANGER, Terence (org.). *A invenção das tradições*. Rio de Janeiro: Paz e Terra, 1997, p. 9-23 (introdução).
42 VILA, Martinho da. *Memórias de um sargento de milícias*. RCA Victor, 1971. LP. Os comentários analíticos sobre essa canção se referem à gravação contida nesse LP.

Menina moça (trecho)

Martinho da Vila

[Martinho] *Oi, menina moça vai passear*
Vai passear, iaiá
Quer rapazinho pra acompanhar
Pra acompanhar, iaiá
[Coro] Pra acompanhar, iaiá, pra acompanhar, iaiá

[Martinho] *Tá passeando já quer flertar*
Já quer flertar, iaiá
Quem 'tá flertando quer namorar
Quer namorar, iaiá
[Coro] Quer namorar, iaiá, quer namorar, iaiá
[Martinho] Mas quer namorar, iaiá [Coro] Quer namorar, iaiá

[Martinho] *'Tá namorando já quer noivar*
Já quer noivar, iaiá
Moça esta noiva quer se casar
Quer se casar, iaiá
[Coro] Quer se casar, iaiá, Quer se casar, iaiá,
[Martinho] Mas quer se casar, iaiá, [Coro] Quer se casar, iaiá,
[...]

Essa aura de *espontaneidade* que a composição buscava (re)criar era reforçada pela introdução. O fonograma se inicia com a entrada progressiva dos instrumentos de acompanhamento, começando pela cuíca ("E lá vem cuíca"), cavaquinho, surdo e violão, tudo acontecendo em um intervalo de cerca de dez segundos, mimetizando a chegada dos participantes a uma roda de samba. Então, ouve-se a voz de Martinho dizendo "Alô, Juliana, se liga nessa!" antes de iniciar a canção propriamente dita. Era como se ele estivesse em uma roda de partido alto, chamando a atenção de uma pessoa em específico para a canção que iria apresentar.

Em termos musicais, a composição é harmonizada por um *loop* de três acordes[43] tonais – Tônica, Subdominante relativa e Dominante – que se repete durante todo o fonograma. A melodia da canção traz um grande número de arpejos, aspecto que é possivelmente decorrente do fato de que Martinho não toca nenhum instrumento harmônico. Desse modo, a harmonia já está claramente inscrita na melodia, o que tende a facilitar sua comunicação com os músicos da base.

Tais características conferiam à figura de Martinho diferentes representações. Por um lado, havia (e ainda há) agentes ligados à música popular que menosprezavam a música de Martinho. Assim, em entrevista concedida a Tárik de Souza em 1970, o "são" Pixinguinha disse sobre Martinho que "este sambinha que ele faz é a coisa mais medíocre que existe. Ele está aproveitando, dando sua sortezinha".[44] Tal representação encontra respaldo na pesquisa do sociólogo Dmitri Cerboncini Fernandes, que mostra que a sambista Cristina Buarque considera Martinho da Vila como "o 'pai' distante do 'mau' pagode que dominaria a cena musical nos anos 1990".[45] Além de outras razões, é bastante provável que, na base dessas críticas, esteja a já apontada *simplicidade* musical de suas composições, geralmente concebidas com três ou quatro acordes. Aqui se manifesta uma grande diferença entre Martinho e Paulinho da Viola. Embora ambos tenham trajetórias semelhantes – ligados às escolas de samba e consagrados na década de 1970 –, a condição de instrumentista de Paulinho da Viola, conhecedor do

---

43 O termo *loop* de acordes (*chord loops*) foi empregado pelo musicólogo Philip Tagg para se referir a uma curta sequência de acordes, geralmente de três ou quatro, que é repetida várias vezes em determinada seção de uma peça musical. TAGG, Philip. *Everyday tonality:* towards a tonal theory of what most people hear. New York & Montreal: The Mass Media Music Scholars' Press, 2009, p. 199 e s.

44 PIXINGUINHA *apud* SOUZA, Tarik de; ANDREATO, Elifas. *Rostos e gostos da música popular brasileira*. Porto Alegre: L&PM, 1979, p. 235.

45 FERNANDES, Dmitri Cerboncini. *A inteligência da música popular:* a "autenticidade" no samba e no choro. Tese (doutorado) – Universidade de São Paulo, Faculdade de Filosofia, Letras e Ciências Humanas, São Paulo, 2010, nota das p. 262-3.

repertório do choro, faz com que suas composições tenham uma elaboração musical mais cuidadosa.

Por outro lado, justamente tal *simplicidade* é percebida por outros agentes como um sinal de *rusticidade* da produção de Martinho, o que o vincularia à "tradição" do samba. Com isso, em meio a discursos pautados por certo nacionalismo, a produção do sambista ganhava maior relevância. É o que se lê em texto de Ferreira Gullar que critica Jards Macalé por ter trocado "o samba brasileiro pela canção de *farwest*, em Gotham City", e enaltece Martinho da Vila que, "com o velho partido alto, repelido pelo festival, continua dando seu recado".[46] Nesses casos, conforme se nota nos discursos, a diferença entre Martinho da Vila e Paulinho da Viola é apagada, na medida em que ambos seriam representantes – e até *renovadores* – do samba "autêntico". Isso aparece em uma matéria na qual Tárik de Souza postula pela necessidade de se reconhecer as inovações trazidas por Martinho da Vila, colocando-o em pé de igualdade com o sambista da Portela.

> Apesar de ter sido projetado através da via comum dos festivais, que serviu para virar a mesa dos valores tradicionais nos anos 60, Martinho não pegou carona, sequer como pingente, na chamada linha evolutiva da música popular brasileira. (...) As modificações introduzidas *de dentro* pelos próprios sambistas com a incorporação de outras influências brasileiras – como são os casos de Paulinho da Viola e Martinho da Vila – permanecem à parte dessa evolução, na verdade paralela e integrada.[47]

Contudo, justamente essa aura de "autenticidade", considerada enquanto elemento valorativo do samba, foi criticada por Gilberto Vasconcellos em texto publicado originalmente em 1977. Embora o texto não se dirija

---

46 GULLAR, Ferreira *apud* ZAN, José Roberto. Jards Macalé: desafinando coros em tempos sombrios. *Revista USP*, nº 87, set/out/nov-2010, p. 156-71.
47 SOUZA, Tárik de. *O som nosso de cada dia*. Porto Alegre: L&PM, 1983, p. 167, grifo no original.

nomeadamente a Martinho da Vila, há indícios de que se refere também a ele. Adepto das vanguardas, que encontram no tropicalismo sua expressão no cenário da canção popular, Vasconcellos entende a valorização das "raízes" como algo redundante (possivelmente do ponto de vista estético) e reacionário (politicamente). Diz o autor:

> Os folcloristas conservadores, os entusiastas do verde-amarelismo musical, os tradicionalistas adeptos do tutu com torresmo, Portela e cavaquinho, podem afinal se vangloriar do triunfo das "raízes", do sucesso comercial da "autêntica" MPB. Por isso tudo, temos que reconhecer (sem nenhum saudosismo entretanto) que a tropicália acertou na mosca quando tentou derrubar o mito nacionalista do samba-exaltação.
>
> Ante a redundância e o conteúdo reacionário do tradicionalismo musical tipo partido alto, samba-exaltação e outras variações folclorizantes à "macumba para turista", depreende-se certa ironia histórica da popularização ideológica do samba: diferentemente do que se acreditava no início dos anos 60, o samba venceu; mas o povo continua humilhado.[48]

Em outro trecho, o sociólogo ainda reforça seus argumentos:

> Sisudo, solene, ele [o samba dos anos 1970] contém um germe autoritário no seu xenofobismo: seu ideal é uma cultura fechada em si mesma, regalando-se com as "raízes", longe das influências musicais estrangeiras. O adjetivo "autêntico" não lhe sai da boca.[49]

Nota-se, portanto, que a produção de Martinho recebia diferentes avaliações, orientadas por referenciais também distintos. A princípio, nota-se certa predominância do discurso de teor mais nacionalista, que enxerga nele um "autêntico" representante do samba e acaba lhe

---
48 VASCONCELLOS, Gilberto. *Música popular:* de olho na fresta. Rio de Janeiro: Edições do Graal, 1977, p. 69.
49 *Ibidem*, p. 78.

conferindo uma maior consagração no cenário musical se comparado a outros sambistas do período.⁵⁰

O samba e o melodrama de novo

Outro sambista de grande sucesso na década de 1970 foi Benito di Paula, nome artístico de Uday Velloso, nascido no município de Nova Friburgo, estado do Rio de Janeiro, em 28 de novembro de 1941. Benito iniciou sua trajetória no cenário da música popular na década de 1960 como *crooner* em boates cariocas, mudando-se posteriormente para a cidade de Santos, no estado de São Paulo, onde começou a tocar piano em casas noturnas, algo que continuou fazendo ao se instalar na capital deste mesmo estado. Em 1973, Tárik de Souza afirmou que Benito era "um dos mais cotados *crooners* de São Paulo", atividade que, conforme relatado pelo próprio artista ao crítico musical, exigia que ele cantasse todos os gêneros, sendo que o samba aparecia "uma vez ou outra, mas não se podia insistir muito nisso".⁵¹

Ainda em 1971 o friburguense conseguiu lançar seu primeiro LP pela gravadora Copacabana.⁵² Nesse disco estão inscritas as marcas de sua atividade como *crooner*, já que ele traz canções ligadas a diferentes segmentos musicais, sendo quatro canções compostas pelo artista e outras oito de diversos autores. Apenas para citar alguns exemplos, nesse LP podem ser encontradas tanto canções próximas à música pop, como "Salve, salve" de Ivan Lins e Ronaldo Monteiro de Souza, quanto baladas em andamento lento, como "Azul da cor do mar" de Tim Maia, sambas como "Apesar de você" de Chico Buarque, baião em "Eu gosto dela" de Benito di Paula e ainda a guarânia em "Preciso encontrar você" do mesmo Benito. Mesmo

---

50 Apenas para ilustrar com um exemplo, Martinho da Vila é um dos poucos sambistas surgidos na década de 1970 a ser incluído na coletânea *Nova História da MPB*, lançada pela Abril Cultural.
51 SOUZA, Tárik de. O samba agora vai. *Veja*, n° 207, 7 nov. 1973, p. 96.
52 PAULA, Benito di. *Benito di Paula*. Copacabana, 1971. LP.

sem ter alcançado grande sucesso comercial, Benito lançou outro LP em 1972,[53] o qual também apresentava um repertório eclético, contendo sambas, baladas românticas, um frevo e um baião. Novamente o disco não teve grande vendagem, mas há indícios de que o samba "Violão não se empresta a ninguém", de autoria do próprio cancionista, tenha se destacado dentre os demais fonogramas ali registrados.[54] Tratava-se de uma canção que combinava um assunto leve, com certa dose de humor, o balanço de um samba de andamento relativamente acelerado com um refrão mais cantável, com notas de duração mais longa.[55]

Com isso, o LP seguinte de Benito di Paula, lançado em 1974,[56] foi composto exclusivamente por *sambas* e *todos* compostos pelo cancionista em questão, esquema que se manteve nos próximos lançamentos fonográficos do friburguense. Desse modo, o disco de 1974 marcava a conversão de Benito de *crooner* para sambista; e o título do LP, *Um novo samba*, ainda reforçava esse aspecto. Esse foi o primeiro LP do cancionista que apareceu nas listagens do IBOPE,[57] mas apenas em São Paulo e de maneira discreta, alcançando a nona colocação em abril de 1974, a quinta em maio e a sexta em junho.

De qualquer modo, esses aspectos da trajetória de Benito no cenário da música popular impedem que se crie qualquer representação de "autenticidade" sobre sua produção. Diferentemente de Martinho da Vila, Benito di Paula não aderiu ao samba através das escolas, que eram vistas como o

---

53 PAULA, Benito di. *Ela*. Copacabana, 1972. LP.
54 Pode-se afirmar isso em virtude dessa canção (e nenhuma outra desse disco) estar incluída em diversas coletâneas fonográficas de Benito, indicando que, mesmo anos depois de seu lançamento, ela ainda aparecia como um dos sucessos do cancionista.
55 O texto da canção é cantado em primeira pessoa e dirigido a um terceiro, que supostamente teria desaparecido com o violão do eu lírico. Seu refrão traz os versos "Onde está você / Com meu violão? / Se você chegar fora de hora / Não deixo você desfilar no meu cordão".
56 PAULA, Benito di. *Um novo samba*. Copacabana, 1974. LP.
57 Para maiores detalhes sobre a vendagem de discos de Benito di Paula, ver MACHADO, 2011, p. 275-7.

lócus da "tradição" desse repertório, mas foi se aproximando dele paulatinamente. Não se pode afirmar categoricamente que foi o sucesso comercial dos sambas de sua autoria que fez com que ele assumisse de vez esse repertório, mas é visível que esses dois processos caminharam lado a lado no início da carreira desse cancionista.

Contudo, se o sucesso do disco de 1972 era um samba de andamento mais acelerado, o carro-chefe desse novo *long-play* foi um fonograma que trazia traços do samba-canção: "Retalhos de cetim". Ele já havia sido lançado em um compacto simples no ano anterior que havia chegado às paradas de sucesso. Entre os meses setembro de 1973 a janeiro de 1974, o compacto esteve entre os discos mais vendidos na cidade de São Paulo, chegando a alcançar a segunda colocação em novembro de 1973. No Rio de Janeiro, o disco ficou entre os mais vendidos de novembro de 1973 a março de 1974.

"Retalhos de cetim" é um samba em andamento lento, cujo texto aborda uma desilusão amorosa, características que o aproximam, como já mencionado, do samba-canção.[58] A canção se inicia com quatro compassos tocados por bateria, violão e cavaquinho. Na sequência, entram o contrabaixo elétrico e a voz de Benito di Paula. Ao cantar o verso "Comprei surdo e tamborim", esses instrumentos são acrescentados ao arranjo. A partir do verso seguinte, "Gastei tudo em fantasia", escutam-se as cordas, ainda em registro grave, e a cuíca ("E lá vem cuíca"), que fará intervenções ao longo de todo o restante do fonograma.

---

58 Há que se ressaltar, entretanto, que a condução rítmica desse fonograma, especialmente aquela executada pela bateria, difere da usualmente empregada no samba-canção comercialmente forte na década de 1950. Normalmente no samba-canção as oito semicolcheias do binário simples são tocadas, normalmente pelo pandeiro ou por maracas – instrumento muito em moda no período graças ao sucesso dos boleros –, com um acento na segunda. Já em "Retalhos de cetim", ouve-se o aro da bateria executando um padrão rítmico que remete ao que Sandroni (2012, *op. cit.*) chamou de "Paradigma do Estácio". Ao ser executada nesse instrumento e com essa sonoridade, remete-se a um tipo de condução rítmica que se tornou mais usual a partir da bossa nova.

Seus versos iniciais relatam um conjunto de esforços que o personagem-cantor teve que mobilizar para preparar o desfile de sua escola de samba, na esperança de ver a mulher que ele amava desfilar para ele, conforme lhe fora prometido pela mesma. Tudo isso é cantado através de uma melodia contida, com uma tessitura relativamente pequena, com trechos de notas repetidas e predominância de graus conjuntos. A essa seção da canção, Benito confere uma interpretação discreta, com uma intensidade moderada e sem grandes nuances. Contudo, o emprego da tonalidade menor, a voz tendendo ao registro grave e um traço melancólico na interpretação de Benito fazem com que se tenha a sensação de que algo vai dar errado nessa história.

É o que se nota na chegada ao refrão da canção. Ouve-se uma modulação para a homônima maior, que acompanha o momento do texto em que o eu lírico descobre que a promessa não foi cumprida e, como numa típica cena melodramática, começa a chorar no meio da avenida. A linha melódica desse trecho explora uma região mais aguda, que é alcançada por saltos intervalares que, em geral, terminam em notas longas. Esse conjunto de caracteres que compõe o refrão dessa canção ressalta-lhe o caráter passional[59] e dramático, articulando-se com a desilusão narrada pelo texto. A batucada dos instrumentos se intensifica, a cuíca passa a executar figuras rítmicas de menor duração e as cordas alcançam uma região mais aguda. Benito di Paula também explora esse aspecto e confere uma interpretação mais carregada, ampliando a intensidade de sua emissão vocal, contribuindo para expressar o sofrimento sugerido pelo texto. Isso se percebe de maneira mais acentuada na segunda vez que apresenta o refrão, quando o cantor prolonga bastante a sílaba "cho<u>rei</u>" a ponto de chegar a outra nota ainda sob a mesma sílaba, que ganha novo acento (algo como "Eu cho<u>re</u>....<u>ei</u>"). Esse caráter interpretativo é ainda exagerado em suas apresentações ao vivo, como se pode observar na gravação que

---

59 Emprega-se aqui o conceito de passionalização tal qual desenvolvido no trabalho de Luiz Tatit. Ver: TATIT, Luiz. *O cancionista*: composição de canções no Brasil. 2ª ed. São Paulo: Editora da Universidade de São Paulo, 2002, p. 22-3.

fez dessa canção para o DVD *Benito di Paula ao vivo*.⁶⁰ Nela, Benito abusa da "métrica derramada",⁶¹ repete e reforça algumas palavras, canta com grande intensidade e ainda expressa em suas feições uma carga dramática bastante intensa.

Retalhos de cetim

(Benito di Paula)

Ensaiei meu samba o ano inteiro
Comprei surdo e tamborim
Gastei tudo em fantasia
Era só o que eu queria
E ela jurou desfilar pra mim
Minha escola estava tão bonita
Era tudo o que eu queria ver
Em retalhos de cetim
Eu dormi o ano inteiro
E ela jurou desfilar pra mim
Mas chegou o carnaval
E ela não desfilou
Eu chorei na avenida, eu chorei
Não pensei que mentia a cabrocha que eu tanto amei

---

60 VILA, *Benito di Paula ao vivo*. EMI, 2009. DVD.
61 O conceito de métrica derramada foi proposto pela musicóloga Martha Ulhôa. Ela o emprega para designar um gesto interpretativo de cantores que apresentam a melodia com bastante liberdade rítmica, empregando esse recurso como elemento expressivo. Ver ULHÔA, Martha Tupinambá de. Métrica derramada: tempo rubato ou gestualidade na canção brasileira popular. In: VII CONGRESSO LATINOAMERICANO IASPM-AL, Havana, Chile, 2006. *Anais...* Havana: IASPM-AL, 2006. Disponível em: <http://www.hist.puc.cl/iaspm/lahabana/articulosPDF/MarthaUlloaMetrica.pdf>. Acesso em: 23 fev. 2010.

A partir de seu sucesso comercial, "Retalhos de cetim" se tornou um *standard*[62] na produção de Benito di Paula. Diversas outras composições de sua autoria traziam características muito semelhantes a essa, sendo que algumas delas inclusive possuíam *exatamente* a mesma progressão harmônica de seu refrão.[63] Esses foram os casos de "Se não for amor", gravada no mesmo LP em que se encontra "Retalhos de cetim", "Quem vem lá" do LP *Gravado ao vivo*,[64] "Pra você não ir embora" do LP *Brasil Som 75*,[65] "Meu maior afeto" do LP de 1976,[66] "Meu lamento" do LP de 1978[67] e "Madrugada" do LP de 1979.[68]

---

62 Emprega-se aqui a noção de estandardização empregada por Theodor W. Adorno e George Simpson na análise da música popular. Conforme apontado pelos autores, assim que uma canção alcançava sucesso comercial, surgiam diversas outras imitando suas características, processo que acabava resultando na cristalização de *standards* nesse repertório. Ver ADORNO, Theodor W. e SIMPSON, George. Sobre música popular. In: ADORNO, Theodor W.; COHN, Gabriel (org.). *Theodor W. Adorno: sociologia*. São Paulo: Ática, 1986 (Coleção Grandes Cientistas Sociais).

63 A progressão harmônica em questão se caracteriza pela presença de uma linha cromática descendente nos baixos. Em "Retalhos de cetim", ela se inicia na tônica, Lá, e se movimenta cromaticamente até chegar ao sexto grau, Fá sustenido. Tal característica confere certa delicadeza à movimentação harmônica, o que parece fazer dela uma boa opção para se cantar textos românticos. Assim, vemos a progressão na balada romântica *"My way"*, que teve grande sucesso na voz de Frank Sinatra (agradeço essa informação ao Prof. Dr. Rafael dos Santos quando fez a arguição em minha banca de qualificação). Além disso, essa mesma progressão foi bastante reiterada em sambas românticos compostos pela dupla Antonio Carlos e Jocafi. Tal aspecto foi abordado em um trabalho apresentado no congresso da ANPPOM de 2011. Ver: MACHADO, Adelcio Camilo. A progressão harmônica de "Você abusou" (ou você abusou dessa progressão harmônica). CONGRESSO DA ANPPOM, 21, 2011, Uberlândia. Anais... Uberlândia: ANPPOM, 2011, p. 790-6.

64 PAULA, Benito di. *Gravado ao vivo*. Copacabana, 1974. LP.
65 PAULA, Benito di et al. *Brasil Som 75*. Copacabana, 1975. LP.
66 PAULA, Benito di. *Benito di Paula*. Copacabana, 1976. LP.
67 PAULA, Benito di. *Benito di Paula*. Copacabana, 1978. LP.
68 PAULA, Benito di. *Benito di Paula*. Copacabana, 1979. LP.

Assim, com "Retalhos de cetim" – e todos os outros sambas dele derivados –, Benito *retoma*, em outro contexto, aquela produção de sambas-canções de forte teor melodramático, à qual se atribuía uma proximidade com os boleros, e que foi comercialmente forte especialmente na década de 1950. Repertório esse que era interpretado pelos grandes "vozeirões" da época, como Vicente Celestino, Francisco Alves e Nelson Gonçalves. É esse tipo de canto que Benito, à sua maneira, recupera. Além disso, como já mencionado brevemente, o cancionista passou a incluir instrumentos que davam um teor "latino" a seus arranjos. A partir do LP *Gravado ao vivo*, de 1974, Benito passou a ser acompanhado pelo Grupo Tempero, formado por Haroldo, Mário, Luiz Carlos, Joãozinho e Jota Velloso (irmão de Benito), que incorporaram tumbadora e timbales aos arranjos, executando padrões rítmicos próximos à rumba e ao chá-chá-chá. Apenas no LP *Gravado ao vivo*, notam-se tais características em "Além de tudo", "Charlie Brown" – a qual, possivelmente junto com "Retalhos de cetim", está entre os maiores sucessos de Benito di Paula –, "Pare, olhe, viva", "Vou cantar, vou sambar" e "Tributo a um rei esquecido". Em discos seguintes, esse "tempero latino" aparece em "Não precisa me perdoar", "Coisas da vida", "Vai ficar na saudade" e "Sempre assim" do disco de 1975; "Homem da montanha" do LP de 1976; "Assobiar e chupar cana", "Canção de viver com você", "Razão pra viver", "Otelo" do disco de 1977; "Viva ao sol" e "Lua, lua" do LP de 1978; "Desencontro", "Banda do povo", "Nesse barco eu vou", "Se eu pudesse", "Madrugada", "Vamos cantar" e "Marcas de amor" do *long-play* de 1979.

E talvez essas sejam algumas das razões do *mal estar* dos críticos diante da música de Benito. Isso porque, como sabemos, toda a *moderna* música popular brasileira a partir da bossa nova é pautada pela contenção, pela interpretação comedida, distanciando-se dos "bolerões" e sambas-canções melodramáticos. Na contramão disso, em plena década de 1970, Benito trazia aspectos interpretativos que haviam sido soterrados pela chamada "linha evolutiva" da música popular brasileira. Assim, surgiam apreciações como a de Tárik de Souza que se referia de maneira pejorativa ao "samba-rumba de Benito di

Paula".[69] Ou ainda em uma matéria publicada pela revista Veja, que afirmava que, "em três anos de sucesso, Benito di Paula fez-se notar graças à autoria de uma série de sambas banais, de *ritmo duvidoso* e letras grotescas".[70] Por fim, pode-se citar também a matéria escrita por Joaquim Ferreira dos Santos, que afirmava que o cancionista era o criador "de uma *intragável mistura de cuíca ao bolero*, que ele *imagina ser samba*".[71]

Nesse sentido, a despeito de seu sucesso comercial, Benito jamais se consagrou dentre os "grandes" compositores da MPB. Sem ter passado pela "tradição" das escolas de samba e se vinculando a um modo antigo – e, talvez, "deturpado" – de fazer samba, Benito conseguiu "conquistar os corações" de um amplo segmento do público consumidor de discos que, com o barateamento do equipamento, era incorporado a esse mercado; por outro lado, não conseguiu conquistar a admiração da crítica musical.

Fabricando sambistas muito românticos

Mas não foi somente da região sudeste do país que se destacaram cancionistas ligados ao samba durante a década de 1970. Prova disso são Antonio Carlos Marques Pinto e José Carlos de Figueiredo, ambos naturais de Salvador, Bahia, nascidos respectivamente em 1945 e 1944. Sua trajetória no cenário da música popular traz dados interessantes para se pensar sobre a MPB na passagem dos anos 1960 para 1970, bem como sobre as relações entre o samba e certo "romantismo de massa" que surgia no período.

Esses cancionistas iniciaram sua carreira musical separadamente, buscando se inserir em festivais da canção que proliferavam na década de 1960. Para isso, tanto um quanto o outro compuseram canções ligadas ao universo afro-brasileiro, ao candomblé e às "tradições" baianas. Assim, em 1967 Antonio Carlos classificou sua composição "Festa no terreiro de

---

69 SOUZA, Tárik de. País do samba. *Veja*, n° 371, 15 out. 1975, p. 122.
70 ELIZETH x Benito. *Veja*, n° 384, 14 jan. 1976, p. 86, grifo nosso.
71 SANTOS, Joaquim Ferreira dos. Ingênua vanguarda. *Veja*, n° 436, 12 jan. 1977, p. 92, grifo nosso.

Alaketu" no III Festival da Música Popular Brasileira da TV Record. No ano seguinte, Antonio Carlos inseriu sua canção "Roda de samba" no I Festival do Samba da Bahia, a qual concorreu com a composição "D'Angola ê, camará", de José Carlos de Figueiredo. Já em 1969, deu-se a classificação de "Catendê", de autoria de José Carlos, Ildásio Tavares e Onias Camardelli,[72] para o V Festival da Música Popular Brasileira da TV Record. Nesse período, José Carlos, sob o nome artístico de Jocafi – formado pelas primeiras sílabas de seu nome completo – já estava se apresentando com Antonio Carlos. Com a classificação para o festival, a dupla se mudou para São Paulo e, no ano seguinte, com a inserção de "Hipnose" no IV Festival Internacional da Canção Popular, da TV Globo, mudou-se para o Rio de Janeiro.

Essa valorização de temas regionais ou ligados à cultura africana vinha na esteira dos ideais da MPB engajada. Cabe lembrar que 1966 foi o ano de lançamento do célebre disco *Os afro-sambas de Baden e Vinicius*,[73] no qual dois cancionistas já consagrados no círculo da MPB – a saber, Baden Powel e Vinicius de Moraes – abordavam musical e poeticamente aspectos da cultura afro-brasileira, especialmente do candomblé. Também nesse mesmo ano uma matéria publicada na *Revista Civilização Brasileira* exaltava os novos artistas da música popular provenientes da Bahia, uma vez que, na opinião de seu autor, o folclore desse estado era um dos mais ricos e mais variados do país. Dizia o texto:

> É através de um contato consciente, levado a cabo de uma maneira sistemática pelos jovens baianos que se obteve no seu estilo

---

72 De acordo com a pesquisadora Ayêska Paulafreitas, Camardelli era grande conhecedor da cultura banto e foi criador do Sexteto Banto, dedicado a músicas de "raízes" africanas. Isso se nota, por exemplo, na citada composição dedicada ao orixá Catendê. Ver PAULAFREITAS, Ayêska. Música de rua de Salvador: preparando a cena para a axé music. In: I ENECULT, 2005, Salvador. *Anais...* Salvador: UFBA, 2005, p. 8.

73 POWELL, Baden; MORAES, Vinicius. *Os afro-sambas de Baden e Vinicius*. Forma, 1966. LP.

> um diálogo com a arte popular que poucas vezes tem havido de forma tão intensa na cultura popular brasileira. [...]
>
> Tradições como a do frevo, o samba de roda, com sua linha melódica sempre repetida, as cantigas sem autor, as músicas dos violeiros do interior, foram estudadas por eles, e exerceram uma influência sensível no estilo baiano.[74]

Contudo, conforme apontado anteriormente, o tropicalismo modificou bastante as feições e os ideais em torno da música popular no Brasil. O rock, o imaginário contracultural e o psicodelismo, por exemplo, começaram a aparecer nas produções de cancionistas ligados à MPB. Possivelmente isso está na base de uma composição como "Hipnose" da dupla baiana. Ao invés de temas ligados aos orixás ou à cultura baiana, tal qual vinham fazendo, nessa canção Antonio Carlos e Jocafi expressam um clima de alucinações: *"Um ruído de vozes e risos perdidos do quinto andar / Uma força me move, me arrasta, perdido, pro quinto andar / Eu vou, eu vou, eu vou! / Vou de escada ou elevador / Nas asas do pensamento eu vou ver o meu amor".*[75] Tal mudança mostra que a dupla baiana ia se moldando de acordo com as transformações que estavam acontecendo no cenário da música popular daquele período. Mas o processo não se encerraria por aí; conforme se verá, a dupla não se manteve inalterada quando viu o sucesso chegar através de seus sambas.

Após o festival da Globo, a dupla conseguiu gravar seu primeiro LP pela RCA Victor no ano de 1971.[76] Nele há uma espécie de síntese dessa trajetória inicial da dupla, uma vez que é composto por canções diversificadas estilisticamente, contemplando desde sambas como "Você abusou",

---

74 REGIS, Flávio Eduardo de Macedo Soares. A nova geração do Samba. *Revista Civilização Brasileira*, ano I, nº 7. Rio de Janeiro: Civilização Brasileira, mai. 1966, p. 370.
75 Canção posteriormente gravada em CARLOS, Antonio; JOCAFI. *Mudei de ideia*. RCA Victor, 1971. LP.
76 CARLOS, JOCAFI, 1971, *op. cit.*

"Mudei de ideia" e "Morte do amor", passando pelo baião em "Conceição da praia", pelo ijexá em "Dalena", pela balada romântica em "Bonita", country em "Nord West", e, por fim, chegando ao *soul* e ao rock em "Se quiser valer", "Kabaluerê", "Hipnose" e "Quem vem lá". O próprio Antonio Carlos comentou esse aspecto do LP em entrevista à revista Veja no ano de 1971, afirmando que ele e Jocafi não possuíam "o chamado som próprio", já que faziam "samba de roda, ponto de macumba, o diabo".[77]

De qualquer modo, à semelhança do que aconteceu com Benito di Paula, mesmo diante de um disco bastante variado, foi o samba "Você abusou" que alavancou as vendas do LP, tendo sido ainda lançado em um compacto que alcançou vendagens expressivas. O LP *Mudei de ideia* ficou três meses entre os mais vendidos do Rio de Janeiro segundo pesquisa do IBOPE; por sua vez, o compacto de "Você abusou" esteve quatro meses na lista, chegando a ser o quarto disco mais vendido no mês de junho de 1971, algo bastante expressivo para dois cancionistas recém-chegados à indústria do disco.[78]

Com isso, em seu LP seguinte, a dupla ampliou a quantidade de sambas. Ao invés dos três presentes em *Mudei de ideia*, o disco de 1972[79] apresentava seis sambas ("Encabulada", "Presepada", "Transas", "Queixas", "Nego me chamou de imbecil" e "Deboches"); porém, ainda trazia canções ligadas ao rock e ao pop. A sonoridade internacional, entretanto, deixou de ser empregada pela dupla a partir do LP *Definitivamente*, de 1974,[80] composto por oito sambas ("Dona flor e seus dois maridos", "Alarme falso", "Diacho de dor", "Maldita hora", "Terceiro ato", "Meia noite", "Toró de lágrimas" e "Definitivamente"), além de dois baiões ("Chuculatera" e "Uma ordem sim sinhô", esse em andamento mais lento), uma marcha ("Sexto sentido") e uma valsa ("O poeta e o cobertor").

---

77 OS BRINCALHÕES. *Veja*, n° 147, 30 jun. 1971, p. 70.
78 MACHADO, 2011, *op. cit.*, p. 274-5.
79 CARLOS, Antonio; JOCAFI. *Cada segundo*. RCA Victor, 1972. LP.
80 CARLOS, Antonio; JOCAFI. *Definitivamente*. RCA Victor, 1974. LP.

Assim como exposto no caso de Benito, a trajetória de Antonio Carlos e Jocafi dificulta qualquer conexão dos mesmos com a "tradição" do samba, por mais que, em seus discursos, os cancionistas afirmassem isso. Em entrevista a Sérgio Cabral, a dupla *abafava* o caráter plural de seu LP de estreia para se vincular ao samba, particularmente ao samba de roda. Por mais que naquele disco eles empregassem em alguns fonogramas uma voz rouca, semelhante à de James Brown, na referida entrevista Jocafi se coloca numa espécie de oposição à *soul music*. Vejamos:

> JOCAFI – Naquela época, era 1970, por aí, ninguém estava fazendo samba. Era uma coisa horrível. Tinha gente acostumada a fazer samba que estava se virando com o iê-iê-iê pra se virar [sic], se defender. Era a fase do soul music, com o Tony Tornado ganhando festival, aquelas coisas.
>
> ANTONIO CARLOS – O fato é que muita gente importante de nossa música estava apelando pro iê-iê-iê. E chegaram dois baianos desconhecidos e botaram o samba lá em cima. Primeiro foi "Você abusou" e depois "Que doidice". Hoje muita gente da crítica ainda espinafra a gente.
>
> PASQUIM – A que é que vocês atribuem o pouco prestígio de vocês com parte da crítica?
>
> ANTONIO CARLOS – Parece que eles acham que baiano não tem direito de fazer samba. Samba de morro – segundo eles – não é coisa de baiano. Eles botaram na cabeça que baiano tem que ser tropicalista. Aliás, tropicalista é a... Eu sou é sambista mesmo. Fui criado ouvindo e cantando samba de roda, pô.

Contudo, há diferenças estéticas consideráveis entre o samba romântico de Benito di Paula e aquele praticado por Antonio Carlos e Jocafi. Se o primeiro traz traços do samba-canção e do "vozeirão" de cantores como Nelson Gonçalves, o da dupla baiana, especialmente em seu estilo interpretativo, tem referências na "voz jovem" de Roberto Carlos. Assim como o ídolo da jovem guarda,[81] as vozes de Antonio Carlos e de Jocafi tendem para um registro mais agudo e são empregadas com suavidade, sem grandes variações na intensidade da emissão. Em termos de letra, por mais que a dupla renegasse o iê-ie-ê, há também ressonâncias da música da jovem guarda, pois são abordados temas amorosos, histórias bem banais e uso de gírias ou expressões coloquiais.

Tome-se como exemplo o samba "Desacato", que contém características que se repetem em diversos outros sambas da dupla. Com ele, Antonio Carlos e Jocafi conseguiram participar do VI Festival Internacional da Canção, o primeiro no qual os próprios autores defenderam a composição e com a qual alcançaram o segundo lugar do certame. Diante disso, a RCA aproveitou para incluí-la numa referida represagem do LP *Mudei de ideia*, substituindo a canção "Dalena" da tiragem original e destacando-a na capa do disco. A canção se inicia com a *levada*[82] do violão, com uma rítmica próxima à do partido-alto, executando o acorde de tônica da composição. Na sequência surgem a bateria e o contrabaixo, reforçando a condução do violão, e, por fim, aparece a cuíca ("E lá vem cuíca"). Há então um breque nos instrumentos de acompanhamento e se inicia a parte cantada.

Com um timbre suave, Antonio Carlos e Jocafi se alternam para contar um caso amoroso que, mal "se acomodou, / Já morreu", ou seja, que teve curta duração. Contudo, há indícios de que a parceira, que destratou o personagem-cantor, também o envolveu em confusões ("artimanhas"). Assim, a "vingança" desse eu lírico zangado aparece no refrão, quando diz que vai denunciar os atos da ex-companheira ("Deixa estar que eu vou entregar você").

---

81 A análise sobre a voz de Roberto Carlos na qual nos baseamos foi feita por Tatit, que assim a caracteriza: "Naipe tendendo para o agudo, timbre doce e delicado, por vezes nasalado, algo assim como a voz de um rapaz muito novo, mas já bem sucedido. Nada que pudesse lembrar a figura de um senhor, homem feito, como era o modelo do tempo de Francisco Alves, Orlando Silva ou Nélson Gonçalves e que ainda recalcitrava na voz de um Augusto Rayol" (TATIT, 2002, *op. cit.*, p. 188-9).
82 Por *levada* entende-se a condução rítmico-melódica executada, no caso, pelo violão.

Há certa *moleza* na maneira que esse texto é cantado, especialmente no terceiro e sexto versos de cada estrofe ("Já morreu", "Não fui eu", "Preparou" e "Me zangou!"), que são entoados com notas longas e com certo portamento. A partir da segunda estrofe ouvem-se notas longas nas cordas em registro médio, contribuindo para o caráter *delicado* desse fonograma. Por mais que o texto traga uma espécie de ameaça ("deixa estar…"), o modo como é cantado torna tudo leve e até risonho; o uso da gíria "breguetes" ainda reforça esse tom de humor.

Desacato

(Antonio Carlos / Jocafi)

Inofensivo aquele amor
Que nem sequer se acomodou,
Já morreu!
Quem destratou a ilusão
Que frequentou meu coração,
Não fui eu!

Não adianta me envolver
Nas artimanhas que você
Preparou
E vá tratando de esquecer
Leve os "breguetes" com você…
Me zangou!

Por isso agora, deixa estar…
Deixa estar, que eu vou entregar você (2x)

Assim, em seu procedimento composicional e interpretativo, Antonio Carlos e Jocafi parecem operar uma convergência entre o samba e as baladas românticas na linha do "rei" Roberto Carlos. E tais características não deixaram de ser alvo de alfinetadas. O crítico musical Aramis Millarch, que teceu comentários elogiosos à dupla no início de sua carreira, escreveu uma matéria sobre os cancionistas cujo subtítulo era "baianos consumidos" e que salientava o caráter repetitivo de sua música:

> Infelizmente a carreira da dupla Antonio Carlos e Jocafi entrou em declínio há alguns anos, em parte, pela insistência em repetirem um mesmo esquema de fáceis refrões [...]. Antonio Carlos e Jocafi possuem aquela fórmula de construírem melodias simples, facilmente assimiláveis.[83]

A dupla baiana também recebeu críticas por parte do já mencionado Gilberto Vasconcellos. Contudo, como se verá na sequência, o alvo do sociólogo não era apenas Antonio Carlos e Jocafi, mas o samba da década de 1970 de maneira geral.

Estudando o *sambão-joia*

Em seu texto sobre o samba dos anos 1970, Gilberto Vasconcellos toma como ponto de partida o disco *Estudando o samba*, lançado em 1976 por Tom Zé.[84] Após observar que, nesse disco, o artista baiano explorava diversas manifestações do samba, misturando-as com procedimentos da música erudita contemporânea, como o uso do ruído, Vasconcellos afirma que

> ao acabar de ouvi-lo, subitamente vem o desejo de comparar o tratamento que lhe dá Tom Zé com a redundância adotada do samba praticado hoje em dia. Trata-se do sambão-joia, para usar um batismo extraído da gíria da televisão, e que a classe média adora. De uns anos para cá (1970, se se quiser datar) é impossível ouvir samba sem arrepiar os cabelos de tédio. Em termos estéticos, a banalidade campeia à solta: texto pobre, repleto de lugares-comuns, sempre à caça do efeito, ou seja, daquela paradinha

---

83 MILLARCH, Aramis. A volta de Antônio Carlos e Jocafi. Quem se lembra? *O Estado do Paraná*, Almanaque, 16 nov. 1986, p. 4.
84 ZÉ, Tom. *Estudando o samba*. Continental, 1976. LP.

esperada no meio da canção com a entrada triunfal da cuíca, e o exaltado corinho meloso das vozes femininas.[85]

Em consonância com outras representações expostas no início deste artigo e mesmo de alguns aspectos apontados pelas breves análises do repertório, Vasconcellos condena o aspecto *estandardizado* do samba. A cuíca ("E lá vem cuíca") e o corinho feminino meloso são interpretados como uma busca pelo *efeito*, o que denota proximidade com as análises de Adorno sobre a música popular.[86] Uma das novidades do texto consiste no emprego da expressão *sambão-joia*. Conforme apontado pelo próprio sociólogo, o termo não foi inventado por ele, mas já vinha sendo utilizado pela televisão, dificultando com isso a identificação de quem teria sido o primeiro a empregá-lo. De qualquer modo, as primeiras referências à expressão sambão-joia que pude localizar na literatura jornalística se deram *justamente* em 1977,[87] ano em que se publicou o livro de Vasconcellos. Assim, por mais que o sociólogo não tenha sido o criador do termo, provavelmente ajudou a consolidá-lo como algo que designasse *toda a produção* de samba da década de 1970. Com isso, esse rótulo passou a organizar certo olhar sobre o repertório do samba desse período, seja entre jornalistas, músicos ou acadêmicos.

Além de apontar algumas de suas características, Vasconcellos elencava alguns dos artistas que considerava como representantes desse segmento do samba, sem deixar de mencionar que, naquela época, eram raras

---

85 VASCONCELLOS, 1977, *op. cit.*, p. 77.
86 Após mencionar a *estrutura* estandardizada da música popular – temas compostos dentro da estrutura de trinta e dois compassos, tessitura não superior a uma oitava e uma nota e uma estrutura harmônica que sempre reitera um esquema-padrão –, Adorno e Simpson também afirmam que "os próprios detalhes não são menos padronizados do que a forma", uma vez que existe toda uma gama de "efeitos" individuais já pré-concebidos, também padronizados, e que são reiteradamente empregados por compositores ou por intérpretes. (ADORNO; SIMPSON, 1986, *op. cit.*, p. 116)
87 SOUZA, Tárik de. Vocação indomável. *Veja*, n° 443, 2 mar. 1977, p. 92-3.

as pessoas ligadas à música popular que estavam "vacinadas contra o sambão-joia", incluindo-se os críticos e membros de júri de festival. Os nomes citados pelo autor foram: a dupla Antonio Carlos e Jocafi, considerada por ele como "modelo inigualável de sambão-joia", além de Luiz Ayrão, Benito di Paula, Gilson de Souza, Martinho da Vila e Jorginho do Império.[88]

Além da denúncia à padronização desse repertório, Vasconcellos apontava para uma *despolitização* da canção popular. Em seu texto "De olho na fresta", presente no mesmo livro de 1977, o autor associava esse recuo do elemento político à censura e à repressão da ditadura militar, que, de fato, havia se acirrado após o AI-5. Diz Vasconcellos: "Ante os seus imperativos repressivos, o elemento político que acompanhara a MPB desde o limiar dos anos 1960 permanece suspenso ou recalcado nos dias que correm".[89] Já em seu texto sobre o sambão-joia, a ênfase recai sobre a ação da indústria cultural,[90] como se percebe de maneira especialmente clara em dois trechos. No primeiro deles, constata-se o uso das categorias de "standard" e "fetichismo",[91] empregadas por Adorno na análise da produção musical da indústria cultural:

---

88 VASCONCELLOS, 1977, *op. cit.*, p. 79.
89 VASCONCELLOS, 1977, *op. cit.*, p. 68.
90 Segundo Adorno (ADORNO, Theodor W. A indústria cultural. In: COHN, Gabriel (org.). Comunicação e indústria cultural. 4ª ed. São Paulo: Companhia Editora Nacional, 1978, p. 287-85), o termo "indústria cultural" foi empregado pela primeira vez no livro *Dialética do esclarecimento*, publicado originalmente por ele e Horkheimer no ano de 1947. Através desse conceito, seus autores buscavam abandonar a expressão "cultura de massa", que considerava a produção cultural daquele período como algo que emanasse espontaneamente das próprias massas. Pelo contrário, o trabalho desses autores procurava apontar para os mecanismos de dominação presentes na esfera da cultura, uma vez que são os diversos ramos dessa indústria cultural que produzem, "mais ou menos segundo um plano, produtos adaptados ao consumo das massas e que em grande medida determinam esse consumo" (ADORNO, 1978, *op. cit.*, p. 287).
91 O emprego do conceito marxista de fetichismo para análise da música foi feito por Adorno em seu ensaio "O fetichismo na música e a regressão da audição" (In: HORKHEIMER, Max; ADORNO, Theodor W. *Textos escolhidos*. São Paulo:

O sambão-joia não está impermeável à conotação ideológica: ele não faz senão reforçar os valores da cultura oficial. Sua apropriação, diluída e açucarada, dos elementos populares inscreve-se na lógica da indústria cultural: aniquila sua espontaneidade ao perseguir o standard que ela requer. Mas o fetichismo penetra o próprio corpo da música.[92]

Em outro trecho, cita um episódio envolvendo Jards Macalé, que ele considerou como uma "domesticação do samba". Na análise de Vasconcellos, Macalé teria apresentado seu samba-choro "Princípio do prazer" no festival Abertura, promovido pela TV Globo em 1975, de duas maneiras bastante distintas. Na primeira, sua interpretação angustiante, somada a um violão agressivo, faziam dela uma canção nova, que fugia da banalidade, trazendo, "embora de maneira velada, uma crítica ao existente, como todo produto cultural que se preza".[93] Já em uma segunda apresentação, "percebendo que o júri e o público queriam a grandiloquência do sambão-joia bem comportado", o cancionista teria mudado sua interpretação, e, assim "o original efeito de estranhamento artístico contido em 'Princípio do prazer' foi pro brejo".[94] A causa dessa mudança é atribuída pelo sociólogo à ação da indústria cultural:

> Esse episódio, a meu ver, ilustra a situação do samba nos dias de hoje: ele mostra a hostilidade da indústria cultural em relação à

Nova Cultural, 1989). Ao perceber que a música era dominada por seu caráter de mercadoria, Adorno nota que ela passa a ser regida pelo fetiche de seu valor de troca. "A rigor, o consumidor idolatra o dinheiro que ele mesmo gastou pela entrada num concerto de Toscanini. O consumidor 'fabricou' literalmente o sucesso, que ele coisifica e aceita como critério objetivo, porém sem se reconhecer nele. 'Fabricou' o sucesso, não porque o concerto lhe agradou, mas por ter comprado a entrada." (ADORNO, O fetichismo..., 1989, *op. cit.*, p. 87)

92 VASCONCELLOS, 1977, *op. cit.*, p. 79.
93 *Ibidem*, p. 80.
94 *Ibidem*, p. 80-1.

verdadeira criação musical. O povo não é a medida, mas o alvo de manipulação da indústria cultural.[95]

O texto de Gilberto Vasconcellos constitui uma crítica bastante contundente aos sambas da década de 1970. O autor denuncia a estandardização desse repertório, fruto da ação da indústria cultural, da censura, e, conforme exposto anteriormente, condena ainda a exaltação das "raízes". Assim, tanto Martinho da Vila quanto Benito di Paula e a dupla Antonio Carlos e Jocafi são reunidos sob a mesma categoria do sambão-joia.

Sem menosprezar o teor crítico do texto do sociólogo, apoiado em referencial teórico consistente, e sem desconsiderar que, *de fato*, opera-se um processo de estandardização do samba nesse período, é importante notar que há diferenças na produção desses sambistas, tanto no que se refere à trajetória e ao grau de consagração de cada um no cenário da música popular, bem como seus distintos estilos composicionais e interpretativos. Estes, por sua vez, terão desdobramentos distintos.[96] Martinho da Vila parece inaugurar algo como uma nova linhagem do samba que será pautada pela ideia da "tradição", que abriria as portas para diversos outros sambistas e, mesmo, para o pagode dos anos 1980. Por sua vez, Antonio Carlos e Jocafi criam uma combinação entre samba e música romântica "delicada" que tem traços em comum com o que, anos depois, viria a ser o "pagode romântico" da década de 1990.[97] Já Benito di Paula aparece menos vinculado ao samba e mais a artistas do segmento *cafona* – posteriormente chamado de *brega* –, que ainda trabalham na linha do "vozeirão", dentre os quais podem ser

---

95 *Ibidem*, p. 81.
96 Aqui, lanço apenas algumas hipóteses, que careceriam de um estudo mais aprofundado.
97 Sobre as relações entre o samba "de raiz", o pagode dos anos 1980 e o "pagode romântico" da década seguinte, ver: TROTTA, Felipe. O samba e suas fronteiras: "pagode romântico" e "samba de raiz" nos anos 1990. Rio de Janeiro: Editora UFRJ, 2011. (Col. História, Cultura e Ideias, v.12). Note-se que minha interpretação difere da de Cristina Buarque, que vincula os pagodeiros dos anos 1990 a Martinho da Vila.

citados Agnaldo Timóteo, Nelson Ned e Waldick Soriano.[98] Por isso, mais do que falar sobre o *sambão-joia* da década de 1970, entendido enquanto categoria que englobaria toda a produção do período, cabe atentar para *os diferentes sambas* que inundaram a indústria fonográfica daquela época.

---

98 Sobre a música cafona, ver ARAÚJO, Paulo Cesar de. *Eu não sou cachorro, não*. 6. ed. Rio de Janeiro: Record, 2007. Deve-se salientar que a publicação em questão, voltada para a música cafona, dedica um capítulo a Benito di Paula, o que constitui um sinal que reforça o vínculo ora apontado.

Aspectos da vanguarda na canção popular: Tom Zé e Arrigo Barnabé

José Adriano Fenerick

> "A morte da arte está na fórmula, na suposição de que tudo está resolvido. Antigamente, o academicismo se definia por um conjunto de regras a que o artista devia obedecer. Hoje, ele se define pela ausência total de limites e propósitos. O que define a falsa arte é a facilidade e o conformismo, tanto faz se estamos conformados com as regras clássicas ou com o espontaneísmo irresponsável". (Hans. J. Koellreutter)

Tom Zé e Arrigo Barnabé, embora nunca tenham estado totalmente fora da indústria fonográfica, sempre tiveram dificuldades para se manter dentro dela. A carreira de ambos é marcada por um conflito entre a defesa de uma autonomia criativa e a tentativa, nem sempre bem sucedida, de inclusão de seus trabalhos no mercado musical. Por um lado podemos pensar esse conflito em função do momento em que esses compositores surgiram no cenário musical brasileiro; e por outro, em função do projeto musical que ambos defendiam e defendem - muito embora distintos, possuem alguns aspectos de semelhança, especialmente no tocante ao uso de elementos vanguardistas em suas canções e, por decorrência, à crítica da canção popular por eles realizada, questionando radicalmente a noção de gosto, do gosto musical estabelecido pelo *mainstream* da música popular brasileira. No entanto, para se localizar as especificidades do tipo de crítica realizada por Tom Zé e Arrigo Barnabé à canção popular brasileira faz-se necessário, antes de qualquer coisa, explicitar o que aqui se entenderá por canção enquanto crítica.

I

Santuza Cambraia Naves, em seu livro *Canção Popular no Brasil*, define a canção crítica como um tipo de canção popular que se tornou, especialmente a partir do final dos anos 50 e começo dos 60,

> o *lócus* por excelência dos debates estéticos e culturais, suplantando o teatro, o cinema e as artes plásticas, que constituíam, até então, o foro privilegiado dessas discussões. Os compositores populares, de maneira semelhante aos músicos modernistas, como é o caso de Heitor Villa-Lobos, passaram a comentar todos os aspectos da vida, do político ao cultural, tornando-se 'formadores de opinião'. Esse novo estatuto alcançado pela canção contribuiu para que o compositor assumisse a identidade de intelectual num sentido mais amplo do termo.[1]

---

1 NAVES, Santuza Cambraia – *Canção Popular no Brasil*. Rio de Janeiro: Civilização Brasileira, 2010, p. 19-20

Para a autora, a crítica estabelecida pela canção popular brasileira, sobretudo (mas não exclusivamente) a partir da Bossa Nova,[2] possui dois níveis de atuação: a crítica textual e a crítica contextual. Ou seja, a canção crítica opera

> duplamente com o texto e com o contexto, com os planos interno e externo. Internamente, à maneira do artista moderno, o compositor passou a atuar como crítico no próprio processo de composição; externamente, a crítica se dirigiu às questões culturais e políticas do país, fazendo com que os compositores articulassem arte e vida. O compositor popular passou a operar criticamente no processo de composição, fazendo uso da metalinguagem, da intertextualidade e de outros procedimentos que remetem a diversas formas de citação, como a paródia e o pastiche. E ao estender a atitude crítica para além dos aspectos formais da canção, o compositor popular tornou-se um pensador da cultura.[3]

Ainda de acordo com Santusa Cambraia Naves, podemos pensar os dois níveis da crítica estabelecida pela canção popular brasileira utilizando exemplos da Bossa Nova e da MPB, momentos em que a canção popular no Brasil atinge certa maturidade, possibilitando assim o estabelecimento pleno da canção crítica. Com a Bossa Nova, a canção popular brasileira assume um determinado grau de autonomia, tanto do ponto de vista artístico quanto social, (isto é, torna-se uma canção não funcional, não utilitária, não mais necessária ou intrinsecamente ligada à dança, aos rituais e/ou às festas religiosas, carnavalescas etc. -, como o era em larga medida o samba da primeira metade do século XX),[4] que passa a estabelecer um tipo de crítica por meio da canção cujo foco é a própria canção. Uma crítica textual, portanto

---

2   Santuza Cambraia Naves discute também, em seu livro, o que ela chama de "antecedentes" da *canção crítica*, que grosso modo remonta à própria gênese da canção popular brasileira. Cf. *op. cit.*
3   *Ibidem*, p. 20-21.
4   Sobre as relações do samba com a dança, com o carnaval, com os rituais lúdico-religiosos na primeira metade do século XX, ver: Fenerick, José Adriano – *Nem*

Todo o entorno da canção volta-se para a própria canção: o gestual intimista do intérprete, o canto falado, a instrumentação compacta e sem "exageros", enfim, a canção Bossa Nova é feita para destacar e criticar a própria canção enquanto linguagem. Deste tipo de crítica textual sobressai-se o procedimento metalinguístico, permitindo fruições diversificadas, tanto no plano de uma escuta mais sentimental quanto no plano de uma escuta mais familiarizada com os experimentos musicais arrojados, cujos exemplos mais conhecidos e citados são as canções: *Desafinado* (1958) e *Samba de uma nota só* (1960) - ambas de Tom Jobim e Newton Mendonça. Conforme Santusa Cambraia Naves, em *Desafinado*

> a pronúncia da sílaba tônica da palavra "desafino" é seguida de um acorde imprevisto: a nota seguinte vem em um semitom abaixo do que era de se esperar. Assim, música e letra comentam e realizam, no próprio processo de composição, o intuito de transgredir as convenções musicais da música popular "Samba de uma nota só" opera no mesmo plano: música e letra, concebidas minimalisticamente, beiram o *non sense* ao alternar discussões amorosas com comentários musicais.[5]

No caso da MPB, gestada a partir dos debates e embates estético-políticos da década de 1960, o sentido da crítica na canção popular brasileira se modifica. Ou seja, a MPB dos anos 1960 problematizou e discutiu a forma e o conteúdo da canção, a crítica textual e a crítica contextual, relativizando as questões tidas no período como opostas, entre "conteudistas" (nacionalistas) e "formalistas" (vanguardistas). Conforme Marcos Napolitano,

> a problemática "forma-conteúdo" estava em jogo nos dois pólos do debate. Apenas seu equacionamento era diferenciado: enquanto os "nacionalistas" defendiam a estilização técnico-musical dos materiais que acreditavam ser "populares", bem como a própria

---

do Morro, Nem da Cidade: as transformações do samba e a indústria cultural. São Paulo: Annablume/Fapesp, 2005

5   NAVES, Santusa Cambraia – *op. cit.* p.31

tematização poética do ato de "cantar-para-o-povo", os "vanguardistas" almejavam a revisão dos códigos musicais e poéticos da "moderna" MPB nacionalista, tachada de conservadora no plano estético. É importante notar também que os "vanguardistas", naquele momento, não chegavam a negar o problema "nacional", como eixo simbólico para a arte engajada.[6]

Ainda que não se possa definir a MPB enquanto um gênero musical, dada a sua variedade de situações, projetos e sonoridades, um exemplo que esclarece a atitude crítica da nascente MPB da década de 1960, é a canção *Ponteio*, de Edu Lobo. Nas palavras de Santusa Cambraia Naves,

> Vencedora do III Festival da TV Record de 1967, a música, pela própria temática nordestina realizada em letra e música, assumia, naquele momento, um caráter político, ao mesmo tempo em que era o resultado de um fino artesanato musical.[7]

Ou seja, *Ponteio* estabelece uma crítica contextual, na medida em que se coloca enquanto uma música "engajada", sem, no entanto, simplificar sua forma, sua característica de crítica textual. Nas palavras de Marcos Napolitano, se *Ponteio*, ao vencer o festival da Record, consolidava a popularidade do compositor, o trabalho composicional de Edu Lobo, por sua vez, não facilitava "a assimilação 'popular' de sua obra, explorando muitas sutilezas melódicas, poéticas, timbrísticas, num momento em que a MPB já começava a se definir em torno de composições e interpretações mais simplificadas".[8] Mas ainda na década de 1960 o campo da música popular brasileira seria abalado por outra proposta estética que reconfiguraria o sentido crítico da canção: o tropicalismo. Na interpretação de Santusa Cambraia Naves o tropicalismo, por um lado, representa uma perda de

---

6 NAPOLITANO, Marcos – *A síncope das ideias. A questão da tradição na música popular brasileira*. São Paulo: Fundação Perseu Abramo, 2007, p.107-108
7 NAVES, Santusa Cambraia – *op. cit.*, p.42
8 NAPOLITANO, Marcos – *Seguindo a canção. Engajamento político e indústria cultural na MPB (1959-1969)*. São Paulo: Annablume/Fapesp, 2001, p.228.

autonomia (se comparado com a Bossa Nova), e por outro, representa uma desconstrução da canção popular brasileira. Sobre isso, diz a autora:

> ...a canção tropicalista não é mais o artefato completo, totalmente contido na unidade música-letra, que fora a canção bossa-nova, pois ela só se completa com elementos externos – arranjo, interpretação, até mesmo capa de disco. Agora, há um outro viés pelo qual se pode pensar a desconstrução tropicalista da canção, referente ao uso de procedimentos intertextuais. Citam-se, além das composições que fazem parte o cancioneiro nacional e estrangeiro, os mais diferentes elementos de tradições culturais também distintas, provenientes tanto do universo pop como também da "alta cultura". As citações aparecem na própria forma de estruturar a canção, nos arranjos inusitados de Rogério Duprat para o LP *Tropicália ou Panis et Circensis* (1968) e até mesmo nas performances do grupo.[9]

Ainda que o Tropicalismo possa ser visto por este prisma, tal como interpretado por Santusa Cambraia Naves, há um aspecto que precisa ser levado em conta: o tropicalismo é dúbio, se tem um projeto de desconstrução, possui outro, de construção da canção. De acordo com Luiz Tatit, o primeiro projeto – transformador, experimental, radical -, que o autor chama de "intenso", e pode ser localizado nos primeiros anos do movimento (1967, 1968), decorreu

> de um *insight* de época, motivado por uma forte sintonia com os fenômenos da movimentada década de 1960 (as rebeliões, o padrão tecnológico, a explosão das mídias, a pujança dos Beatles em *Sgt. Pepper's*, o sonho *hippie* etc.) quando, diante das transformações irreversíveis do novo mundo, os valores definidos pela MPB "oficial" só vinham revelar o atraso e o descompasso do Brasil em relação ao que acontecia naquele período.[10]

---

9 NAVES, Santusa Cambraia – *op. cit.*, p.98
10 TATIT, Luiz – *O cancionista*. São Paulo: Edusp, 1996, p.275

Já o segundo projeto, o *projeto implícito* (ou extenso) do Tropicalismo, se configurou como aquele que redesenhou o modelo da "canção de rádio" das décadas subsequentes, fundando

> aquilo que viemos a reconhecer depois como música *pop* nacional. Embora esse termo sempre estivesse associado, na tradição anglo-americana, às fórmulas musicais concebidas para o consumo imediato – e esse sentido mantém-se inalterado no âmbito da nova definição -, aos poucos seu campo semântico foi incorporando também o traço da mistura, na medida em que a sonoridade brasileira se deixava impregnar pelo gesto tropicalista extenso. Assim, não contando com um termo mais genuíno (...) arriscamos a adotar o termo *pop* para caracterizar essa canção pós--tropicalista que toma conta das rádios a partir dos anos 70 e que se descaracteriza como gênero.[11]

Essa duplicidade do Tropicalismo é fundamental para entendermos alguns aspectos críticos das obras de Tom Zé e Arrigo Barnabé, e em que medida esses compositores se afastaram do projeto tropicalista, especialmente a partir da década de 1970, quando a Bossa Nova e o Tropicalismo se fundem no viés principal da MPB, consolidando ao mesmo tempo sua viabilização de mercado e sua legitimação cultural.

II

Já se observou que música popular brasileira, em particular a MPB, carrega em si um paradoxo: é um produto de mercado (da indústria cultural) e que pretende ter o *status* de arte, que pretende ter a autonomia da arte. Conforme o historiador Marcos Napolitano, a MPB não prescindiu do mercado para a sua criação. Ao contrário, emergindo dos anos 1960 como

> uma verdadeira instituição sociocultural, a MPB delimitava seus espaços, sua hierarquia, suas vozes prestigiadas e seu estatuto

---
11 TATIT, Luiz – *O século da canção*. Cotia: Ateliê, 2004, p.214.

básico de criação. Mas essa tendência à 'autonomia', historicamente, se viu confrontada com seu movimento inverso, mas complementar: as demandas da indústria cultural reorganizada, pressionando pela rápida realização social do seu produto, articulado a partir da indiferenciação entre entretenimento, fruição estética e formação de consciência. Esses dois vetores configuraram a MPB, entendida em sua historicidade específica, e atuaram tanto na formatação de uma nova concepção de canção no Brasil, quanto na colocação social deste tipo de produto cultural.[12]

Fruto de forças contrárias, a MPB consolida-se na década de 1970, explicitando, assim, ainda mais as duas forças formadoras desta "verdadeira instituição": legitimação cultural (enquanto uma música que expressava um projeto de nação) e viabilização de mercado. Os dois aspectos, indissociáveis, criariam uma norma de gosto para a canção popular no Brasil ao mesmo tempo em que organizava o mercado de música brasileiro em função da MPB.

De acordo com a socióloga Márcia Tosta Dias, são vários os fatores, todos interligados, que permitem compreender a expansão da indústria fonográfica no Brasil, de meados da década de 1960 em diante, e que poderiam ser assim resumidos: o surgimento da MPB e, por decorrência, a fixação de um mercado para ela; a chegada definitiva de um novo suporte de comercialização da música, no caso, o LP de 33 e 1/3 rpm; a interação que se verifica no conjunto da indústria cultural, com a consolidação da TV, e sua ação como elemento facilitador da divulgação e comercialização de música popular; e por último, as vantagens econômicas oferecidas pelo governo militar para as empresas transnacionais do disco e a subsequente massiva penetração da música estrangeira no Brasil, especialmente a partir da década de 1970.[13] Assim, de acordo com os dados arrolados por Rita

---

12 NAPOLITANO, Marcos - *Seguindo a canção: engajamento político e indústria cultural na MPB (1959-1969)*. Op.cit. p.341.
13 DIAS, Márcia T. – *Os donos da voz: indústria fonográfica brasileira e mundialização da cultura*. São Paulo: Boitempo, 2000, p. 54-59.

Moreli, a indústria do disco, no Brasil, "cresceria a uma taxa de 15% ao ano durante a década de 1970, mesmo enfrentando por duas vezes o problema da escassez de matéria-prima, por ocasião dos dois choques nos preços internacionais do petróleo".[14] É preciso salientar, entretanto, que essa expansão do mercado não se deu totalmente em benefício da MPB, pois, além dos impedimentos provocados pelo AI-5, concomitante à expansão do mercado de disco, ocorria a segmentação deste mesmo mercado. Ou seja,

> com o novo estatuto de música popular vigente no Brasil, desde o final da década de 1960, a sigla MPB passou a significar uma música socialmente valorizada, sinônima de "bom gosto", mesmo vendendo menos que as músicas consideradas de "baixa qualidade" pela crítica musical. Do ponto de vista do público este estatuto tem servido como diferencial de gosto e *status* social, sempre alvo de questionamentos e autocríticas. Do ponto de vista das gravadoras, o alcance de mercado das canções deve contemplar o fenômeno do *highbrow* e o *lowbrow* do consumo musical.[15]

Portanto, "música valorizada" e "música comercial" não se anulavam. Ao contrário, na medida em que a lógica da indústria cultural é a segmentação do mercado, esses dois pólos se alimentavam mutuamente, sendo complementares do ponto de vista da estratégia de mercado, possibilitando ao mesmo tempo, na década de 1970, a consolidação da MPB e a explosão no mercado da chamada "música romântica" (Agnaldo Timóteo, Altemar Dutra etc.), do "sambão joia" (Luiz Airão, Benito de Paula etc.), da *black music* norte-americana e seus derivados (como a *Disco Music*),

---

14 MORELLI, Rita de C. L. – *Indústria fonográfica: relações sociais de produção e concepção acerca da natureza do trabalho artístico.* Campinas: Unicamp, 1988, p.39-40.

15 NAPOLITANO, Marcos – "A Música Popular Brasileira (MPB) nos anos 70: resistência política e consumo cultural", in: *Actas del IV Congreso Latinoamericano de la Asociación Internacional para el estúdio de la Música Popular*, Cidade do México, abril de 2002, p.4.

entre outras músicas, consideradas pasteurizadas (e/ou bregas) que fizeram grande sucesso de público na época.[16]

No estabelecimento do "bom gosto" da canção popular do período, a MPB fundiu, em seu veio principal, projetos diferentes e *tendências* vistas como antagônicas, que podem ser exemplificados com os discos "Chico & Caetano ao Vivo" (1972) e "Elis e Tom" (1974). Esses dois LPs podem ser vistos, no plano simbólico, como uma consagração do processo de renovação que teve início no final da década de 1950, fundindo, numa mesma corrente principal da música popular brasileira: a MPB, o Tropicalismo e a Bossa Nova.[17] Assim, a MPB, tornada referência nacional, passa a fortalecer o termo "tendência" para rotular os "regionalismos", que recusavam o *mainstream* da MPB e não aderiam completamente ao *pop* internacional, sem, contudo, rejeitá-lo. É esse o caso, por exemplo, dos "mineiros" do *Clube da Esquina* (Milton Nascimento, Lô Borges etc.) e dos "nordestinos" (Elba Ramalho, Zé Ramalho, Amelinha etc.). Desse modo, e coincidindo com a fase de "abertura" do regime, com o relativo abrandamento da censura, a MPB conheceria um novo *boom* criativo e comercial por volta de 1975/76 – transformando-se numa espécie de trilha sonora da "abertura". Entretanto, esse *boom* não favoreceu significativamente a todos os que pretendiam ficar sob o guarda-chuva da sigla MPB. O mercado fonográfico *privilegiaria* as carreiras de Chico Buarque, Elis Regina, Gilberto Gil, Caetano Veloso, enfim, os conhecidos *monstros sagrados* da MPB. Isso ocorria, entre outras coisas, porque neste momento as gravadoras estabeleciam os seus chamados *artistas de catálogo* (*casts* estáveis), em acordo com as novas estratégias de mercado. Soma-se a isso o fato de a própria "Instituição MPB"

---

16 Cf. FENERICK, José Adriano – "A ditadura, a indústria fonográfica e os 'Independentes' de São Paulo nos anos 70/80", in: Revista *Métis: História e Cultura*. UCS – v.3, n°6. jul./dez. 2004. Caxias do Sul, RS: Edusc, 2005, p. 164-165.

17 Cf. NAPOLITANO, Marcos – "A Música Popular Brasileira (MPB) nos anos 70: resistência política e consumo cultural", in: *Actas del IV Congreso Latinoamericano de la Asociación Internacional para el estúdio de la Música Popular*, Cidade do México, abril de 2002.

agir de modo a impor limites, tanto os estéticos como os de mercado (que no fim acabavam se entrelaçando). Um exemplo dessa situação pode ser encontrado no rótulo para designar determinados compositores que procuraram radicalizar as posições mais experimentais do Tropicalismo, no caso, os chamados "malditos". Nas palavras de Napolitano, "Luis Melodia, Jards Macalé, Walter Franco, Jorge Mautner, serão grandes campeões de encalhe de discos, ao mesmo tempo em que prestigiados pelos críticos e pelo público mais ligado à contracultura, retomando um espírito que estava sem seguidores desde o colapso do Tropicalismo, em 1969."[18] É neste contexto que os projetos musicais de Tom Zé e Arrigo Barnabé começaram a ganhar corpo, no decorrer da década de 1970, diante deste quadro de estabelecimento de limites estéticos por parte da MPB e de uma segmentação de mercado extremamente estratificada, o que dificultaria sobremaneira uma inserção maior de seus trabalhos no mercado brasileiro e, por decorrência, no *maisntream* da MPB.

III

Como se sabe, tanto Tom Zé como Arrigo Barnabé tiveram formação acadêmica em música. Não são exatamente músicos intuitivos, no sentido como normalmente se pensa os músicos e/ou compositores populares. Tom Zé, antes de vir para São Paulo juntar-se ao grupo baiano que detonaria o Tropicalismo, havia estudado na Escola de Música da Universidade Federal da Bahia, com professores como Ernst Widmer, Walter Smetack, Hans Joachim Koellreutter, dentre outros nomes importantes no cenário da música de vanguarda do Brasil do segundo pós-Guerra. Arrigo Barnabé, por sua vez, estudou por algum tempo (não chegou a terminar o curso) no Departamento de música da ECA-USP, onde também entrou em contato direto com as vanguardas musicais do século XX. Essa formação dos dois compositores, ao menos em parte, explica a variada gama de técnicas de

---

18 *Ibidem*, p.8

composição que a obra de ambos apresentam, em particular a utilização de procedimentos oriundos das vanguardas musicais mais radicais do século XX. No entanto, o que se destaca em suas obras é a maneira como se utilizam desses procedimentos vanguardistas, voltados quase sempre para um questionamento do gosto vigente, seja o "bom gosto" ou o "mau gosto", visto que ambos estão de certo modo interligados no mercado. Tom Zé e Arrigo Barnabé, assim, operam no sentido da crítica da (canção) crítica.

Tom Zé, embora tenha se utilizado de vários procedimentos vanguardistas, tais como a colagem, o acaso, a indeterminação, a introdução de ruídos, a busca por novos timbres (e a construção de novos instrumentos, como o Hertzé e o Buzinório, entre outros), o trabalho com métricas pouco usuais na música popular etc., tem em seu gesto mais experimentalista a concepção da *deficiência*, do *defeito*. É por meio desta concepção calcada no *defeito* que a canção de Tom Zé ganha o sentido de crítica da crítica. Essa sua concepção, cabe enfatizar, não advêm do Tropicalismo. Trata-se, antes de mais nada, de um projeto que acompanha o compositor de Irará desde o início de sua formação musical na Bahia. Em sua autobiografia Tom Zé expõe de modo simples aquilo que em sua obra musical se apresenta de modo bem mais complexo, diz ele:

> Meu negócio era saber que *não* sabia fazer o certo. E quem não sabe fazer o certo, você há de imaginar, fica trabalhando no limite...Tem uma fronteira aqui: o universo da "música" está aqui, um círculo, e existe uma fronteira, com coisas que estão fora e outras dentro. A pessoa trabalha nessa fronteira.[19]

De acordo com o pesquisador Gracchio da Silva, Tom Zé

> ...por estar atento às suas próprias limitações de recursos melódicos, harmônicos e vocais para o universo da canção (paradoxalmente, limitações que o libertam, devido à forma singular de analisar a música dentro de um campo polissêmico), veio erguendo

---

19 Tom Zé – *Tropicália, lenta luta*. SP: Publifolha, 2003, p. 227.

aos poucos uma arquitetura musical própria, uma solução criativa que transformasse suas deficiências, seus "defeitos de fabricação", em componentes para a construção de uma outra canção – talvez uma anticanção.[20]

O projeto de Tom Zé, desenvolvido parcialmente entre fins da década de 1960 e começo dos 1970, acabou interrompido por alguns anos, desde o período em que ele ficou quase totalmente fora do mercado de música, na segunda metade da década de 1970, até ser "redescoberto", no começo da década de 1990, por David Byrne. A partir de então, retoma sua carreira e dá continuidade a seu trabalho, com uma produção bastante diversificada e regular. Em seu emblemático *Com Defeito de Fabricação*, lançado em 1998, Tom Zé expõe uma de suas ideias mais caras a seu projeto de se trabalhar com o *defeito*, com a *insuficiência*. No encarte do disco apresenta a assim denominada por ele, "estética do plágio", "estética do arrastão", ou "plagicombinação" (a própria palavra, um neologismo resultado de um *arrastão* por aglutinação das palavras plágio e combinação), concluindo, em suas próprias palavras, *"que terminou a era do compositor, a era autoral, inaugurando-se a Era do Plagicombinador, processando-se uma entropia acelerada"*.[21] Este disco, o primeiro a ser lançado no Brasil após sua "redescoberta", aborda 14 *defeitos plagicombinados*, um em cada canção do disco, seja a partir de neologismos que se tornam títulos das canções, tais como "esteticar" e "politicar", ou a partir de lexias complexas que aparecem inúmeras vezes nas letras das canções. Na primeira faixa do disco, por exemplo, Tom Zé aborda o *Defeito I: Politicar*, definida musicalmente como "um arrastão de Himsky Korsakov e do músico anônimo que toca na noite paulistana". A letra dessa canção é formada quase toda ela por lexias complexas, como no trecho:

---

20 SILVA, Gracchio Braz Peixoto da – *Tom Zé: o defeito como potência. A canção, o corpo, a mídia*. SP: PUC, 2005, p.15.
21 Tom Zé – *Com defeito de fabricação*. Trama, 1998 (CD).

> *Vá tomar no verbo*
> *Seu filho da letra*
> *Meta sua usura*
> *Na multinacional*
> *Vá tomar na virgem*
> *Seu filho da cruz*

No trecho citado, as lexias complexas como "filho da letra" e "filho da cruz" ganham significado da expressão popular "filho da puta", realizando a crítica e o menosprezo do compositor à política do país nos anos 90, sendo estes desabafos precedidos pelas lexias "Vá tomar no verbo" e "Vá tomar na virgem", também expressões que remetem a xingamentos e expressões de baixo calão. Essa canção, todavia, trabalha a crítica textual e contextual de modo articulado, onde a crítica política se coloca enquanto crítica da linguagem, e a crítica da linguagem como crítica política, uma vez que o *Defeito I: Politicar*, se coloca ao mesmo tempo como uma canção política e uma crítica deste tipo de canção, por meio de deslocamentos da linguagem que se utiliza. No entanto, em seu disco seguinte, *Jogos de Armar – Faça você mesmo* (2000), seu projeto de *descanção*, a partir de sua ideia de *plagicombinação*, torna-se mais amplo e ambicioso.

Na capa de *Jogos de Armar* encontramos um informe: "não é um CD duplo". Mais que um mero aviso de caráter comercial, o informe refere-se ao conceito deste CD de Tom Zé. Trata-se, por um lado, de um álbum conceitual, no sentido de arte conceitual, tal como desenvolvida pelas Vanguardas do segundo pós-guerra. Não é fácil definir o que seja arte conceitual, entretanto, costuma-se localizar seu surgimento, nas artes plásticas, em 1961, ligado às atividades do grupo *Fluxus* de Nova York, que contava com as participações, entre outros, de John Cage e Yoko Ono. O crítico e historiador britânico Paul Wood, embora indique e saliente as várias possibilidades de definição de "arte conceitual", comenta que ao menos em um ponto há convergência de opiniões sobre o assunto:

> [...] a 'obra' está na idéia. Ela não tem de ser fisicamente realizada para obter o status de uma 'obra de arte'. E, além disso, se

ela fosse fisicamente realizada, a realização não teria de ser feita pela mão do artista.[22]

Sob este aspecto, o disco de Tom Zé pode ser pensado como arte conceitual na medida em que a escuta proposta pelo compositor baiano vai além das 14 canções que estão gravadas no CD. *Jogos de Armar* não se configura como um CD duplo, mas tem dois discos na mesma embalagem. No primeiro disco estão gravadas 14 canções, sendo 2 regravações (*Pisa na Fulô* e *Asa Branca*, de João do Vale e Luiz Gonzaga respectivamente) e 12 *arrastões* (de Edu Lobo, Ari Barroso, Rossini, "manos da periferia", Trovador Nordestino etc.) assinados por Tom Zé e parceiros. Já o segundo disco traz fragmentos de músicas e na contracapa do encarte do CD, uma *Cartilha de parceiros* com sugestões para o ouvinte criar novas canções. O conceito da obra, portanto, está na articulação do disco 1 com o disco 2, está na ideia e não propriamente na realização desta ideia, uma vez que não necessariamente precise que algum ouvinte que comprou o CD materialize a criação de novas canções para que o conceito da obra se realize. Na contracapa do encarte do CD, podemos ler, a respeito desses fragmentos musicais que constam no segundo disco:

> ...o embrião de células musicais que podem ser manejadas, remontadas: um tipo de canção-módulo, aberta a inúmeras versões, receptiva à interferência de amadores ou profissionais, proporcionando jogos de armar nos quais qualquer interessado possa fazer, por si mesmo:
> a) Uma nova versão da música, pela remontagem de suas unidades constituintes;
> b) Aproveitamento de partes do arranjo que foram abandonadas;
> c) Reaproveitamento de trechos de letras não usados nas canções, para completá-las ou refazê-las;

---

22 WOOD, Paul – *Arte Conceitual*. SP: Cosac & Naif, 2002, p. 37.

d) Construção de composições inteiramente novas, com células recolhidas à vontade, de qualquer das canções do disco-mãe.[23]

Por outro lado, além da arte conceitual, Tom Zé está trabalhando também na esfera da música indeterminada. Ou seja, mais que a ideia, genérica, de obra aberta, a proposta de Tom Zé apresenta-se no âmbito da indeterminação.

A música indeterminada surgiu, na segunda metade do século XX, a partir das questões colocadas pelos músicos serialistas e pós-serialistas, em particular John Cage, Pierre Boulez e Karlheinz Stockhausen. Não cabe aqui entrar nos pormenores da discussão acerca das distinções entre acaso, aleatório e indeterminação em música,[24] no entanto, cabe uma referência ao sentido estético do uso da indeterminação em música. De acordo com Vera Terra,

> A introdução de elementos indeterminados na música vem atender à necessidade de uma estruturação sonora mais flexível. Os sons passam a ser organizados sem que se recorra a modos de formas pré-determinados. A nova estética musical inaugura a pesquisa de *formas abertas*, que se configuram como um *campo de possibilidades*, em lugar de se apresentarem para o ouvinte como objetos de arte definidos e acabados.[25]

Nesse sentido, a proposta de Tom Zé em *Jogos de Armar* tem um sentido de criticar, ou mesmo dissolver, a ideia de obra (como objetos definidos e acabados), no caso, a ideia de canção popular brasileira, tal como constituída desde pelo menos a Bossa Nova (ou mesmo antes). *Jogos de Armar*, assim, radicaliza as posições apresentadas em *Com Defeito de Fabricação*. Se antes a questão colocada por Tom Zé girava em torno do "fim da canção"

---

23 Contracapa do encarte que acompanha o CD Tom Zé, *Jogos de Armar – faça você mesmo*. Trama, 2000.
24 Para uma discussão pormenorizada desses conceitos musicais, ver: TERRA, Vera – *Acaso e Aleatório na música. Um estudo da indeterminação nas poéticas de Cage e Boulez*. SP: EDUC/Fapesp, 2000.
25 *Ibidem*, p. 22 (grifos no original).

enquanto "fim da era autoral", cuja solução encontrada foi a *plagicombinação*, agora, em *Jogos de Armar*, o que está sendo criticado é a própria noção de obra, cuja superação se daria com a proposta de uma canção que nega (critica) a si mesma, uma *descanção*. Além disso, ao introduzir a indeterminação na canção, de forma estrutural, coloca-se para o ouvinte "o problema da dificuldade da escuta, ao lhe faltarem os pontos de referência convencionais que orientavam sua percepção de processos sonoros no tempo".[26] Assim, Tom Zé opera com a crítica em dois registros, articulados entre si: a canção popular enquanto produto (acabado) de mercado, e a canção popular enquanto formatador do gosto vigente. A contradição da MPB, que é um produto de mercado e ao mesmo tempo pretende ter o *status* de arte, pretende ter a autonomia da arte, em Tom Zé, ao menos em seu projeto estético, seria superada com a destituição do autor e da obra de seu *status* de poder soberano. Nas palavras do pesquisador Demétrio Panarotto,

> ...uma obra com tais características foge à lógica de mercado, do capital, perde visibilidade, pois impossibilita a sua apropriação, impossibilita o rótulo, aquilo que a tornaria vendável. Mas, ao mesmo tempo, cria um outro nível de relação, cria uma outra lógica, e com esta a manutenção de poder no campo das artes não consegue lidar.[27]

A crítica ao *gosto vigente* também está presente na música de Arrigo Barnabé. No entanto, diferente do projeto de Tom Zé, a proposta de Arrigo não se volta para a destituição do autor diante da obra. Ao contrário, ele reafirma o autor e o sentido da coerência imanente da obra. No caso de Arrigo Barnabé, a crítica não se pauta pela introdução de elementos indeterminados ou pela negação da própria obra, mas a redefine alterando os códigos canônicos vigentes na música popular de marcado, por meio da introdução do dodecafonismo e do serialismo no universo da canção popular.

---
26 *Ibidem*, p.26.
27 PANAROTTO, Demétrio – *Qual sertão, Euclides da Cunha e Tom Zé*. SP: Lumme, 2009, p.75.

Arrigo Barnabé, no final das contas, tornou-se conhecido na cena musical paulistana devido a seu trabalho com o dodecafonismo na canção popular. Todavia, é preciso salientar - até mesmo para evitar a simplificação, recorrente de rótulos de mercado, desse complexo compositor a partir de um único aspecto de seu trabalho -, que nem toda obra de Arrigo Barnabé é dodecafônica. Em seu trabalho no universo da canção popular, Arrigo se utilizou de várias técnicas e linguagens musicais, da música eletroacústica à harmonia tonal pós-Bossa Nova, passando por elementos oriundos do Rock. Mas foi em seu disco mais conhecido, sua obra mais revisitada por ele mesmo, *Clara Crocodilo* (primeira versão lançada em 1980) que o dodecafonismo se apresentou como projeto de canção popular a ser trabalhado.

O dodecafonismo, criado por Arnold Schoeberg na década de 1920, como um meio manter a coerência imanente da obra sem perder a autonomia e a subjetividade do compositor e da obra, tão caras aos Expressionistas do começo do século XX, ficou associado à chamada *II Escola de Viena*, que além do próprio Schoenberg, contava com Alban Berg e Anton Webern, como expoentes principais. No Brasil, ele foi introduzido por Hans Joachim Koellreutter, um compositor alemão que, fugindo do nazismo, aqui chegou em 1937, naturalizando-se brasileiro algum tempo depois e tendo um importante, senão decisivo, papel na efetiva introdução do conceito de *vanguarda musical* no país, até então muito difusa e confundida com o modernismo brasileiro em geral. No entanto, ao menos no Brasil, a técnica dodecafônica ficou restrita ao universo acadêmico e à produção dos compositores "eruditos" - que por sua vez, quase nunca são tocados, e muito menos gravados, no país.[28] Daí, talvez, a singularidade do projeto de Arrigo Barnabé, algo a ser notado ainda hoje, pois embora outros músicos, em outros países, tenham se utilizado e se utilizem do atonalismo na música popular (Frank Zappa, Ornette Colleman etc.), a utilização do dodecafonismo

---

28 Sobre o dodecafonismo no Brasil, ver: FENERICK, José Adriano; DURÃO, Fabio A. – *"The adventures of a technique: dodecaphonism travels to Brazil"*, in: Watson, David, Frassinelli, Pier Paolo & Frenkel, Ronit (Eds.) – *Traversing Transnationalism: the horizons of literacy and cultural studies*. Amsterdam, NY, Rodopi, 2011.

no universo da canção popular, até onde foi possível averiguar, continua sendo um projeto único de Arrigo. Nenhum outro compositor de canção popular, seja no Brasil ou em outro país, trilhou por esse caminho. Dado o desconhecimento quase por completo do dodecafonismo e do atonalismo livre no universo da canção popular brasileira, de um modo geral, Arrigo Barnabé não passava uma única entrevista, no começo de sua carreira, sem ter que explicar sua técnica de composição, e no que ela diferia da canção tonal. Dizia ele em uma entrevista para a *Arte em Revista*, em 1984:

> ...a diferença com a canção tradicional é que ela não tem tonalidade, não obedece ao sistema harmônico, obedece ao serial. No sistema tonal você tem que seguir uma certa harmonia. No serial não. Você não sabe pra onde vai, o que vem depois. (...)
>
> ...No serialismo dá pra você fazer uma montagem, é uma coisa que está muito ligada com a possibilidade de combinar. Você pode combinar de muitas maneiras. Você tem que ter o senso da estranheza.[29]

Embora tenha estudado no Departamento de Música da USP, não foi na academia que Arrigo entrou em contato com o Dodecafonismo.[30] A rigor, a utilização do dodecafonismo, em seu trabalho, tem um aspecto bastante peculiar, não tem o mesmo sentido de racionalização do material musical, tal como na obra de Schoenberg, embora, evidentemente, a utilização das séries dodecafônicas imprimam um certo grau de racionalização da música do compositor londrinense. O dodecafonismo, em Arrigo, ao contrário da música de Schoenberg, não tem o sentido de superação da crise da linguagem musical, desencadeada devido aos conflitos entre expressão da subjetividade e sentido formal, entre necessidade e liberdade,

---

29 BARNABÉ, Arrigo. "Arrigo em dois tempos", in: *Arte em Revista*. Ano 6, n° 8, São Paulo, CEAC, 1984, p.22.
30 Cf. Marrach, Sonia Alem – *Música e Universidade na cidade de São Paulo: do samba de Vanzolini à Vanguarda Paulista*. São Paulo: Editora da Unesp, 2011

.colocadas especialmente pelo Expressionismo alemão, mas sim de organizar módulos musicais a serem combinados, com os quais Arrigo vinha trabalhando desde o começo da década de 1970. Isto é, o processo composicional de Arrigo baseia-se, em larga medida, na utilização de módulos que vão se juntando, como numa colagem, dando sentido ao todo e não fragmentando a obra, como na colagem de Tom Zé. O dodecafonismo foi o meio encontrado por Arrigo para construir módulos seriais, sem sentido tonal, para compor canção popular de um modo singular. Não tem, portanto, o sentido da "necessidade histórica", fruto da racionalização do material musical, tal como na II Escola de Viena, ainda que Arrigo entendesse sua própria música como um "passo adiante" em relação ao Tropicalismo, uma espécie de "necessidade histórica" ligada a uma "linha evolutiva" da música popular brasileira.[31]

O disco *Clara Crocodilo*, gravado em 1980 pela Polygram (dentro da série dedicada a música popular brasileira contemporânea, dedicada a difusão de músicos poucos conhecidos), com a Banda Sabor de Veneno e convidados, contém 8 canções, todas seriais (baseadas em módulos), mas nem todas dodecafônicas. Segundo André Cavazotti, as canções mais antigas como

> *Clara Crocodilo* (1972) e *Sabor de Veneno* (1973) são baseadas em séries de oito e seis alturas, respectivamente, indicando que o compositor utiliza a técnica dodecafônica apenas a partir de 1974. As demais (*Acapulco Drive-In, Orgasmo Total, Instante, Infortúnio* e *Office-Boy*) são dodecafônicas.
>
> Os processos seriais empregados por Arrigo Barnabé nestas canções são aqueles universalmente reconhecidos: transposição,

---

31 Para uma crítica a essa ideia da linha evolutiva, na música do Arrigo, ver: FENERICK, José Adriano – *Façanhas ás próprias custas: a produção musical da Vanguarda Paulista (1979-2000).* SP: Annablume/Fapesp, 2007.

retrogradação, inversão, rotação, multiplicação, fragmentação, operação de derivação e operação de desmembramento.³²

Nas canções propriamente dodecafônicas, Arrigo opera, por meio da linguagem musical, no âmbito da crítica contextual. Isto é, não se trata do conteúdo da letra, mas a própria forma da canção que realiza a crítica ao seu contexto sociopolítico. Em suas palavras:

> Eu demorei a chegar a essas conclusões, de que em *Clara Crocodilo* o marginal era a música. A música é que era dissonante. Dissonante o suficiente para um torturador não assobiá-la enquanto torturasse.³³

Mais do que se prevenir quanto a apropriação do torturador por sua música, ou melhor, no mesmo sentido em que se dá essa prevenção de caráter ético e estético, Arrigo coloca barreiras para a apropriação de sua obra pelo mercado e ao mesmo tempo rompe com a ideia de canção enquanto melodia cantada com acompanhamento, pois a canção dodecafônica criada por Arrigo, bem como as suas canções seriais não-dodecafônicas, formam um todo não redutível a escuta apenas da melodia-letra. Arrigo trabalha, assim, na crítica da canção crítica pelo viés da ruptura com um dos os cânones mais duradouros da música popular, a saber, a ideia do *achado melódico* (a melodia) resumir a própria canção, seja do ponto de vista da criação ou da escuta. Em Arrigo Barnabé, crítica textual e crítica contextual ocorrem simultaneamente, sua canção requer uma escuta da obra como um todo e não uma escuta fragmentada, ligada a melodia apenas, por exemplo.

Tom Zé e Arrigo Barnabé, embora tenham projetos musicais bastante diferentes, tensionaram e tensionam (pois ainda estão na ativa) tanto o mercado de música quanto o "bom gosto" vigente, em larga medida atrelado

---

32 CAVAZOTTI, André. O serialismo e o atonalismo livre aportam na MPB: as canções do LP Clara crocodilo de Arrigo Barnabé. *Per Musi*. Belo Horizonte, v.1, 2000. p. 5.
33 *Apud.* MARRACH, Sonia. Alem – *Música e Universidade na Cidade de São Paulo: do samba de Vanzolini à Vanguarda Paulista. Op.cit.*, p.97-98.

a esse mercado, por meio de propostas não canônicas para a canção. Não se trata de discutir se seus trabalhos são ou não de Vanguarda, mas a utilização de elementos da vanguarda musical em suas canções possibilitam, ao mesmo tempo, estabelecer uma autocrítica radical no próprio universo da canção popular brasileira, proveniente de uma aguerrida defesa de um grau elevado de autonomia criativa, e deixar possibilidades para o desenvolvimento futuro da canção, para além do debate recente sobre o próprio "fim da canção",[34] já anunciada, questionada e equacionada por Tom Zé no seu *Com Defeito de Fabricação*, de 1998, e, indiretamente já presente em *Clara Crocodilo*, de 1980, de Arrigo. A canção autocrítica de Tom Zé e Arrigo Barnabé, no entanto, mais que se inserir neste debate, transcende-o, propondo uma superação (pela negação) dos próprios limites da canção brasileira, tal como construída ao longo de todo o século XX.

---

34 Cf. "A morte e a morte da canção", por Coletivo MPB. In: http://pphp.uol.com.br/tropico/html/textos/2691,1.shl. Acesso em: 12/09/2012.

Suportes e formatos da música gravada na atualidade: o lugar da tradição e as possibilidades de transformação cultural

Marcia Tosta Dias

O olhar dirigido ao século XX, de nosso posto de observação ainda não bem fincado no terreno do XXI, revela, mesmo que ainda sem grande nitidez, a ocorrência de um conjunto de mudanças substantivas, abrangentes, inquietantes e surpreendentes que tomou conta do mundo da música gravada nos últimos dez anos.[1]

Na conta quase redonda de um século de existência, os sons da música gravada feita nos quatro cantos do mundo atravessaram fronteiras, ocuparam nossos ouvidos, comoveram, orientaram e provocaram nossos sentidos, alimentaram nossa sensibilidade, ao mesmo tempo que dinamizaram um

---

1 O presente texto apresenta um primeiro desdobramento de ideias e questões apresentadas em "Quando o todo era mais do que a soma das partes: álbuns, *singles* e os rumos da música gravada". *Revista Observatório Itaú Cultural*: OIC, n° 13 (set. 2012). São Paulo: Itaú Cultural, 2012, p. 63-74.

setor dos mais lucrativos de nossa indústria cultural. Nesse percurso, tais empresas instituíram um sistema de produção em torno do qual foram sendo absorvidas, reelaboradas e difundidas referências que constituíram a base de nossa cultura musical contemporânea.

O empreendimento seguiu sempre liderado por um número reduzido de empresas que se ocuparam de suas duas dimensões: o das máquinas tocadoras de música gravada e dos suportes portadores dos conteúdos musicais gravados a serem por elas reproduzidos. Remodeladas a partir de constantes fusões, dos anos 1960 em diante foram se consolidando em grandes conglomerados atuantes nessa área do entretenimento. No final dos anos 1990, o panorama sofreu um estrondoso abalo com a implantação das tecnologias digitais nas áreas de produção e difusão.

As mudanças estão em viva operação e perpassam todas as pontas de um complexo processo que ainda não faz conhecer todas as suas faces. Algumas de suas dimensões são, contudo, claras e conhecidas. O digital, trazido para a esfera da produção inicialmente como mais um aprimoramento técnico, permitiu, por suas características próprias, a fragilização daquilo que garantia o domínio das grandes companhias fonográficas: a exclusividade na produção material de conteúdos musicais específicos e sua difusão. A partir de então, a realidade do setor começou a mudar rápida, profunda e constantemente em termos econômicos, políticos, organizacionais, jurídicos e culturais. Os lucros do setor caíram drasticamente; as empresas se reestruturaram; as relações de poder foram abaladas e outros agentes entraram em cena – artistas pertencentes ou não aos quadros das gravadoras, pequenos empresários dos setores de comércio/ distribuição de discos, de estúdios, de shows, vendedores ambulantes, produtores piratas e, sobretudo, o ouvinte; o aparato jurídico, legal e institucional existente foi fortemente atingido e imediatamente posto em questão; outras formas de organização econômica das empresas passaram a ser gestadas.

Os impactos de tais mudanças para a vida cultural são de amplo espectro e de difícil verificação. Mas evidências fundamentais são percebidas, sobretudo, no aumento e na diversidade da oferta de música gravada a partir das facilidades e da descentralização da produção; na geração de formas alternativas de difusão e no contato direto artista-público; na ampliação da inserção digital e popularização das mídias portáteis e da telefonia celular. Práticas e hábitos culturais estão sendo gerados, ao mesmo tempo em que novos padrões de sociabilidade vão sendo instituídos.

Assim, cabe aqui refletir sobre a chegada de tais mudanças a um dos centros nevrálgicos do trabalho fonográfico: o dos suportes e dos formatos utilizados pela música gravada. Dados apontam para a crescente valorização do *single* como formato privilegiado da circulação musical em tempos de *downloads* (livres ou comercialmente realizados). O movimento, além de oferecer peculiar recorte da situação, desenha no tempo uma trajetória interessante ao fazer lembrar o ponto de partida da indústria fonográfica, quando as gravações comportavam somente um fragmento das músicas ou canções – era o tempo do "único".

Até então, o *single* desfrutava de outro estatuto e só existia enquanto tal em relação ao álbum, conjunto mais ou menos orgânico de canções ou faixas musicais gravadas, formato que possibilitou a realização de ampla variedade de produções inclusive de distintas obras fonográficas. O *single* era, portanto, a faixa isolada (distinção que precisa ser feita por mais redundante que pareça) que poderia ser retirada de um álbum ou, em sentido oposto, constituir-se na gravação de uma única faixa (os chamados compactos, simples ou duplos) que enunciava, em termos promocionais, a possibilidade de futura produção de um álbum que a conteria ou, simplesmente, tornar-se um fim em si. No século XXI, o *single* desponta com autonomia, provocando variação significativa nas relações existentes entre o que seria a parte e o todo (a faixa e o álbum) que, até então, ordenavam a produção fonográfica, tendo o álbum como referencial. Refletir sobre algumas das implicações, alcances e limites dessas mudanças é o objetivo deste texto.

Das gravadoras às plataformas de conteúdo

O último Relatório publicado pela Federação Internacional da Indústria Fonográfica[2] revela situação aparentemente contraditória para aquele que olha para todo o século XX e vê o predomínio das gravadoras como as grandes protagonistas da música gravada.[3]

Centrado na retomada do crescimento do setor por meio de sua inserção definitiva no mercado de música no suporte digital, o Relatório quase não se refere às gravadoras. Cita-as quando trata das companhias filiadas à Federação e quando apresenta os discos *best-sellers* do ano de 2012 em termos mundiais, apontando suas respectivas gravadoras. No mais, centra o foco nos chamados distribuidores ou plataformas de conteúdo como Youtube, iTunes, Amazon, Spotify, Vevo, Deezer, entre outros.[4] Anteriormente, o Relatório analisava a performance das gravadoras, considerando o mercado fonográfico como conjunto de sua produção, por mais que os recortes fossem feitos a partir dos mercados regionais e nacionais, os best-sellers, os suportes e formatos mais vendidos, o perfil dos consumidores, as formas de acesso à música gravada, dentre outros itens.[5]

---

2 IFPI. *Recording Industry in Numbers*: The recorded music market in 2012. Londres, 2013.

3 Nesse item, tomo como referência alguns de meus trabalhos sobre o tema, sobretudo DIAS, M. T. *Os donos da voz. Indústria fonográfica brasileira e mundialização da cultura*. São Paulo: Boitempo Editorial, 2008, 2ª edição (primeira edição 2000) e DIAS, M. T. Indústria fonográfica: a reinvenção de um negócio. Bolaño, Golin e Brittos (orgs.). *Economia da arte e da cultura*. São Paulo: Itaú Cultural, 2010, p. 165-183, como forma de ordenar a abordagem.

4 Sobre o comércio de fonogramas digitais pelas grandes gravadoras ver MARTINS, C. C. *A comercialização de fonogramas pela grande indústria fonográfica no Brasil e o esquematismo da indústria cultural (2006-2012)*. Dissertação de mestrado. EFLCH/UNIFESP, 2013.

5 Como podemos observar, por exemplo, em IFPI. *Recording Industry in Numbers 2010*: The definitive source of global music market information. Londres, 2010.

Dessa perspectiva, considera-se atualmente a existência do mercado de música gravada, organizado essencialmente a partir do processo que teve lugar com a perda da centralidade do disco, não somente como suporte físico para as gravações, mas como produção de importância central na trajetória do artista.[6] Todas as peculiaridades, diferenças e virtudes de seus produtores parecem, por um lado, diluídas e, por outro, concentradas nessa grande arena virtual na qual atuam os distribuidores de conteúdo privilegiando a música gravada no suporte digital.

A antiga relação, peculiar à música gravada, em que o consumo musical poderia ocorrer sem a necessidade de compra do produto físico, ganha enorme sentido na era das plataformas de acesso livre como o Youtube e de tantas outras que oferecem o *streaming* (acesso sem *download*), em que a publicidade e os direitos de performance e *licensing* comandam os negócios.[7]

A contabilidade das vendas por suporte (vinil, CDs, digital) consta do Relatório somente em anexos e expressam outro tipo de mudança de enfoque e de postura das gravadoras com relação à sua própria atuação. O viés que considerava tais variáveis foi substituído tomando como base as atuais formas de arrecadação: vendas físicas, digitais, direitos de performance (execuções em emissoras de radio, TVs, bares, teatros, restaurantes, shows) e sincronização (publicidade, trilhas sonoras, games, dentre outros).

---

6   Tal como desenvolvi em Dias, 2010, citado. A crise do mercado de discos sentida com mais ênfase a partir do avanço das tecnologias digitais (fins dos anos 1990 e início da década de 2000) fez com que a produção de música gravada dividisse a atividade artística com os espetáculos ao vivo, com a comunicação com os fãs via redes sociais, com a atuação em outras frentes como o mercado publicitário, entre outras atividades. Nas décadas anteriores, o trabalho voltado para os discos ocupava o centro, traduzia o ponto alto na trajetória do artista da área musical. Martins, na obra acima citada, p. 13 e seguintes, fala no "fim do modelo discocêntrico", a partir de termo utilizado pela IFPI.
7   De acordo com IFPI, 2013, citado, p. 15-21.

Gráfico I - Faturamento da indústria fonográfica (1999-2012) (US$ Bi)

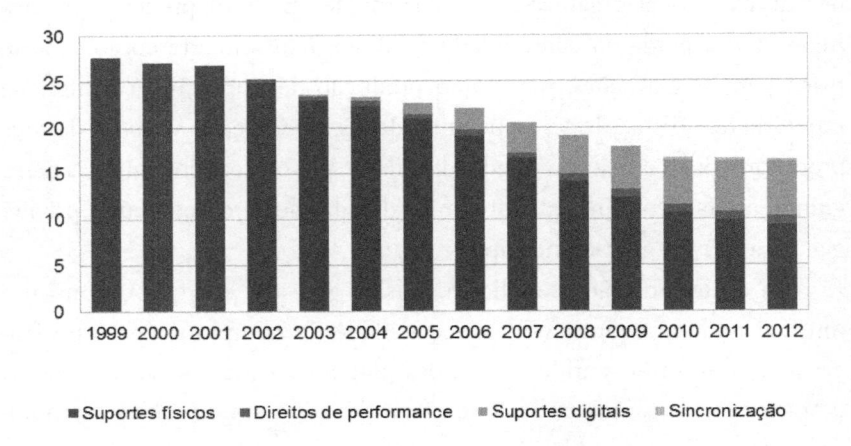

■ Suportes físicos   ■ Direitos de performance   ■ Suportes digitais   ■ Sincronização

Fonte: Camargo, 2013, citado, p.15, com base em dados da IFPI, 2013.

Apesar de seu evidente enfraquecimento, continua tendo fundamental importância o estudo e o conhecimento da dinâmica das companhias fonográficas, suas estruturas cambiantes e seus modos de produção, enfim, a maneira como operaram durante todo o século XX. Vale lembrar que em 2007, de acordo com dados apresentados por P. Wikström,[8] as grandes companhias fonográficas ainda controlavam 72% do faturamento sobre o mercado de música gravada. Assim, a fragmentação das inciativas para além das gravadoras parece ainda não corresponder à fragmentação das formas de arrecadação e faturamento. Para além da dimensão propriamente empresarial e econômica, interessa a possibilidade de que a análise da dinâmica das gravadoras possa oferecer a chave para a compreensão dos critérios pelos quais se foi elegendo determinadas produções – em um verdadeiro universo de possibilidades - para comporem o grande repertório cultural contemporâneo de música gravada. Suas formas artísticas se mantem praticamente intocadas.

---

[8] WIKSTRÖM, P. *The music industry*: Music in the cloud. London: Polity, 2009, p. 69.

Da estudada relação entre *majors* e *indies*,[9] outra marca fundamental desse tipo de business, parece que retornamos à situação característica dos meados do século XX em que atuavam grandes e pequenas companhias. Naquela altura, era o porte que as diferenciava principalmente. Assim, as gravadoras independentes, distintamente atuantes nos anos 1960/70 e 80 a partir do exercício de uma *atitude* independente parecem, enquanto tais, ter atualmente existência residual. Isso porque com base na grande segmentação que caracteriza o mercado, há espaço para todos os tipos de produtos e iniciativas, assim como ganha destaque a produção voltada para determinados nichos. Mesmo com todas as possibilidades de produção autônoma, alguns artistas ainda preferem estabelecer parcerias com pequenas gravadoras, em busca de suporte para a gestão de suas carreiras.[10]

As tradicionais *majors* ainda são grandes somente com relação ao tamanho dos catálogos que administram e das altas cifras por eles ainda geradas. É notável, contudo, seu descenso e a maneira como se tornaram apenas mais um agente (apesar de muito diferenciado) que divide e luta por espaço com uma quantidade cada vez maior de outros e suas decorrentes iniciativas. Envolvem-se de maneira muito diminuta com a esfera da

---

9 Sobre o tema, tem importância fundamental os clássicos estudos de PETERSON, R. e BERGER, D. Cycles in Symbol Production: The Case of Popular Music. *American Sociological Review*, v. 40, n° 2, p. 158-173, 1975 e o de LOPES, P. Innovation and Diversity in the Popular Music Industry, 1969 to 1990. *American Sociological Review*, v. 57, n° 1, p. 56-71, 1992 ao que se acrescenta CHRISTIANEN, M. Cycles in simbol production? A new model to explain concentration, diversity and innovation in the music industry. *Popular Music*, volume 14/1, 1995, Londres: Cambridge University Press e HESMONDHALGH, D. "Flexibility, post-Fordism and the music industries". *Media, Culture and Society*. Londres: Sage Publications, v. 18, 1996, p.469-488. Os termos *indie* e *major* tem sido utilizados nas referências às companhias independentes e às grandes gravadoras a partir dessa bibliografia.

10 No mundo da acumulação flexível, o produtor fonográfico independente se transformou em produtor fonográfico autômono (DIAS, 2008, citado, p.145-155 e DIAS, 2010, também citado). Sobre a segmentação do mercado fonográfico brasileiro, ver VICENTE, E. Segmentação e consumo: a produção fonográfica brasileira – 1965/1999. *ArtCultura*, Uberlândia, v. 10, n° 16, p. 103-121, jan.-jun. 2008.

produção de discos, limitando-se, em geral, ao lançamento e distribuição de trabalhos gravados e finalizados previamente. Em termos organizacionais desfrutam de estrutura cada vez mais enxuta. De "escritórios de gerenciamento de produtos" em que já tinham se transformado em meados dos 90, o foco de sua atuação recai agora no estabelecimento de parcerias e administração de direitos. Raros são os lançamentos de discos de novos artistas que protagonizam.

Dentre os novos agentes sociais desse cenário destacam-se mediadores que identificam a existência de produtos musicais em determinadas cenas culturais e os canalizam para as plataformas de conteúdo. Realizam, assim, um trabalho estratégico pois, em tempos de produção autônoma e da consequente fragmentação das iniciativas, pode haver um aumento da distância entre estas e o seu público potencial. Tal trabalho conta hoje com facilitadores, como aqueles advindos do aumento significativo das apresentações musicais ao vivo - outra face do movimento que levou ao fim da centralidade do disco no conjunto da vida musical - e a consequente articulação de coletivos de fãs. Aliás, essa é outra dimensão do problema cujo desenvolvimento revela um tipo de retorno a formas anteriormente consagradas de expressão cultural. A atual superativação do sistema de apresentações ao vivo faz lembrar do tempo em que, sem o gravado, a fruição musical não poderia se fazer de outro modo que não no contato direto artista-público.[11]

Finalmente, ao voltarem-se para o mercado de música no suporte digital, as *majors* parecem afrouxar o discurso e as práticas anti-pirataria

---

11 Sobre as transformações contemporâneas no circuito de apresentações musicais ao vivo ver HERSCHMANN, M. *Lapa, cidade da música*. Desafios e perspectivas para o crescimento do Rio de Janeiro e da indústria da música independente nacional. Rio de Janeiro: Mauad, 2007. ATTALI, J. *Bruits. Essay sur l'économie politique de la musique*. Paris: Presse Universitaire de France, 1977, reflete sobre o tempo em que a fruição musical se dava essencialmente em experiências coletivas em torno de execuções ao vivo.

deixando fluir quase que sem culpa o já enorme trânsito musical que acontece em todas as redes de comunicação digital.

O suporte e o formato

As mudanças trazidas pelo digital nos anos 90, mobilizaram a realização de estudos e análises sobre o tema, surgidos na primeira década do século XXI, trazendo repertório de instigantes questões. Uma delas, que demanda atenção especial, diz respeito aos suportes utilizados para a gravação dos fonogramas e dos formatos estéticos tomados por estes. Alguns estudos, no entanto, não distinguem objetivamente o suporte e o formato, usando os dois termos ora como sinônimos, ora fazendo a opção por um deles mesmo que a abordagem contemple as duas dimensões.[12]

Da mesma maneira que o desenvolvimento da indústria fonográfica se fez a partir da interação entre os suportes nos quais o registro musical era feito e os aparelhos destinados à sua leitura e reprodução, tais suportes materiais definiram também um formato para as obras registradas. O formato, dado inicialmente a partir das características físicas e técnicas do suporte, refere-se às qualidades e especificidades musicais e estéticas que o registro pode conter e alcançar. Assim, por mais que tenham sido vários os tipos de suporte que já deram corpo às gravações[13] (cilindros, os vários tipos de

---

12 Eu mesma assim procedi em DIAS, 2008, citado. Em geral encontramos em material de imprensa farto uso do termo formato para se referir ao suporte. Discussões sobre as relações entre suporte e formato na história da indústria fonográfica e suas possíveis apropriações culturais encontramos em DE MARCHI, L. A angústia do formato. Uma história dos formatos fonográficos. *e.compós* Revista da Associação Nacional dos Programas de Pós-Graduação em Comunicação, abril de 2005 e em SÁ, S.P. O CD morreu? Viva O vinil!". PERPÉTUO, I. F. e AMADEU, S. (orgs.) *O futuro da música depois da morte do CD*. São Paulo: Momento Editorial, 2009, suporte digital, p. 49-74.
13 Como em ROTHENBUHL e PETERS. Defining Phonography: An Experiment in Theory.*The Musical Quarterly*, v. 81, n° 2, Oxford University Press, 1997, p. 242-264.

discos, compactos, LPs, fitas cassete, CDs, arquivos digitais, como o MP3, dentre outros) deles derivaram essencialmente dois tipos de formatos: o álbum e o *single*.[14]

A busca da sofisticação técnica do registro, traduzida tão perfeitamente no *high fidelity*, foi seguida de perto pelo aumento da capacidade de armazenamento do suporte.[15] No fim da década de 40, o advento do micro-sulco, por exemplo, além de depurar o processo de gravação e reprodução, permitiu que o tempo de duração do disco fosse dilatado de quatro para trinta minutos fazendo surgir o LP de vinil (long play).[16] A essa altura, uma convenção de ampla reverberação no conjunto da produção cultural já estaria cunhada: a "canção de três minutos", como forma da música gravada, cuja duração correspondeu inicialmente ao tempo que os primeiros suportes fonográficos permitiam. Culturalmente consolidada, a canção - que no mundo da fonografia se confunde com a faixa - perdura inabalável mesmo com as possibilidades de tempo e espaço trazidas pelo LP (a questão será retomada adiante). Vale ainda lembrar que a gravação dos dois lados do suporte, já presente nos primeiros discos surgidos no início do século, tornou-se componente fundamental dos registros fonográficos.[17]

---

14 Ainda não pôde ser incorporada adequadamente a esta reflexão a contribuição de Jonathan Stern sobre o MP3 tal como surge em STERN, J, *MP3, The meaning of a format*. Durham and London: Duke University Press, 2012. O autor explora as especificidades do MP3 como "artefato cultural". Traz diferencial fundamental à discussão ao mostrar que o MP3 oferece formato específico à música gravada uma vez que interfere em suas configurações prévias. Seria um suporte que formata, podemos dizer assim, tal como nos primeiros suportes utilizados pela música gravada. Ver também STERN, J, O MP3 como um artefato cultural. SÁ, S. P. (org.) *Rumos da cultura da música*. Porto Alegre: Sulina, 2010, p. 63-89.
15 Ver VICENTE, E. *A Música Popular e as Novas Tecnologias de Produção Musical*. Dissertação de Mestrado, IFCH/Unicamp, 1996.
16 Sobre o assunto ver, por exemplo, FLICHY, P. *Les industries de l'imaginaire. Pour une analyse économique des médias*. Grenoble: PUG, 1991, 2.ª ed.
17 FRANCESCHI, H. M. *A Casa Edison e seu tempo*. Rio de Janeiro: Sarapuí, 2002.

Gráfico II - Venda de produtos da indústria fonográfica (1973-2012)

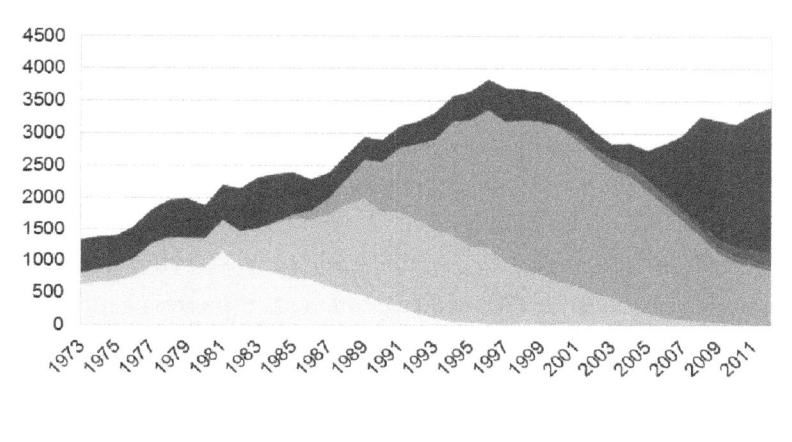

Vinil ▪ Cassetes ▪ CDs ▪ Vídeos musicais ▪ Álbuns digitais ▪ Singles

(em milhões de unidades – mercado global)

Fonte: Camargo, 2013, p. 21, citado, a partir de dados de IFPI, 2013.

Como contraponto aos compactos simples e duplos, que no Brasil movimentavam a maior fatia da produção de discos nos anos 60, o LP promoveu uma mudança profunda nos rumos da fonografia. Primeiramente, porque permitiu a expansão da indústria fonográfica pelos quatro cantos do mundo revelando talentos locais, amparada na padronização técnica que propunha. Possibilitou, igualmente, que os artistas desenvolvessem discos autorais, conceituais, na forma de álbuns.[18]

A produção de um álbum implicou no desenvolvimento e sofisticação de saberes específicos, como o de adequação das obras e do trabalho dos músicos ao aparato técnico de gravação, como aquele presente no trabalho

---

18 PAIANO, E. *Berimbau e Som Universal: Lutas Culturais e Indústria Fonográfica nos anos 60*. Dissertação de Mestrado. São Paulo: ECA/USP, 1994.

dos arranjadores e como o envolvido na etapa de montagem das faixas em álbum. Essa etapa, pouquíssimo estudada, diz respeito ao planejamento e à decisão sobre a sequência na qual as faixas são apresentadas, seu encadeamento lógico a partir da concepção do trabalho, considerando inclusive a pausa existente entre os lados A e B. No entanto, nela também interferem os aspectos mercadológicos, como no caso da escolha da "faixa de trabalho" destinada à difusão, elaborada, sobretudo, para ser tocada no rádio e que será invariavelmente mais conhecida.

No Brasil, a ampliação e consolidação decisiva da atividade fonográfica ocorrida nos anos 70, exemplifica de maneira primorosa a importância tomada pelo LP. Tanto as companhias que já atuavam no país como as que chegavam naquela altura, além de inserirem no mercado local discos já prontos de artistas estrangeiros, dedicaram-se à constituição de *casts* estáveis de artistas nacionais que vinham participando de alguma forma, da grande efervescência cultural característica dos anos 60.[19]

Assim, artistas como os que vieram a ser identificados com o movimento da música popular brasileira – naquela altura, em plena constituição - ou com aquele saído da Jovem Guarda (ao qual pertencia, por exemplo, Roberto Carlos - um dos maiores vendedores de discos da história da fonografia nacional) foram contratados pelas grandes companhias e seus discos produzidos por fartos orçamentos. O pressuposto, em termos empresariais: absorvia-se

---

19 Sobre a trajetória da indústria fonográfica brasileira, além das obras já citadas, ver MORELLI, R.C.L. *Indústria Fonográfica: Um Estudo Antropológico*. Campinas/SP: Editora da Unicamp, 1991; ZAN, J. R. *Do fundo do quintal à vanguarda*. Tese de Doutorado. Campinas: IFCH/ Unicamp, 1997; VICENTE, E. *Música e disco no Brasil: a trajetória da indústria nas décadas de 80 e 90*. ECA/USP: Tese de doutorado, 2002 e PINTO, J. P. G. *No ritmo do capital. Indústria fonográfica e subsunção do trabalho criativo antes e depois do mp3*. Tese de doutorado. FEA/USP, 2011. A trajetória de André Midani na gestão da grande indústria fonográfica brasileira é exemplar desse processo. Sobre o assunto, ver MIDANI, A. *Música, ídolos e poder. Do vinil ao download*. Rio de Janeiro: Nova fronteira, 2008 e VICENTE, E. Música e disco no Brasil: A Trajetória de André Midani. *Significação: Revista de Cultura Audiovisual*, v. 29, p. 115-142, 2009.

a fertilidade musical sofisticada, considerando ser mais seguro e lucrativo, manter um quadro de artistas que vendiam discos com regularidade, como alternativa ao "mercado de sucessos" que, por sua vez, deveria ser constantemente alimentado. Este, por mais que partisse de fórmulas consagradas, não trazia consigo garantias de retorno de investimentos.[20]

A partir dessa primeira estratégia foram produzidas grandes preciosidades não somente da fonografia brasileira com da mundial.[21] A junção de efervescência cultural, farta criatividade musical, liberdade na proposição de conteúdos, investimentos generosos e condições técnicas as mais sofisticadas, possibilitaram a sua produção. Eis a situação em que as contradições que movem o conjunto da indústria cultural estão absolutamente expostas em sua maior complexidade: quando a relação de heteronomia que conjuga cultura e indústria, *business* e música, tende a jogar a favor da cultura e da música, apesar de seu caráter de indústria e de business.[22]

O fundamental aqui é considerar que, por mais que os processos estejam mudando acelerada e inquietantemente, grande parte da produção de música popular contemporânea é ainda informada pela cultura do álbum por meio de

---

20 Ainda segundo Dias, 2008, p. 90 e seguintes.
21 Análise de um clássico exemplo, o álbum *Sgt Peppers Lonely Hearts Club Band*, dos *Beatles* (Parlophone, 1967) visto de perspectiva muito próxima àquela aqui adotada encontramos em FENERICK, J. A. e MARQUIONI, C. E. *Sgt Peppers Lonely Hearts Club Band*: uma colagem de sons e imagens. *Fênix – Revista de História e Estudos Culturais*, jan./ fev./ mar. 2008, v. 5, ano V, n° 1. Disponível em: <www.revistafenix.pro.br>. Acesso em: 12 out. 2013.
22 Umberto Franceschi, 2002, citado, em vários momentos de sua obra sobre a Casa Edison, ressalta que o interesse principal de Frederico Figner, o primeiro empresário da fonografia brasileira, era o de "ganhar dinheiro" (como na Apresentação intitulada "Humberto Franceschi", sem número de página). Seu ímpeto essencialmente comercial, no entanto, permitiu o registro de preciosidades da música brasileira que sem ele estariam perdidas. Essa contradição fundamental precisa ser analisada em busca de seus nexos mais fundos e que não podem ser conhecidos apenas na relação que simplesmente aproxima empreendimentos dessa natureza à lógica concorrencial de mercado.

parâmetros técnicos cunhados em seu tempo. A permanência da "canção de três minutos" como sua unidade é uma das expressões desse movimento.

Há, portanto, que se distinguir tais permanências, daquela presente na exaustão e consequente superação de determinados modos de operação do processo como, por exemplo, na revolução trazida pela possibilidade dada ao ouvinte de acessar, da maneira como bem escolher, conteúdos musicais os mais variados e assim, montar sua lista/ coleção pessoal de canções, usufruídos pela portabilidade de reprodutores de arquivos musicais digitais, dentre outros. É como se o corpo mudasse radicalmente, mas a alma seguisse com as mesmas configurações. Por isso a dificuldade que enfrentamos para tratar da superação total de determinados produtos e práticas culturais, num momento de profundas transformações como o atual. O que se tem é a convivência – que não pode ser simplesmente pacífica – entre o existente e o que surge de maneira incisiva não querendo deixar pedra sobre pedra.

A parte como todo?

Pensar na possibilidade de que o movimento de grande circulação no meio digital, de canções isoladas desprendidas dos álbuns, por venda ou troca, possa indicar a concepção de um "novo" formato para a música gravada, requer a lembrança de alguns outros pressupostos característicos da era da indústria fonográfica.

Primeiramente, vale distinguir alguns dos diferentes sentidos que o *single* foi tomando no século XX. Partindo do momento em que se tinha o "único" - a gravação nos cilindros ou nos primeiros tipos de discos – nela já estava inscrita a tarefa de realizar, em curtíssimo espaço de tempo, a comunicação musical. O diferencial estava no fato de que havia marcada identidade entre o suporte e o formato, que praticamente coincidiam. O suporte era o formato.[23]

---

23 Para a análise da dimensão técnica das primeiras gravações, ver Franceschi, 2002, citado, capítulo 2.

Sobre esse período inicial, mas ampliando a reflexão, Luis Tatit aponta o grande encontro que se deu entre as possibilidades de registro e a música aqui produzida no início do séc. XX:

> "As necessidades se complementaram. A rápida expansão do mercado de discos dependia da simplicidade e popularidade das pequenas peças musicais, bem como da disponibilidade de seus intérpretes. Os bambas dos lundus e dos sambas, por sua vez, podiam suspender a eterna busca do serviço remunerado, visto que seus momentos de diversão estavam agora sendo contabilizados como horas de trabalho. Além disso, a obra que produziam nem sempre sobrevivia na memória dos foliões. Faltava justamente o registro. Ineptos para a inscrição de suas invenções sonoras na pauta musical, esses primeiros sambistas, recebiam os novos aparelhos como um encontro com a própria identidade."[24]

Tal como entendemos aqui, os compactos simples e duplos ofereceram uma primeira versão do *single*, mas há que se distinguir o sentido que tiveram esses suportes nos anos 1960. Os compactos apresentavam, em geral, testes de mercado para determinados artistas, ou simples forma de produção de sucessos isolados e passageiros. Alcançavam um público mais jovem, por serem inclusive mais acessíveis economicamente. É conhecida a opinião de executivos da indústria no período, de que "o *single* vendia música e o álbum vendia o artista".[25] Ou seja, os compactos traziam consigo um sentido de volatilidade. Seu conteúdo ou era incorporado aos álbuns autorais ou era rapidamente substituído por outros.

Com alguma sorte poderiam ainda ser incorporados às coletâneas - álbuns montados com faixas isoladas retiradas de gravações originais, que surgiram do interesse, orientado para o mercado, de aproveitar gravações prontas e otimizar a sua existência a partir de novas formas de organização

---

24 TATIT, L. *O século da canção*. São Paulo; Ateliê Editorial, 2004, p. 33-34.
25 Citando aqui a ideia e não uma frase autoral, de acordo com o que encontramos em PAIANO, 1994, citado, p. 203; MORELLI, 1991, citado, p. 67 e VICENTE, 2002, citado, p. 60.

do produto. Nos anos 70, a fórmula mais utilizada foi a do álbum de compilação de sucessos, seguida da instituição de seu tipo o mais clássico: a trilha sonora de novelas e filmes.[26] No fim dos anos 1990, com a ameaça trazida pelos *downloads* livres, as grandes companhias investiram fartamente no segmento das coletâneas, inundando o mercado com os mais diversos tipos de recortes. Assim, os álbuns foram originalmente *retalhados* pela própria indústria fonográfica.[27]

Grafico III - Venda de produtos da indústria fonográfica (*single*s e CDs) (2000-2012) (em milhões de unidades)

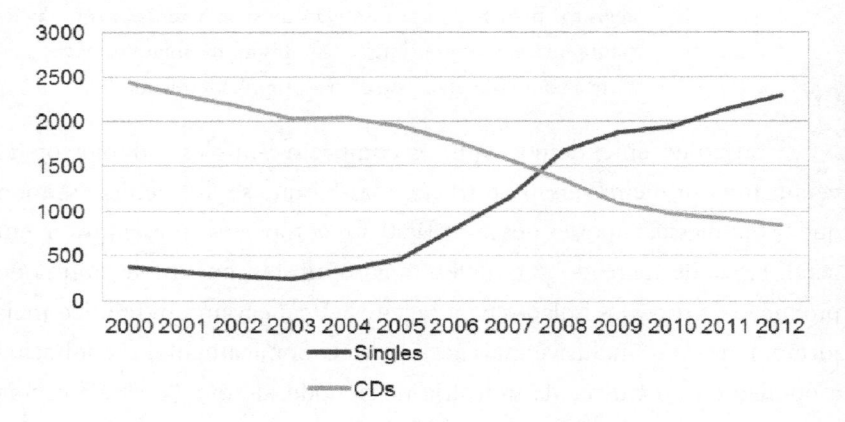

Fonte: IFPI, 2013, p. 95.

Nesse movimento, a faixa ganhou certa autonomia, mas ainda se encontrava presa aos auspícios do dono, reposicionada a partir de seus critérios. O digital rompe essa amarra e oferece ao ouvinte-internauta o poder

---

26 Ver DIAS, M. T. Rede Globo e indústria fonográfica: um negócio de sucesso. Brittos, V; Bolaño, C. (Orgs.). *Rede Globo: 40 anos de hegemonia e poder*. São Paulo: Paulus, 2005, p. 214-226.

27 Análise específica sobre a questão vemos em MARTINS, C. C. *Os discos de coletânea e a indústria fonográfica brasileira nos anos 1990*. Trabalho de Conclusão de Curso. Guarulhos: Unifesp, 2010.

de conceber as suas próprias coletâneas. Procurando pensar na perspectiva do ouvinte, alguns autores interpretam o sucesso do MP3 como expressando uma forma de reação à "ditadura do álbum comercial" que impunha o acesso a um conjunto do que apenas uma parte interessava.[28] A afirmação é de difícil verificação, dado que apenas uma ou algumas faixas dos álbuns estavam (e ainda estão) expostas ao trabalho de marketing e de divulgação, por meio dos quais ficavam conhecidas, como já foi aqui referido. O problema permite questionar sobre o universo de canções e produções musicais que permanecem desconhecidas, tanto do grande público quanto do ouvinte mais especializado.

Importante notar, finalmente que, tal como nas situações anteriores, o *single* traz consigo a valorização da canção como forma privilegiada tomada pela música popular gravada. Mais do que isso, ele se confunde com a canção; o *single*, em geral, é uma canção.

Nesse sentido, é interessante o resgate que Daniela V. dos Santos[29] faz do debate que ocupou músicos e estudiosos brasileiros em torno da hipótese do "fim" ou da "morte" da canção ou de seu esgotamento como forma estética privilegiada da música popular brasileira. O debate colocou em discussão questões raramente discutidas. Para o Coletivo MPB,[30] apesar de ter

---

28 A ideia está presente em Carvalho & Rios. "O MP3 e fim da ditadura do álbum comercial". PERPÉTUO, I. F. e AMADEU, S. (orgs.) *O futuro da música depois da morte do CD*. São Paulo: Momento Editorial, 2009, suporte digital, p. 82.

29 A autora desenvolve análise sobre a produção musical brasileira tomando como objeto o disco *Circuladô Vivo*, de Caetano Veloso (PolyGram, 1992) posicionando-o com relação ao processo que vai, daquilo que chama de "projeto tropicalista de nação" à vigência do "internacional-popular" como referenciais orientadores da vida política e cultural no Brasil contemporâneo. SANTOS, D. V. As representações da "crise" da canção no projeto estético ideológico de Caetano Veloso: uma análise do álbum Circuladô Vivo, 1992. *Anais do XX Encontro Regional da ANPUH/SP*. Franca/SP, set. 2010.

30 A polêmica envolveu, num primeiro momento, José Ramos Tinhorão e Chico Buarque de Holanda. O Coletivo MPB, formado pelos professores Jose Roberto Zan, Marcos Nobre, Rurion Melo e Henry Burnett, publicou dois artigos na Revista *Trópico*: " A morte e a morte da canção". Disponível em: >http://www.revistatropico.

passado por dois tipos de "morte" (uma "política", em 1964 e outra "morrida" no processo de consolidação da indústria cultural brasileira) a canção continua sendo importante forma de expressão da situação em que se encontra a cultura. Em busca de "brechas para intervir", os autores defendem que, mais importante que a "morte" da canção é a critica que precisa ser feita da segmentação promovida pelas empresas fonográficas. Somente a articulação política dos interessados poderia intervir nesse cenário.

Pode-se considerar que estão postos na realidade social elementos portadores de alto potencial questionador da ordem em que sempre se desenvolveu a música gravada, derivados da contradição existente entre novos sistemas técnicos que vão sendo criados e práticas e hábitos sociais instituídos, arraigados.

Da perspectiva que nos detém aqui, nota-se que uma vez perdida a centralidade do disco no conjunto da música gravada, muitos artistas parecem não ter mais pressa de gravar seus álbuns, optando pelo lançamento ocasional ou programado de *singles* para testar possibilidades, preparar o terreno para futuros empreendimentos ou para tentar a sorte com mais economia. São frequentes as notícias de que determinado artista disponibilizou em seu site um novo *single* e podem assim ir procedendo sem compromisso com o lançamento de álbuns, que podem surgir como simples coleções de *singles* concebidos isoladamente.

Por mais que, em termos mundiais, o *single* tenha marcado presença ao longo do século XX como formato fonográfico, ele parece se adequar especialmente à conjuntura atual, se considerarmos: 1) a perda do poder propositivo das gravadoras e de outras agências similares; 2) a pulverização das iniciativas de produção da música gravada e a consequente autonomia conquistada pelos artistas nessa área; 3) grande variedade e dispersão dos meios de difusão; 4) ampliação das formas de atuação dos artistas e músicos no âmbito da indústria da música; 5) grande fluidez e velocidade da

---

com.br/tropico/html/textos/2691,1.shl> e "Chega de saudade", disponível em: <http://www.revistatropico.com.br/tropico/html/textos/2719,1.shl>. Acesso em 15/07/2013.

comunicação no mundo atual; 6) adequação dos fonogramas a vários tipos de mídias.

O fonograma - o registro primordial – torna-se o suporte único das gravações e, como arquivo de dados, pode ser adaptado e reproduzido das mais variadas maneiras, seja como álbum de canções, seja como *single*. Vale lembrar que não há como eliminar, mesmo no universo da informação digital, essa materialidade essencial do fonograma.

O *single* como formato precisaria, no entanto, herdar do álbum a responsabilidade de comunicar, só que no tempo de duração de uma faixa, sentidos contemporâneos da cultura e, assim, se assemelharia curiosamente à forma da música gravada da qual a indústria fonográfica, em seus primórdios, partiu. No entanto, naquele momento, não se tinha outra opção; uma canção era o que cabia no suporte. Daí este exercício de reflexão trabalhar com a ideia de que retornaríamos a uma situação semelhante àquela da origem, não no que toca às limitações do suporte, mas na qual a forma do *single* expressaria valores e pressupostos sócio-culturais do tempo que o produz. Nesse movimento, a "canção de três minutos" não somente não se abalaria com o fim dos limites físicos antes impostos às gravações, como estenderia seu reinado, renovada.

De uma história permeada por formatos, suportes e meios há que se resgatar a música em toda a sua amplitude. Se, no mundo das tecnologias digitais, já se pode prescindir dos limites materiais postos pela natureza dos suportes que sempre a conduziram pelo mundo, a próxima etapa pode ser a de transformar os formatos tradicionais da música gravada. Um processo como esse não se faria sem profundas transformações sociais. Teríamos que sair do redemoinho cultural em que estamos, prontos para produzir e usufruir de novas formas de expressão musical.

III. Música popular, história e sociedade

Elementos para a crítica do disco *Chico* (2011)

Walter Garcia (IEB-USP)

I

Chico confirma qualidades estéticas bem conhecidas do cancionista Chico Buarque de Holanda. Para citar uma que é fundamental: a cada faixa do CD, lançado em 2011, sentimos melodia e letra "formar um só corpo", o que significa a realização de um ideal apresentado pelo compositor já no texto de contracapa de seu primeiro LP, lançado em 1966. Nesse sentido, dificilmente não se consideraria perfeito o CD (Buarque, 2011a), como perfeito era aquele LP de estreia (Buarque, 2006a).

Mas a capacidade de transformar frases melódicas e versos em um só organismo, mesmo que absolutamente necessária, não é suficiente quando se tem em vista critérios de valorização estética. Parafraseando com liberdade uma distinção feita por Aristóteles (1991: 201), diga-se que informalmente pode se chamar cancionista ao profissional que faz a junção da marca de um sabonete a uma melodia, com tal engenho que a marca e a melodia formam "um só corpo". Na verdade, porém, nada há de comum entre Chico Buarque e esse profissional, a não ser a técnica elementar da canção. O primeiro merece o nome de cancionista, o segundo, o de publicitário, mais que o de cancionista.

Todavia distinguir entre o trabalho de produzir um anúncio cantado e o de produzir uma canção que vende a si mesma é ainda insuficiente para auxiliar na atribuição de certo nível estético a *Chico*. Pois se deve levar em conta a existência de tantas obras que também vendem a si mesmas no mercado, tal qual este CD, mas que talvez lhe sejam inferiores esteticamente. De fato, não haveria por que fazer crítica se bastasse reconhecer a estrutura elementar da canção popular e o seu funcionamento no mercado, aceitando, no fim das contas, que o grau de qualidade depende meramente da opinião subjetiva. Ocorre que, por mais que se acredite que tudo se reduz ao gosto particular, qualquer análise mais detida revela, na formação do gosto, a atuação de fatores culturais, ou seja, "sociais e 'não-subjetivos'" (Eagleton, 2006: 21). E ainda que critérios de valorização estética não atinjam objetividade científica (Rosenfeld, 2005: 12), mantendo-se a canção afastada do debate, portanto afastada da esfera do conhecimento, não há dúvida de que a vida cultural tende a empobrecer-se.

No âmbito dos *versos escritos*, não é de hoje que a crítica brasileira almeja separar forma e fórmula, artesanato e artifício (Proença, 1955: 11). No âmbito dos *versos cantados*, o trabalho ainda é incipiente. Entre outros motivos, porque a própria crítica da estética da canção popular, no Brasil, é incipiente. Note-se que não se está referindo à resenha, "gênero jornalístico destinado a *orientar* o público na *escolha* dos produtos culturais em circulação" (Melo, 1985: 91; grifos do original). De todo modo, vale observar que, apesar da reestruturação do mercado de canções a partir das mudanças tecnológicas, bem como da conhecida crise mundial da grande indústria fonográfica, no jornalismo brasileiro há algum tempo se aceita, hegemonicamente e sem muito disfarce, que "qualquer coisa é válida desde que ela encontre o seu comprador". Ou, conforme escutei do diretor de uma sociedade arrecadadora, em conversa informal: "Disco não é pra ouvir, disco é pra vender". E assim retornamos ao pressuposto estéril do gosto particular, de par com a justificativa da liberdade implacável do comércio no mercado capitalista.

É necessário refletir sobre duas vertentes da crítica da canção antes de passar à análise efetiva de alguns temas em *Chico*. Em que pese a brevidade dessa reflexão, espera-se que as bases do trabalho aqui desenvolvido (e que se encontra ainda em processo) se esclareçam.

A primeira vertente da crítica que merece atenção é aquela que faz eco à resenha. Exemplo significativo é dado pelo artigo "Complicações da música simples", do músico Mauricio Pereira, publicado na *Revista USP* em 2010. Na sua crítica ao pagode, Pereira mistura "alquimia", "homeopatia", "Jung", "Freud", "densidade estética", "coerência formal" e "fraseado do jazz contraponteando a melodia da canção". Embora argumente em termos de "reverência e curiosidade" em relação à "música mais popularesca e comercial", o ânimo do crítico se revela mais claramente quando do seu raciocínio de que "pasteurização" e "padronização" não são "coisas negativas", mas "apenas processos que atuam, em maior ou menor grau, no caminho de uma canção até o mercado que a vai consumir".

Ainda que termine por descartar "esse tipo de música como um simples caso de dominação de uma fatia da população pelas imposições da indústria cultural" (Pereira, 2010), poucas vezes terá sido tão flagrante, na crítica bem intencionada, a *naturalização* da lógica "do consumo de 'produtos culturais' fabricados em série" (Chaui, 2006: 28). Lógica na qual se engajam, entre outras operações, a celebração do existente, a cristalização do senso comum, o imperativo de entretenimento sem grandes surpresas nem muito tédio, a ilusão de escolha livre (Chaui, 2006: 28-30). Nesse quadro, não deixa de ser interessante recordar uma das *Histórias do sr. Keuner*, intitulada "Sucesso":

> O sr. K viu passar uma atriz e disse: "Ela é bonita". Seu acompanhante disse: "Ela teve sucesso recentemente porque é bonita".

> O sr. K. se aborreceu e disse: "Ela é bonita porque teve sucesso" (Brecht, 2006: 38).

Mas também é verdade que a boa intenção do artigo de Mauricio Pereira, em alguma medida, reage contra a segunda vertente da crítica que aqui merece atenção: aquela que se recusa a questionar gostos pessoais, formação cultural, predileções e aversões de classe. Tome-se como exemplo a ideia do maestro Julio Medaglia de que, ao fazer rap, "o negro brasileiro está abandonando sua sofisticadíssima cultura de origem africana para fazer uma música grosseira, primária, que qualquer débil mental pode fazer e, por esta razão, todo mundo faz"; "uma música anti-africana, baseada em modelos que vieram da periferia de Los Angeles" (Medaglia, 2004). Ideia esta que se completa com o seu argumento de que o Brasil "tem a música popular mais rica e sensível do mundo, feita por negros geniais, como Pixinguinha, Nelson Cavaquinho e Cartola", ou como "Dona Ivone Lara"; negros que "vieram da favela" mas que "dentro de si tinham uma sofisticação francesa" (Medaglia, 2011).

Parece justo avaliar a crítica do maestro, em primeiro lugar, pelo uso de termos que buscam rebaixar a canção e os cancionistas analisados. O insulto impede qualquer diálogo. Mas pode-se indagar se, com tal gesto equivocado, a sua crítica não deseja responder a raps que cantam contra "bacana", "playboy", "madame" ou "gente de bem". Raps que revidam contra a secular exclusão econômica, portanto social e política, dos negros no Brasil. Se a hipótese não é descabida, o insulto dessa crítica acaba por dar razão ao "esforço civilizatório do rap", na acertada formulação de Maria Rita Kehl (2000).

Em segundo lugar, devem ser considerados alguns lapsos de informação cometidos pelo maestro Julio Medaglia. Nos limites deste artigo, não é o caso de traçar perfis de Dona Ivone Lara, Pixinguinha, Nelson Cavaquinho e Cartola. E é lógico que não se pretende negar sofisticação a suas obras. Contudo é importante lembrar que os três primeiros não "vieram da favela" (Pereira, 1998; Silva & Oliveira Filho, 1998a; Pereira, 1997).

E que Cartola viveu até os 11 anos no Catete e nas Laranjeiras, período em que a sua família era da baixa classe média ou, caso se prefira, da "pequena burguesia" carioca (Silva & Oliveira Filho, 1998b: 32-3).

A retificação é importante à medida que a ideia de Medaglia parece se nutrir da aprovação – paternalista – do gênio artístico que teria vencido todos os obstáculos da penúria. Ao mesmo tempo, a sua crítica revela a predileção – aristocrática – pela cultura "muito limpa, catita, elegante", para utilizar frase de Lima Barreto (1976: 136). Discordar de paternalismo e predileção aristocrática não significa, fique claro, ignorar as determinações econômicas ou desmerecer a beleza das obras. Na perspectiva que se adota, a questão é explicar de que modo as determinações econômicas, identificadas com rigor, se tornam elementos de construção artística (Candido, 2000). Dizendo de outra maneira, a questão é reconhecer e explicar a beleza das obras pelo reconhecimento e pela explicação da matéria histórica nelas elaborada (Schwarz *et al.*, 1991: 64).

É certo que tudo pode se tratar apenas de exemplos não muito felizes. Há, porém, outro lapso do maestro em relação aos modelos dos rappers brasileiros, modelos dos quais não se pode afirmar, a não ser por desconhecimento, que "vieram da periferia de Los Angeles" (Rocha, Domenich & Casseano, 2001). Esse lapso, enunciado em duas ocasiões, revela pouco interesse em compreender o rap e o hip hop, o que não condiz com o trabalho crítico.[1]

II

As dez faixas de *Chico* cantam dois grandes temas. O primeiro é o da herança da sociabilidade brasileira formada durante o predomínio da

---

[1] Uma vez que a crítica do maestro Julio Medaglia ao rap foi apresentada em duas entrevistas, não se deve ignorar o filtro da linha de montagem jornalística, ao qual obviamente se sobrepõe o filtro da sistematização aqui proposta. De todo modo, os pontos de vista de 2004 foram reiterados em 2011, período suficiente para que se empreendesse alguma revisão.

economia agrário-exportadora, desde a época colonial, sociabilidade que teve como base fundamental a escravidão. A constelação de tal herança, variada em seus motivos, abre ("Querido diário") e fecha o disco ("Sinhá", em parceria com João Bosco).

O segundo grande tema é da ordem do lirismo amoroso nos dias atuais. Canta-se um relacionamento pautado pela diferença de idade, o que leva à diferença radical na relação que cada amante mantém com o tempo (faixa "Essa pequena"). A este *eixo do tempo* soma-se outro, que se pode chamar *eixo do espetáculo*. Assim, os motivos do lirismo amoroso giram em torno da sensação da morte (eixo do tempo), experiência na qual se articulam:

1. a expectativa da "solidão, fim de quem ama", na célebre formulação poética de Vinicius de Moraes (faixas "Essa pequena", "Tipo um baião", "Sem você 2");

2. a afirmação da vida mais do que a da busca da felicidade amorosa ("Se eu soubesse", "Sem você 2"), ainda na linha de Vinicius de Moraes – penso em "é melhor viver do que ser feliz", verso cantado em "Só me fez bem", parceria de Vinicius com Edu Lobo;

3. a mudança de rotina e o rejuvenescimento – o qual logicamente reage contra a sensação da morte –, já que a amante surge "para embaralhar" os dias ("Tipo um baião"); diga-se de passagem, o rejuvenescimento já fora abordado em "Valsa brasileira", letra de Chico Buarque para música de Edu Lobo;

4. o exercício precário da memória ("Barafunda") que, como se sabe, estrutura o romance *Leite derramado* (Buarque, 2009);

5. a cogitação tanto sobre a autoria quanto sobre a permanência da obra artística ("Rubato", em parceria com Jorge Helder; "Barafunda"), cogitação que, como também se sabe, serviu de tema ao romance *Budapeste* (Buarque, 2003);

6. por fim, os motivos do lirismo amoroso ainda giram em torno da felicidade no mundo da comunicação virtual (faixa "Nina") e do simulacro (eixo do espetáculo), de que também faz parte a cogitação sobre a obra artística.

É necessário deter-se no último item. A crítica já observou a estrutura especular dos romances *Benjamim* (Buarque, 1995) e *Budapeste*, bem como a fixação dos personagens de *Estorvo* (Buarque, 1991) na chave do "clone publicitário" (Schwarz, 1999: 181) – tema retomado em *Benjamim*, com sua câmera invisível e autônoma, e em *Budapeste*, com suas pessoas que agem "como figurantes de um filme" (Buarque, 2003: 153). Os recursos denotam a utilização, como fator de construção das obras, do processo de "pasteurização" dos "'produtos culturais' fabricados em série". Contudo o efeito inverte o sentido habitual do processo, à medida que o espelhamento e a pose midiática são observados pelos narradores dos romances sempre com alguma distância, o que abre para o leitor a possibilidade de refletir sobre o fascínio da banalidade.

Fato semelhante ocorre no disco *Chico*, cujas faixas também se organizam de forma ostentivamente especular. Dentre vários exemplos possíveis, fiquemos com passagens de quatro letras que se espelham incorporando elementos da vida midiática:

1. "Essa pequena" canta "a nossa novela". Trata-se de uma metáfora, mas a imagem torna bem verossímeis o comportamento da jovem, *femme fatale* que "pinta a boca e sai", e a fala *cool* do homem maduro: "Fique à vontade, eu digo, *take your time*";

2. "Tipo um baião" canta a festa dos "mil abadás na ladeira" ao lado da fogueira de São João própria da cultura tradicional – mas cantada no rádio e no disco por Luiz Gonzaga – e dos "saraus ao luar";

3. "Sem você 2", além de dialogar explicitamente com a canção de Tom Jobim e Vinicius de Moraes e, de maneira bem menos

explícita, com "Chove lá fora" (Tito Madi) e "Inútil paisagem" (Tom Jobim/ Aloysio de Oliveira), "Sem você 2" canta "o fim do show", metáfora que espelha "a nossa novela";

4. "Sou eu" (parceria com Ivan Lins), além de dialogar com "Sem compromisso" (Geraldo Pereira/ Nelson Trigueiro) e "Deixe a menina" (Chico Buarque), canta o jogo de cena espetaculoso da mulher "no salão".

Em suma, o *padrão-caras*, chamemos assim o padrão atual que faz do simulacro da vida particular o parâmetro para a esfera pública, o *padrão-caras* é transfigurado à medida que a pose midiática, o espetáculo preparado para veiculação em massa se transforma em elemento que constrói a emoção cantada. Mas o efeito não seria este se as canções não contrariassem – a cada junção de melodia, letra, *performance* vocal e acompanhamento instrumental – a fórmula habitual, no mercado hegemônico, de vender o *discretamente conhecido*.

Além disso, não se deve perder de vista que o lirismo amoroso também se constrói contra a coisificação do mundo.[2] Para citar uma só passagem, avalie-se a parte final de "Sem você 2", quando se manifestam com bastante intensidade a dor e, sinal de maturidade, a resignação. Na passagem, transforma-se um lugar-comum ("nuvem de lágrimas") numa imagem de grande beleza; e de tom literário, embora a canção a faça soar coloquial, como se pudesse ser falada junto do último verso, este sim ostensivamente coloquial:

Sem você
É um silêncio tal

---

[2] Os versos finais de "Essa pequena", de modo ambivalente, se constroem com ambos os recursos: "Sinto qu' inda vou penar com essa pequena, mas/ O blues já valeu a pena". Para além do belo artesanato sonoro (penar – pequena – pena), "o blues" pode ser entendido como a própria canção, justificando-se, em alguma medida, o seu consumo; mas "o blues" também pode ser entendido como o sentimento *real* de profunda infelicidade.

Que ouço uma nuvem
A vagar no céu
Ou uma lágrima a cair no chão
Mas não tem nada, não.

III

Quanto ao outro grande tema de *Chico*, o da sociabidade cristalizada na vida rural e na vigência da escravidão, em "Querido diário" e em "Sinhá" percebe-se a clara intenção de dar "voz àqueles que em geral não têm voz" (Meneses, 2000: 125). Um traço progressista da obra de Chico Buarque, cujo alcance merece ser pesquisado.

Em "Querido diário", o sujeito registra, com a *memória em barafunda*, cinco dias de sua vida. Mas "lembrança de velho não é confiável", como diz o narrador de *Leite derramado*. Talvez o diário esteja embaralhado. Talvez, e é mais provável que seja assim, os dias *rodem pra trás*, dando a ilusão de que o sujeito rejuvenesce, como o eu-lírico de "Tipo um baião" e o de "Valsa brasileira". Ou talvez não seja nada disso, talvez não atue uma *memória em barafunda*. Se assim for, ficará mais nítido que a canção se apresenta como o diário da permanência, no dia a dia de uma cidade brasileira, da cordialidade, forma de sociabilidade que se caracteriza pela expansão de afetos positivos e negativos, próprios da esfera privada, na esfera pública (Holanda, 2001).

O que o sujeito de "Querido diário" canta, estrofe a estrofe: na primeira, a solidão um pouco amenizada por "alguns conhecidos"; na segunda, o crescimento urbano marcado pela expansão de sentimentos negativos; na terceira, a alternativa da sublimação (por via da religião e da arte); na quarta, o sadismo como componente da sexualidade; na quinta, o inimigo que, sem sucesso, "armou tocaia lá na curva do rio". Assim, o canto se abre com a simpatia e se fecha com a rixa.

Entretanto há um comentário do próprio cancionista, sobre "Gota d'água" e "Bem-querer", que também se aplica a "Querido diário" e lhe define melhor o raio de ação. Aquelas canções foram compostas por Chico Buarque para a personagem Joana, da peça *Gota d'água*, escrita junto com Paulo Pontes. Joana é uma "Medeia do subúrbio". Mas o que ela canta, segundo o compositor, "não são canções monstruosas": "A melodia, de certa forma, adocica o que poderia haver de literatura em uma letra de música" (Buarque *et al.*, 1998: 23). Também em "Querido diário", a melodia ou, dizendo de outro modo, a forma como os versos são cantados adocica a violência e a possível ruína da memória. Esse fator reforça a crença de que alguém "macio" (ou "com voz macia", conforme cantaria Noel Rosa sobre o malandro) tanto escapa de qualquer tocaia quanto não sai nunca prejudicado. Desse modo, a intenção progressista tem o seu limite estabelecido.

Já "Sinhá" pode ser melhor entendida se comparada a "Negro drama" (E. Rock/ M. Brown), rap do grupo Racionais MC's (2002). A comparação não é fortuita, como não seria fortuito cotejar "Querido diário" a "Diário de um detento" (M. Brown/ Jocenir), também do Racionais MC's (1997): sucintamente, diga-se que a moda de Chico se fecha com uma rixa entre duas pessoas, enquanto o rap de Brown e Jocenir, em sua parte final, reelabora o massacre do Carandiru; a diferença de grau entre uma experiência e a outra é matéria que pede reflexão.[3]

Em "Negro drama", Edy Rock canta sua trajetória, que "Não é conto nem fábula, lenda ou mito": *"O dinheiro tira um homem da miséria/ Mas não pode arrancar de dentro dele a favela"*. E Mano Brown, também cantando sua experiência, se dirige ao "senhor de engenho": *"Eu sou problema de montão, de carnaval a carnaval/ Eu vim da selva, sou leão, sou demais pro*

---

3   No mês de julho de 2013, por acaso escutei "Querido diário" como som ambiente em duas unidades de um mesmo hipermercado, localizadas em pontos relativamente distantes de São Paulo. É óbvio que isso não define a natureza da canção, mesmo porque não apurei as razões da escolha. Mas é de se imaginar os efeitos que "Diário de um detento" causaria se fosse executado para agradar consumidores em um hipermercado.

seu quintal". A voz de Rock, sem deixar de ostentar orgulho, carrega tristeza e rancor. A voz de Brown, "nervosa e imponente" (Kehl, 2002: 31), afronta. Apresentado em show gravado para o DVD *1000 trutas 1000 tretas*, o rap mobiliza de tal forma o público que não é difícil sentir uma ação coletiva, em potência, que visa à subversão da herança de desigualdade econômica e de segregação social (Racionais MC's, 2006). "Negro drama" expressa o revide à violência atual recebida pela classe baixa, com ódio alimentado *da imagem dos antepassados escravizados*.

Observemos agora o ponto de vista de "Sinhá", letra de Chico para música de João Bosco. Numa primeira audição, é difícil não concordar sobre as intenções progressistas e a lucidez desse samba. Sua narrativa reelabora com criatividade a literatura da escravidão. Em andamento desacelerado, escutamos "o conto de um cantor", conto absolutamente terrível. Até a parte final, quando então se apresentará, o cantor empresta a voz a um escravo, que fala tentando escapar à tortura. Mas o que ele diz relata dramaticamente que o personagem é aleijado no tronco, é açoitado e tem os olhos furados. Narrativa muito distante, portanto, da "saudade do escravo" de Joaquim Nabuco, da escravidão retratada nostalgicamente como o "suspiro indefinível que exalam ao luar as nossas noites do Norte":[4] "um jugo suave, orgulho exterior do senhor, mas também orgulho íntimo do escravo, alguma coisa parecida com a dedicação do animal que nunca se altera, porque o fermento da desigualdade não pode penetrar nela" (Nabuco, 1949, p. 231-233). Ocorre que a violência do senhor de engenho branco é superior e miserável, porém, o escravo negro não faz papel de inocente em "Sinhá",[5] já que seduziu "a dona" com o poder de seus feitiços. Ou seja, o enredo nada tem de simples e impede o maniqueísmo.

---

4   O texto de Joaquim Nabuco, de que a frase faz parte, foi utilizado por Caetano Veloso (Veloso, 2000).
5   Devo a observação a comentário de Ton Lopes, assim como devo a Vinícius Gueraldo o comentário de que o embalo da canção e a atuação do coro, cantando "êri ere...", dificultam ou, no limite, impedem que se ouçam a tortura do escravo e o conflito do

Não custa salientar que a ação do escravo altera tradições rurais referidas por Gilberto Freyre (1995, p. 372): "até mães mais desembaraçadas empurravam para os braços dos filhos já querendo ficar rapazes e ainda donzelos, negrinhas ou mulatinhas capazes de despertá-los da aparente frieza ou indiferença sexual". É certo que essas mesmas tradições registram "casos de irregularidades sexuais entre sinhá-donas [senhoras casadas] e escravos", ainda segundo Freyre (1995, p. 338). De todo modo, o fundamental é que o conto de "Sinhá", ao colocar em destaque a violência, não se pauta pela ideia de que "somos duas metades confraternizantes que se vêm mutuamente enriquecendo de valores e experiências diversas", visão que predomina em *Casa-Grande & Senzala*, apesar de todas as anotações de práticas sádicas, de crueldades extremas que aí se encontram (Freyre, 1995, p. 335-338).[6] A ira do senhor de engenho expressa a face terrível do "homem cordial", um tipo social que não reconhece, na lei, limites para os seus afetos negativos, nos termos de Sérgio Buarque de Holanda (2001). Nesse quadro, é oportuno retomar uma afirmação pouco lembrada de *Raízes do Brasil*: "Com a simples cordialidade não se criam os bons princípios" (Holanda, 2001, p. 185).

Na parte final da canção, todo esse conflito é encarnado pelo narrador, cantor-ator "atormentado" (adjetivo que significa, em sentido literal, "torturado" e, em sentido figurado, "angustiado"):

---

narrador (adiante abordarei esse aspecto). Agradeço a ambos e a Marília de Paula, David Forell, Marcelo Segreto e Yuri Prado a oportunidade de discutir "Sinhá".

6   O escravo que ouvimos em "Sinhá" diz que "estava lá na roça", que "estava na moenda". As desculpas podem ser das mais esfarrapadas, tanto quanto "Nem enxergo bem", "Eu só cheguei no açude/ Atrás da sabiá/ Olhava o arvoredo/ Eu não olhei Sinhá". Ainda assim, se efetivamente trabalhava na roça ou na moenda, o escravo não havia subido da senzala para o serviço doméstico no engenho. Desse modo, é preciso ressalvar que a perspectiva defendida em *Casa-Grande & Senzala*, como se sabe, argumenta sobre "a doçura nas relações de senhores com escravos domésticos, talvez maior no Brasil do que em qualquer outra parte da América" (Freyre, 1995, p. 352); o que não significa que se compartilhe essa perspectiva.

E assim vai se encerrar
O conto de um cantor
Com voz de pelourinho
E ares de senhor
Cantor atormentado
Herdeiro sarará
Do nome e do renome
De um feroz senhor de engenho
E das mandingas de um escravo
Que no engenho enfeitiçou Sinhá.

Em suma, o ponto de vista do conto se estrutura na consciência de saber-se o resultado tanto da ferocidade desmedida (que lhe deu "nome e renome", portanto lugar ao sol, "ares de senhor") quanto do sangue e das artimanhas de quem só dispunha dos feitiços de sedução (trata-se, enfim, de um cantor de música popular).[7]

Numa segunda audição, entretanto, causa estranheza perceber o alto grau de violência, de sofrimento e de conflito da narrativa, por um lado,

---

7   O ponto de vista do conto de "Sinhá" dá um passo adiante em relação ao lirismo de "Subúrbio", de Chico Buarque, choro-canção que abriu o disco anterior do artista (Buarque, 2006b). Passo adiante não em termos de valor estético, pois este resulta do menor ou do maior acerto na figuração de um atitude, mas em termos da própria atitude, mais progressista em "Sinhá". É que naquele choro-canção, embora o sujeito lírico incentive melancolicamente que o subúrbio desbanque "A tal que abusa/ De ser tão maravilhosa", que dê "(...) uma ideia/ Naquela que te sombreia" – em "Subúrbio", ressoa um tipo de piedade semelhante à que anima "Gente humilde", de Garoto, Vinicius de Moraes e Chico Buarque; um sentimentalismo paternalista que tanto pressupõe a superioridade de quem vê "aquela gente toda" quanto enxerga virtudes morais na pobreza ("Casas sem cor/ Ruas de pó, cidade/ Que não se pinta/ Que é sem vaidade"); sentimentalismo que se confessa impotente e que revela um fundo de culpa, portanto afim com hábitos religiosos da cultura tradicional no Brasil.

e a doçura, o embalo, a leveza da canção, por outro – características que decorrem da sonoridade como um todo, mas que se observam de modo específico, p. ex., na maneira como a letra é cantada (refiro-me à composição e à *performance*) ou no apelo da pulsação rítmica, mais evidente quando o coro entoa "êri ere, êri ere...". Aliás, a sedução do coro e suas possíveis consequências para o sentido da canção talvez não tenham escapado a Chico Buarque. No documentário *Dia voa*, que cobriu e divulgou a gravação do disco, ele brinca com João Bosco dizendo que é com esse "êri ere" que o escravo "enfeitiça a branquinha". O chiste é interessante. Levado a sério, dá maior força a outro comentário de Chico Buarque, sobre os instrumentos de percussão que ouvimos ao final: "Quando termina toda a história (...), vira a grande festa lá do nosso escravo", festa que "não se justificava tanto no começo" (Buarque, 2011b) – em outras palavras, durante a tortura.

Mas a estranheza não se dissipa, já que "a grande festa" do escravo – síntese da doçura, do embalo e da leveza da canção – não entra exatamente em choque, não cria tensão com a violência, o sofrimento e o conflito encenados na letra, ainda que suspenda ou que coloque sob suspeita essa matéria, que é monstruosa (não custa salientar, muito mais medonha do que a rixa cantada em "Querido diário"). É que, embora estejam reunidos no fonograma de "Sinhá", esses dois lados atuam como em paralelo, de tal modo que, ao privilegiar a festa, somos levados a encarar o conto com otimismo ou, no limite, simplesmente não lhe damos atenção. No polo oposto, ao privilegiar a narrativa, passamos a escutar com desconfiança a festa do escravo, talvez atribuindo-lhe um tom melancólico; no limite, somos obrigados a ignorar por completo a suavidade e o balanço da canção.

Estamos diante de uma questão percebida na própria forma artística.[8] Na soma das duas alternativas, o ponto de vista de "Sinhá", no disco *Chico*, se constrói com base em uma ambivalência que, se não nega, altera

---

8 De modo geral, como notou o próprio Chico Buarque em programa para a tevê brasileira em 2006, o rap "é uma negação desse formato de canção" com o qual ele sempre trabalhou (Buarque, 2006c). O desenvolvimento da crítica, que aqui apresento em seus aspectos iniciais, deverá analisar os recursos utilizados na

o conflito sobre o qual o ponto de vista do conto se estrutura. A consciência do sujeito, expressa pelas palavras, está atormentada, uma vez que sabe bem das duas heranças que recebeu, as quais lutam entre si. Mas o sentimento, que aparece como efeito dos elementos musicais, comunica uma sensação de doçura e de leveza. A cisão poderia gerar um confronto do sujeito consigo mesmo, mas gera apenas contraste.[9] O narrador se considera torturado, angustiado. E se sente confortável.

Bibliografia

ARISTÓTELES. Poética. In: *Os Pensadores: Aristóteles*, v. II. Trad. E. de Souza. 4. ed. São Paulo: Nova Cultural, 1991.

BRECHT, B. *Histórias do sr. Keuner*. Trad. P. C. de Souza. São Paulo: Editora 34, 2006

BUARQUE, C. *Estorvo*. 5ª reimpr. São Paulo: Companhia das Letras, 1991.

_____. *Benjamim*. São Paulo: Companhia das Letras, 1995.

---

gravação de "Sinhá", o que significa refletir sobre os materiais responsáveis pela constituição do ponto de vista e pela organização da obra.

9 Inspiro-me em outro comentário de Chico Buarque, em especial feito para a tevê francesa em 1990: "O Rio, pelas características topográficas mesmo, por ser uma cidade espremida entre o mar e a montanha, ele tem umas peculiaridades assim. O trabalhador, que antes ocupava aqui a zona sul do Rio, ele foi sendo expulso, em vez de ser expulso para fora, para a periferia, foi expulso pro alto, foi ocupar as favelas, né. Isso criou, num primeiro momento, um convívio... É claro que sempre houve um contraste social entre classe média que 'tá lá embaixo e o morro. Agora, havia, quer dizer, quando ainda não havia, ainda não existia um contraste tão violento, havia um convívio que foi inclusive responsável pela nova música popular, quer dizer, que é uma estilização da música do morro. A música composta pela classe média com influência marcante da música do morro... Havia essa troca de figurinhas entre o pessoal do morro e o pessoal aqui debaixo. Havia um contraste, mas não havia um confronto" (Buarque, 2003).

_____, *Budapeste*. 2ª ed. 1ª reimpr. São Paulo: Companhia das Letras, 2003.

_____. *Leite derramado*. 4ª reimpr. São Paulo: Companhia das Letras, 2009.

BUARQUE, C. et al. "Chico, o craque de sempre". *Caros Amigos*, n° 21, p. 22-30, 1998.

CANDIDO, A. *Literatura e sociedade*. 8ª ed. São Paulo: T. A. Queiroz/ Publifolha, 2000.

CHAUI, M. *Simulacro e poder*. São Paulo: Editora Fundação Perseu Abramo, 2006.

EAGLETON, T. *Teoria da literatura: uma introdução*. Trad. W. Dutra. 6ª ed. São Paulo: Martins Fontes, 2006.

FREYRE, G. *Casa-Grande & Senzala*. 30ª ed. Rio de Janeiro: Record, 1995.

HOLANDA, S. B. de. *Raízes do Brasil*, 26ª ed., 11ª reimpressão. São Paulo: Companhia das Letras, 2001.

KEHL, M. R. "A fratria órfã: o esforço civilizatório do rap na periferia de São Paulo". In: Kehl. M. R. (org.). *Função fraterna*. Rio de Janeiro: Relume Dumará, 2000, p. 209-244.

_____. "O lamento de Mano Brown". *Reportagem*. Belo Horizonte, ano IV, n° 38, nov. 2002, p. 31-32.

BARRETO, A. H. Lima. *Recordações do escrivão Isaías Caminha*. 6ª ed. São Paulo: Brasiliense, 1976.

MEDAGLIA, J. "Batuta afiada", entrevista a A. Magioli, 2004. Disponível em:<http://www.samba-choro.com.br/s-c/tribuna/samba-choro.0408/0003.html>. Acesso em: 16 set. 2011.

_____. "Quebrando tudo!", entrevista a M. Pinheiro, 2011. Disponível em:<http://www.revistabrasileiros.com.br/edicoes/43/textos/1379/>. Acesso em: 16 set. 2011.

MELO, J. M. de. *A opinião no jornalismo brasileiro*. Petrópolis: Vozes, 1985.

MENESES, A. B. de. *Desenho mágico*. 2ª ed. São Paulo: Ateliê Editorial, 2000.

NABUCO, J. *Minha formação*. Rio de Janeiro/São Paulo/Porto Alegre: W. M. Jackson Inc, 1949.

PEREIRA, A. "Nelson Cavaquinho". *História do samba*, cap. 8. São Paulo: Ed. Globo, 1997.

_____. "Dona Ivone Lara". *História do samba*, cap. 31. São Paulo: Ed. Globo, 1998.

PEREIRA, M. "Complicações da música simples". *Revista USP*, nº 87, p. 144-55, 2010.

PROENÇA, M. C. *Ritmo e poesia*. Rio de Janeiro: Organizações Simões, 1995.

ROCHA, J.; DOMENICH, M.; CASSEANO, P. *Hip hop: a periferia grita*. São Paulo: Ed. Fund. Perseu Abramo, 2001.

ROSENFELD, A. Literatura e personagem. In: Candido, A. *et al. A personagem de ficção*.11ª ed. São Paulo: Perspectiva, 2005.

SCHWARZ, R. Um romance de Chico Buarque. In: *Sequências brasileiras*. São Paulo: Companhia das Letras, 1999.

SCHWARZ, R. *et al.* "Machado de Assis: um debate". *Novos Estudos*, nº 29, 1991, p. 59-84.

SILVA, M. T. B. de; OLIVEIRA FILHO, A. L. de. *Pixinguinha: filho de Ogum bexiguento*. Rio de Janeiro: Gryphus, 1998a.

_____. *Cartola: os tempos idos*. Rio de Janeiro: Gryphus, 1998b.

Fontes sonoras e audiovisuais

BUARQUE, C. *Chico ou o país da delicadeza perdida*. Direção Walter Salles Jr. e Nelson Motta. BMG, 82876538929, 2003.

_____. *Chico Buarque de Hollanda*. Som Livre, 0278-2, 2006a.

_____. *Carioca*. Biscoito Fino, BF 645, 2006b.

_____. *Romance*. Dir. R. de Oliveira. RWR Comunicações/EMI, 358443 9, 2006c.

_____. *Chico*. Biscoito Fino, BF 380, 2011a.

_____. *Dia voa*. Direção Bruno Natal. Videograma / Biscoito Fino, 2011b. Disponível em: <http://www.youtube.com/watch?v=1MPebkuuEjo>. Acesso em: 6 ago. 2013.

RACIONAIS MC'S. *Sobrevivendo no inferno*. Cosa Nostra/Zambia, CDRA 001, 1997.

_____. *Nada como um dia após o outro dia*. Cosa Nostra/Zambia, ZA-050-1, 2002.

_____. *1000 trutas 1000 tretas*. Direção L. P. Simonetti e Roberto T. Oliveira. Cosa Nostra/Sindicato Paralelo Filmes/Ice Blue, CN 007, 2006.

VELOSO, C. *Noites do Norte*. Universal, 73145483622, 2000.

Três não-musicólogos brasileiros: Machado de Assis, Luiz Edmundo, João do Rio e a música no Rio de Janeiro (1890-1920)[1]

Mónica Vermes

O nome deste trabalho, *Três não-musicólogos brasileiros: Machado de Assis, Luiz Edmundo e João do Rio*, toma como referência o livro publicado em 1983 por Vasco Mariz: *Três musicólogos brasileiros: Mário de Andrade, Renato Almeida e Luiz Heitor Corrêa de Azevedo*.

---

1 Este trabalho é resultado parcial do projeto de pesquisa *Música nos Teatros do Rio de Janeiro: repertórios, recepção e práticas culturais (1890-1920)*, que desenvolvo no âmbito de um estágio de pós-doutorado no Instituto de Artes da Unesp e que conta com financiamento do CNPq. Parte dos objetivos desse projeto é mapear os circuitos musicais do Rio de Janeiro e restituir a música a sua rede de usos e apreciações na qual as várias práticas musicais e repertórios estavam inseridos, procurando superar o uso automático de categorias como erudito, popular, de elite etc. Para tal, trabalho com quatro conjuntos de fontes: a programação dos teatros publicada nos jornais de circulação diária, publicações oficiais, revistas ilustradas e textos de cronistas e memorialistas.

Publicado como homenagem a Mário de Andrade no seu 90° aniversário, delineia, no conjunto das personagens que discute mais o próprio autor do livro, um núcleo bastante fechado e de características bastante claras que, para Mariz, parece sintetizar o que era a Musicologia brasileira, já que, segundo ele, "O Brasil produziu até agora três grandes musicólogos, cujas obras se sucederam e se completaram cada qual à sua maneira."[2]

Antes de partir para a discussão dos não-musicólogos, parece-me importante observar um pouco melhor as características desse grupo e dessa ideia de Musicologia brasileira. Todos eles têm uma produção que pode ser dividida em duas frentes: os estudos do folclore e a redação de uma "História de Música", no caso de Mário de Andrade um manual geral de história da música com dois capítulos dedicados ao Brasil, no caso dos outros dois de "histórias da música brasileira / no Brasil".

Todos eles estão fortemente vinculados ao nacionalismo musical, que acaba funcionando como ponte entre os estudos de folclore e historiografia musical.

Todos eles estiveram vinculados à Academia Brasileira da Música.[3] [4]

Essas características comuns definem o entendimento particular de musicologia empregado por Vasco Mariz, mas não traduzem a maior

---

2   MARIZ, Vasco. *Três musicólogos brasileiros: Mário de Andrade, Renato Almeida, Luiz Heitor Corrêa de Azevedo*. Rio de Janeiro: Civilização Brasileira; Brasília: Instituto Nacional do Livro, 1983, p. 11.

3   Luiz Heitor Corrêa de Azevedo, cadeira 22 da ABM, cujo patrono é Antonio Callado; Renato Almeida, cadeira 40 da ABM, cujo patrono é Mário de Andrade. A Academia foi fundada por Villa-Lobos em 14 de junho de 1945, Mário de Andrade havia falecido a 25 de fevereiro desse ano. Ver quadro completo das cadeiras, patronos e acadêmicos em http://www.abmusica.org.br/ (acesso em 06/05/2013).

4   Há também um forte vínculo do grupo, salvo Mário de Andrade, com a vida diplomática: Renato Almeida, apesar de não ser diplomata de carreira atuou durante praticamente toda a sua vida como funcionário do Itamaraty; Luiz Heitor dedicou parte significativa de sua vida a um posto administrativo na Unesco e o próprio Vasco Mariz é diplomata de carreira. Parece-me plausível considerar que essas atividades possibilitassem aos autores um tempo de ócio intelectual que lhes permitiu uma atividade musicográfica, além de uma perspectiva de elite sobre o fazer musical brasileiro.

amplitude dos estudos musicológicos brasileiros, especialmente já em 1983. Para ater-me a um único exemplo, Cleofe Person de Mattos é citada no livro como colaboradora de Luiz Heitor, mas à época já havia publicado um volume significativo de resultados de seu trabalho sobre a obra de José Maurício Nunes Garcia.[5]

Se o entendimento estrito de musicologia empregado por Mariz não reflete a prática musicológica do período, reflete, sim, uma forma de entender a música – repertórios, práticas relevantes, categorias – consagrada na organização dos manuais de história da música de Renato Almeida, de Mário de Andrade, de Luiz Heitor e do próprio Mariz, seja dividindo os livros ou partes dos livros dedicados à música brasileira em duas seções (música popular, sinônimo aqui de folclore, e música erudita), como Renato Almeida e Mário de Andrade; ou concentrando-se especificamente numa delas, a música erudita, como Luiz Heitor e Vasco Mariz.

Essa cisão, consagrada como modo de pensar a vida musical brasileira, resulta em relatos parciais nos quais as superposições, atritos, tensões e choques, e contribuições entre uma e outra acabam sendo neutralizados. Uma narrativa centrada em gêneros musicais ou no relato (muitas vezes centrado em apenas um aspecto ou período) da trajetória de um músico tende a recortar a muito mais complexa relação com os espaços, instituições e as dificuldades do exercício profissional da música.

Como exemplo dessas superposições, é interessante observar dois casos.

Um músico como Irineu Gomes de Almeida (1873-1916), que ora é referido por seu nome de batismo ao tocar trombone numa orquestra de música erudita, ora aparece como Irineu Batina nos registros relativos à música popular, tocando oficleide nas rodas de choro e bombardino na

---

5   MATTOS, Cleofe Person de. *Catálogo temático – José Maurício Nunes Garcia*. Rio de Janeiro: Ministério da Educação e Cultura, 1970. Além de partituras: volume de *Obras Corais* (1976), *Matinas de Natal* (1978), *Gradual Dies Sanctificatus* (1981), *Gradual de São Sebastião* (1981), *Salmos: Laudate Pueri* e *Laudate Dominum* (1981), *Ofício 1816* (1982), *Missa Pastoril* (1982), *Aberturas: Zemira e Abertura em ré* (1982).

banda do Corpo de Bombeiros.⁶ São três identidades musicais (e dois nomes) diferentes e, no contato com a literatura, é fácil confundir-se e pensar que se trata de pessoas diferentes.

O outro caso é Alberto Nepomuceno (1864-1920), que se multiplicava em compositor, pianista, organista, regente, professor, diretor do Instituto Nacional de Música durante muitos anos e animador da vida musical carioca em várias iniciativas, e que publicou uma opereta – *La Cicala* – sob pseudônimo, como João Valdez.⁷

Esses dois exemplos apontam para o tipo de contato e superposição que havia entre mundos musicais aparentemente separados. Além disso, músicos que tocavam nas orquestras sinfônicas tocavam também em orquestras de revistas, burletas e *vaudevilles*⁸ e o palco de um mesmo teatro poderia receber espetáculos musicais muito diversos.

É ao procurar entender a organização na vida musical carioca do período de meu trabalho (1890-1920, neste momento mais especificamente 1890-1900) que os cronistas se tornam uma fonte tão importante. É aqui que entram os não-musicólogos. Trata-se de textos não especializados, nos quais raramente a música é o foco principal, e que são destinados a um consumo e descarte rápidos. Essas características os tornam, mesmo que

---

6   VERMES, Viviana Mónica. A cena musical do Rio de Janeiro, 1890-1920 In: SIMPÓSIO NACIONAL DA ANPUH – ASSOCIAÇAO NACIONAL DE HISTÓRIA, 26, 2011, São Paulo. *Anais...* São Paulo: ANPUH-SP, 2011, p. 1-12. Disponível online em <http://www.snh2011.anpuh.org/resources/anais/14/1308164929_ARQUIVO_MonicaVermes-ANPUH2011.pdf>. Acesso em: 2 maio 2013.

7   VERMES, Viviana Mónica. Alberto Nepomuceno e o exercício profissional da música. *Música em Perspectiva*, Curitiba, v. 5, p. 7-32, out. 2012. Disponível online em: <http://ojs.c3sl.ufpr.br/ojs/index.php/musica/article/view/20978/13897> Acesso em: 5 set. 2013.

8   VERMES, Viviana Mónica. Músicos Visíveis e Músicos Invisíveis: um ensaio demográfico. In: CONGRESSO DA ANPPOM – ASSOCIAÇÃO NACIONAL DE PESQUISA E PÓS-GRADUAÇÃO EM MÚSICA, 21, 2011, Uberlândia. *Anais...* Uberlândia: Anppom, 2001, p. 1065-1070. Disponível em: <http://www.anppom.com.br/anais/anaiscongresso_anppom_2011/ANAIS_do_CONGRESSO_ANPPON_2011.pdf> Acesso em: 6 jun. 2013.

involuntariamente, uma fonte importante para obter informações sobre as práticas musicais da forma como estavam naturalizadas pela sociedade carioca e dos significados atribuídos a essas práticas e repertórios.

Os autores que selecionei para trabalhar numa primeira rodada são Machado de Assis (1839-1908) com as crônicas publicadas no jornal *A Gazeta de Notícias* entre 1892 e 1897; Luiz Edmundo (1878-1961) com *O Rio de Janeiro de Meu Tempo* e João do Rio (1881-1921) com *A Alma Encantadora das Ruas*.

Cada um desses autores se detém sobre aspectos diferentes da vida musical e das sonoridades da cidade e as observa de uma perspectiva também diferente: Machado de Assis valoriza a ópera italiana mais que qualquer outro gênero musical, mas registra, ainda que tangencialmente, outros aspectos da cena musical do Rio de Janeiro; Luiz Edmundo esmiúça a vida na cidade tendo como eixo as transformações produzidas pelas reformas do prefeito Pereira Passos e João do Rio se dedica à vida nas ruas, incluindo dois capítulos em que fala especificamente da música que ali se fazia.

Parece-me desnecessário apresentar Machado de Assis, mas a parte de sua produção em que me concentrei merece, sim, apresentação. Trata-se das crônicas publicadas, sem assinatura, entre 1892 e 1897 com o título de "A Semana" no jornal *Gazeta de Notícias* do Rio de Janeiro.

Este é último conjunto de crônicas escritas por Machado e são consideradas pelos especialistas[9] como os melhores exemplares do autor nesse gênero. Machado teve uma longa carreira como cronista, estreou em 1859, aos vinte anos de idade, e os dois últimos exemplares foram publicados em 1900 (duas únicas crônicas publicadas depois da série "A Semana").

Essas crônicas, assim como todas as outras séries que Machado publicou ao longo de sua vida, tinham (ou parecem ter tido) como propósito esse destino fugaz nas páginas dos jornais de circulação diária. Machado chegou a publicar seis das crônicas da última série em 1899, mas editadas, de modo

---

9   GLEDSON, John (Ed.). *Crônicas Escolhidas de Machado de Assis*. São Paulo: Penguin, 2013.

a eliminar as referências demasiado específicas que dificultassem a compreensão do leitor. Depois disso, primeira coletânea de crônicas só foi publicada em 1914 (seis anos depois da morte do escritor) por Mário de Alencar, filho de José de Alencar e amigo de Machado. A partir daí sucederam-se os volumes de crônicas publicadas nas várias edições das *Obras Completas* e compilações parciais.

Ao todo, as crônicas da série "A Semana" são 248, em 49 delas há referências à música.

Há já vários estudos sobre a música na obra de Machado de Assis:

• José Ramos Tinhorão trata da música em Machado no primeiro volume de A *música popular no romance brasileiro*;[10]

• José Miguel Wisnik publicou o conhecido e já clássico trabalho "Machado Maxixe", no qual a partir do conto "Um homem célebre" discute questões da composição musical, do exercício profissional da música, as relações raciais e das fronteiras simbólicas e materiais entre alta e baixa cultura;[11]

• Carlos Wehrs, em *Machado de Assis e a magia da música* (1997) explora a presença da música (particularmente da música erudita) na poesia, nos contos e nos romances de Machado.[12]

Esses e muitos outros instigantes trabalhos[13] concentram-se preferencialmente nos contos e romances de Machado, deixando as crônicas ainda como terreno praticamente inexplorado. John Gledson – professor de Estudos Brasileiros na Universidade de Liverpool, especialista em Machado de Assis, de quem é

---

10 TINHORÃO, José Ramos. A *Música Popular no Romance Brasileiro*, v. 1. São Paulo: Editora 34, 2000.

11 O trabalho recebeu várias reedições, a referência aqui é dá última delas. WISNIK, José Miguel. Machado Maxixe . In: _____. *Sem Receita: ensaios e canções*. São Paulo: Publifolha, 2004.

12 WEHRS, Carlos. *Machado de Assis e a magia da música*. Rio de Janeiro: C. Wehrs, 1997.

13 Por exemplo, MACHADO, Cacá. *O Enigma do Homem Célebre: ambição e vocação de Ernesto Nazareth*. São Paulo: Instituto Moreira Salles, 2007.
CHAHLOUB, Sidney. *Machado de Assis historiador*. São Paulo: Companhia das Letras, 2003.

tradutor ao inglês – comenta, no volume de crônicas recém-lançado: "As crônicas de Machado de Assis são a parte menos conhecida de toda a sua obra."[14]

Nas crônicas de "A Semana", Machado comentava os eventos da semana passada: política nacional e internacional, economia, eventos notáveis na vida da cidade, pequenos episódios quotidianos. Um exercício da crônica como a descreveu Walter Benjamin na Tese 3, de *Sobre o conceito de história*: "O cronista que narra os acontecimentos, sem distinguir entre os grandes e os pequenos, leva em conta a verdade de que nada do que um dia aconteceu pode ser considerado perdido para a história."[15]

Como mencionei acima, em 49 dos 248 textos Machado refere-se, de alguma forma, à música.

Os assuntos musicais são variados – cantoras e cantores, empresários e teatros, ópera, gêneros de dança, gêneros do teatro ligeiro, música sacra, sinos e carrilhões, realejos, fonógrafos – mas frequentemente eles aparecem tangencialmente, em discussões cujo eixo é outro. Os assuntos musicais podem ser metáforas ou analogias de assuntos de outra natureza, como afirmações sobre a importância da música, como elemento integrado à trama da vida quotidiana.

Ao falar de ópera, por exemplo, assunto frequente e caro ao autor – aparece em 19 dos textos -, o tema pode ser variado:

- como analogia a outra coisa

> *Tannhäuser* e *bonds* elétricos. Temos finalmente na Terra essas grandes novidades. O empresário do Teatro Lírico fez-nos o favor de dar a famosa ópera de Wagner, enquanto a Companhia de Botafogo tomou a peito transportar-nos mais depressa. Cairão de uma vez o burro e Verdi? Tudo depende das circunstâncias.

---

14 GLEDSON, John (Ed.). *Crônicas Escolhidas de Machado de Assis*. São Paulo: Penguin, 2013, p. 9.
15 BENJAMIN, Walter. Sobre o conceito de história. In: _____. *Magia e técnica, arte e política: Ensaios sobre literatura e história da cultura. Obras escolhidas*, v. 1. Trad. Sergio Paulo Rouanet. São Paulo: Brasiliense, 1994, p. 223.

Já a esta hora algumas das pessoas que me leem, sabem o que é a grande ópera. Nem todas; há sempre um grande número de ouvintes que farão ao grande maestro a honra de não perceber tudo desde logo, e entendê-lo melhor à segunda, e de vez à terceira ou quarta execução. Mas não faltam ouvidos acostumados ao seu ofício, que distinguirão na mesma noite o belo do sublime, e o sublime do fraco. ("A Semana", 02 out. 1892)

- a importância da música:

    Excluo os negócios de Mato Grosso, o serviço dos *bonds* de Botafogo e Laranjeiras, as liquidações de companhias, os editais, as prisões, as incorporações e as desincorporações. Uma só coisa me levará algumas linhas, e poucas em comparação com o valor da matéria. Sim, chegou, está aí, não tarda... Não tarda a aparecer ou a chegar a companhia lírica. Tudo cessa diante da música. Política, Estados, finanças, desmoronamentos, trabalhos legislativos, narcóticos, tudo cessa diante da bela ópera, do belo soprano e do belo tenor. É a nossa única paixão, — a maior, pelo menos. *Tout finit par des chansons*, em França. No Brasil, *tout finit par des opéras, et même un peu par des operettes... Tiens! J'ai oublié ma langue.* ("A Semana", 05 jun. 1892)

- como elemento integrado à trama da vida quotidiana

    Que isto não seja pio, creio; mas é verdade. É o que começa a pôr uma nota doce na cara tétrica e feroz com que me levantei hoje da cama. Assim o diz o espelho. Realmente, se tanto se morre ao frio como ao sol, não vale a pena deixar este clima; tudo é morrer, poupemos a viagem. Deixai correr os dias, até que o equinócio de março traga outros ares, maio outros legisladores, julho e agosto outras óperas, porque os Huguenotes já começam a afligir-nos. ("A Semana", 18 fev. 1894)

Cada uma dessas passagens evidencia (pelos olhos nada neutros de Machado) como a experiência musical estava entranhada na vida na cidade. Isso é especialmente contundente nos muitos casos em que a música aparece obliquamente, como parte da vida ordinária. São poucas as crônicas em que a música é o tema central. Esse é o caso, por exemplo, do texto publicado por ocasião da morte de Carlos Gomes:

> Toda esta semana foi feita pelo telégrafo. Sem essa invenção, que põe o nosso século tão longe daqueles em que as notícias tinham de correr os riscos das tormentas e vir devagar como o tempo anda para os curiosos, sem essa invenção esta semana viveria do que lhe desse a cidade. Certamente, uma boa cidade como a nossa não deixa os filhos sem pão; fato ou boato, eles teriam algo que debicar. Mas, enfim, o telégrafo incumbiu-se do banquete.
> A maior das notícias para nós, a única nacional, não preciso dizer que é a morte de Carlos Gomes. O telégrafo no-la deu, tão pronto se fecharam os olhos do artista e deu mais a notícia do efeito produzido em todo aquele povo do Pará, desde o chefe do Estado até o mais singelo cidadão. A triste nova era esperada — e não sei se piedosamente desejada. Correu aos outros Estados, ao de São Paulo, à velha cidade de Campinas. A terra de Carlos Gomes deseja possuir os restos queridos de seu filho, e os pede; São Paulo transmite o desejo ao Pará, que promete devolvê-los. Não atenteis somente para a linguagem dos dois Estados, um dos quais reconhece implicitamente ao outro o direito de guardar Carlos Gomes, pois que ele aí morreu, e o outro acha justo restituí-lo àquele onde ele viu a luz. Atentai, mais que tudo, para esse sentimento de unidade nacional, que a política pode alterar ou afrouxar, mas que a arte afirma e confirma, sem restrição de espécie alguma, sem desacordos, sem contrastes de opinião. A dor aqui é brasileira. Quando se fez a eleição do presidente da República, o Pará deu o voto a um filho seu, certo embora de que lhe não caberia o governo da União; divergiu de São Paulo. A república da arte é anterior às nossas constituições e superior às nossas

competências. O que o Pará fez pelo ilustre paulista mostra a todos nós que há um só paraense e um só paulista, que é este Brasil. Agora que ele é morto, em plena glória, acode-me aquela noite da primeira representação da *Joana de Flandres*, e a ovação que lhe fizeram os rapazes do tempo, acompanhados de alguns homens maduros, certamente, mas os principais eram rapazes, que são sempre os clarins do entusiasmo. Ia à frente de todos Salvador de Mendonça, que era o profeta daquele caipira de gênio. Vínhamos da Ópera Nacional, uma instituição que durou pouco e foi muito criticada, mas que, se mereceu acaso o que se disse dela, tudo haverá resgatado por haver aberto as portas ao jovem maestro de Campinas. Tinha uma subvenção à Ópera Nacional; dava-nos partituras italianas e zarzuelas, vertidas em português, e compunha-se de senhoras que não duvidavam passar da sociedade ao palco, para auxiliar aquela obra. Cantava o fundador, D. José Amat, cantava o Ribas, cantavam outros. Nem foi só Carlos Gomes que ali ensaiou os primeiros voos; outros o fizeram também, ainda que só ele pôde dar o surto grande e arrojado...

Aí estou eu a repetir coisas que sabeis — uns por as haverdes lido, outros por vos lembrardes delas; mas é que há certas memórias que são como pedaços da gente, em que não podemos tocar sem algum gozo e dor, mistura de que se fazem saudades. Aquela noite acabou por uma aurora, que foi dar em outro dia, claro como o da véspera, ou mais claro talvez; e porque esse dia se fechou em noite, novamente se abriu em madrugada e sol, tudo com uma uniformidade de pasmar. Afinal tudo passa, e só a terra é firme: é um velho estribilho do *Eclesiastes*, de que os rapazes mofam, com muita razão, pois ninguém é rapaz senão para ler e viver o *Cântico dos Cânticos*, em que tudo é eterno. Também nós ríamos muito dos que então recordavam o tempo em que foram cavalos da Candiani, e riam então dos que falavam de outras festas do tempo de Pedro I. É assim que se vão soldando os anéis de um século. ("A Semana", 20 set. 1896)

A passagem longa nos permite apreciar a forma característica de construção das crônicas de Machado, pela superposição e encadeamento de elementos diferentes e pelas várias profundidades dos assuntos abordados. Ele fala da morte de Carlos Gomes e da importância e da intensidade dos laços estabelecidos pela música; rememora a estreia da *Joana de Flandres* e reflete sobre a efemeridade da juventude; reavalia a importância da Ópera Nacional[16] e deixa escapar o comentário que integra essa iniciativa na teia da sociedade carioca:

> [...] dava-nos partituras italianas e zarzuelas, vertidas em português, e compunha-se de senhoras que não duvidavam passar da sociedade ao palco, para auxiliar aquela obra. Cantava o fundador, D. José Amat, cantava o Ribas, cantavam outros.

A crônica segue, falando da tentativa de deposição do sultão turco, da encenação de mágicas em Sergipe, da rainha Vitória, do czar Nicolau e de Porfírio Dias no México.

O trabalho com as crônicas, particularmente com as crônicas de Machado de Assis, apresenta algumas dificuldades:

• elas nos chegam duplamente removidas de seu contexto: tiradas do corpo do jornal, onde dialogavam com as outras notícias e imagens; e distanciadas do calor dos acontecimentos que lhes deram vida e

• a própria construção textual das crônicas e a ironia machadiana que podem opacar o sentido dos textos.

Mas são, inegavelmente, fonte importantíssima para resgatar a teia de usos e sentidos da música dentro desse espaço e tempo.

---

16 Trata-se da Academia de Música e Ópera Nacional, que durou entre 1857 e 1864. Iniciativa de D. José de Zapata y Amat, espanhol exilado no Brasil, tinha como propósito a encenação de óperas estrangeiras e brasileiras em português e o estímulo à composição de óperas por compositores brasileiros. Ver HELLER-LOPES, André. *Brazil's Ópera Nacional (1857-1863): music, society, and the birth of Brazilian opera in nineteenth-century Rio de Janeiro*, tese de doutorado apresentada no King's College (Londres); SERGL, Marcos Júlio. *Elias Lobo e a Música em Itu*, dissertação de mestrado apresentada ao Departamento de Artes Cênicas da ECA – USP e _____. *Ópera e Música Sacra em Itu*, tese de doutorado apresentada ao Departamento de Artes Cênicas da ECA – USP.

Mencionei mais acima o "olhar nada neutro de Machado de Assis" tendo em mente, em particular, o que se costuma considerar uma perspectiva aristocrática de Machado, o que o tornaria menos propenso a registrar fatos mais ligados às camadas populares. Não vou discutir a questão aqui, mas cabe indicar que esse é também um dos sentidos de trabalhar com três autores (Machado de Assis, Luiz Edmundo, João do Rio). Da superposição de seus relatos sobre a cidade e sobre os sons e a música na cidade é possível construir um quadro mais multifacetado.

Luiz Edmundo (Luiz Edmundo de Melo Pereira da Costa), tipicamente descrito como escritor, memorialista e historiador, nasceu no Rio de Janeiro em 1878 e lá morreu em 1961. Parte significativa de sua obra publicada em livros é dedicada à cidade do Rio de Janeiro: sua história, seus bairros, suas personagens, as instituições, os estabelecimentos comerciais, informações históricas e causos. Neste trabalho tomo como fonte *O Rio de Janeiro de meu tempo*, livro de memórias/crônica que se concentra na cidade do Rio de Janeiro do início do século XX, publicado em 1938.[17] Luiz Edmundo identifica "seu tempo" com os anos imediatamente anteriores à reforma do prefeito Pereira Passos,[18] trata de uma cidade que havia desaparecido e na qual identificava traços "coloniais", seja pelas características da cidade – o desenho tortuoso das ruas estreitas, o calçamento irregular, o excesso de buracos, a falta de infraestrutura, casas "feias", sem janelas e sem ventilação, sujeira, ausência de construções e lazeres elegantes – e de seu povo, que ele considera deselegante e sem higiene. Desde as primeiras páginas, Luiz Edmundo associa a reforma de 1903-1906 a um resgate da cidade do estado de deterioração em que se encontrava, um bordão que se repetirá ao longo de toda a obra.

> Os prefeitos da cidade parecem, no começo do século, em sua maioria, estrangeiros que não se podem interessar pela terra onde

---
17 COSTA, Luiz Edmundo de Melo Pereira da Costa [Luiz Edmundo]. *O Rio de Janeiro do Meu Tempo*. 2ª ed, 5 v. Rio de Janeiro: Conquista, 1957.
18 COSTA, 1957, p. 513.

mandam, já porque nela não nasceram, já porque só buscam, na mesma, apenas, meios de estabelecer, garantir fortuna, ou prestígio na Política. A cidade é uma vergonha para a civilização americana. É a mesma cidade colonial de 1801. Sem tirar nem pôr – suja, atrasada e fedorenta.[19]

A partir de uma dicotomia – Rio colonial vs. Rio civilizado – o autor descreverá a vida na cidade. De forma bastante sistemática, Luiz Edmundo organiza o livro por aspectos da vida (as características das ruas, os meios de transporte, o comércio de rua), áreas da cidade (a rua do Ouvidor, o cais Pharoux e a praça Quinze de Novembro, o largo da Carioca, a praça Tiradentes, a rua da Misericórdia, o morro do Castelo, o morro de Santo Antônio, o largo do Machado), descrevendo os estabelecimentos comerciais, a indumentária de homens e mulheres elegantes, os tipos característicos, as habitações (do palacete ao cortiço), os hábitos de lazer (teatros, cafés-concerto, circos, confeitarias) e de bebida e comida, além de outras instituições e práticas culturais (livros e livrarias, carnavais, esportes, jogo, jornais e revistas). O desprezo com que o autor caracteriza tudo aquilo que lhe parece associado ao atraso, à vida colonial, é movido pela celebração da higienização (que também resulta ser étnica, social e cultural) do centro do Rio de Janeiro, acaba levando-o a registrar – ainda que cego a ela – a riqueza da vida nessa área da capital da República. Com essas informações é possível começar a delinear o panorama sonoro carioca da virada do século.

Os sons da cidade não são o aspecto central das descrições de Luiz Edmundo, mas estão presentes e, em alguns casos, são registrados de forma bastante cuidadosa. É o caso, por exemplo, dos pregões: vendedores de empada, compradores de ratos, os vendedores de perus, de peixes, de fósforos, de vassouras. O autor procura reproduzir, além do texto dos pregões, a entonação e os sotaques, além dos outros sons associados a cada variedade do comércio.[20]

---

19 COSTA, 1957, p. 613.
20 COSTA, 1957, p. 52-58, 86-87.

Outros sons podem ser imaginados a partir da descrição dos tipos de calçamento da cidade – "feito de paralelepípedos alinhados"[21] – e dos tipos de veículo que por ali circulavam, "[a] roda do veículo, descontrolada e bruta, forrada em aros de metal".[22] Esses sons da roda sobre a pedra, somados aos sons produzidos pelo animal, são ainda complementados com frequentes referências aos ruídos das pessoas nas ruas, vozes e gargalhadas: "Reclama-se para esse pobre cocheiro, no começo do século, não a voz de barítono ou tenor, porém forte voz, porque o homem vive a gritar a cada passo, em seu ofício."[23]

A cidade vai aparecendo em múltiplas paisagens sonoras, que variam de acordo com a parte do centro (há diferenças, por exemplo, ao longo do trajeto da rua do Ouvidor), do horário e da época do ano. Os sons sazonais mais significativos parecem ser aqueles associados às festividades carnavalescas.

Os sons intensos, o barulho, de forma geral, é associado por Luiz Edmundo às camadas mais baixas da sociedade. Podemos observar uma distinção social de natureza acústica. Ao descrever o interior de um café elegante, o autor acha paradoxal a barulheira:

> O Café do começo do século, entre nós, mesmo o de clientela mais fina e mais distinta, sobretudo a certa hora, impressiona e espanta pela nota bulha, não só da multidão que o invade, como pelo ruído que provoca o pessoal de serviço, ora dirigindo-o, ora executando-o, aos gritos, aos berros, em meio ao cascatear ensurdecedor das louças em manejo, que até parece que se lascam e se quebram, em tombos, em raspões, sobre as mesas de mármore. Ruído perene e forte de objetos em choque, num esbarrondar hiperacústico que excita, agasta e ofende os nervos. Marulhar de feira, azáfama de comício popular, confuso *brouhaha* que a gente ouve de longe.[24]

---

21 COSTA, 1957, p. 46.
22 COSTA, 1957, p. 46.
23 COSTA, 1957, p. 52.
24 COSTA, 1957, 506-507.

Ou das celebrações carnavalescas: "É um desabafo estúpido e brutal de criatura que sente a necessidade de cantar, de bater, de bramir a alegria em canhões, que lhe vai n'alma. Que, se o homem de elite, quando venturoso, sorri, o da plebe, em geral, feliz, expande-se em ruídos, gargalha, espinoteia e dá patadas."[25]

Como contraste, os sons discretos do público elegante das corridas de cavalos: "As arquibancadas dos sócios, que é onde se introduz a nata dos frequentadores, palpita de vida e de rumor, num bruhaha amável de massa alegre, que timbra em mostrar ademanes polidos, modos aristocráticos, distinção, elegância..."[26]

Como resultado das reformas, ocorre uma "estratificação do espaço urbano carioca e a criação de espaços destinados ao lazer e ao desfrute das classes dominantes",[27] expulsando da região central da cidade manifestações – e sonoridades – associadas aos espaços e práticas que se pretenderam abolir. Além disso, havia também as mudanças típicas nas cidades na virada do século XIX para o século XX, causadas pelas inovações tecnológicas que chegam e se multiplicam na cidade: o fonógrafo, o cinema, os automóveis, a substituição dos bondes por tração animal por bondes elétricos. Tudo isso faz com que apareçam sons novos, com que certos sons sejam exilados e que outros sons se tornem audíveis, numa reconfiguração acústica da cidade.

No plano legal da reforma observamos, por exemplo, a proibição do entrudo no Carnaval, substituído pelas "Batalhas de Flores".[28] Segundo Luiz Edmundo:

---

25 COSTA, 1957, p. 767.
26 COSTA, 1957, p. 843.
27 BENCHIMOL, Jaime Larry. *Pereira Passos: um Haussmann tropical a renovação urbana da cidade do Rio de Janeiro no início do século XX*. Rio de Janeiro: Secretaria Municipal de Cultura, Turismo e Esportes, Departamento Geral de Documentação e Informação Cultural, Divisão de Editoração, 1992, p. 317.
28 BENCHIMOL, 1992, p. 284.

Só depois de 1904, com a remodelação da cidade e o natural cancelamento de certas tradições alienígenas, é que o Zé-Pereira começa a esmorecer. O Rio civiliza-se, diz-se pelos jornais. E os ruídos bárbaros são convidados a desaparecer de uma cidade que começa a cultuar a civilização.[29]

Dessa perspectiva, a "perseguição ao candomblé e aos cultos religiosos de origem africana, hostilidade às serenatas e à boemia"[30] fariam parte de uma higienização também cultural (e sonora) da cidade.

Os cortiços, demolidos, eram, na descrição de Luiz Edmundo, espaços extremamente ricos acusticamente, agregando sons: numerosos cães e gatos, lavadeiras empenhadas em seu ofício e sempre cantando, gaiolas de passarinhos, a agitação contínua e rumorosa dos moradores, as crianças, os pregões, o realejo, os fados, as modinhas e outras canções da moda.

> Sob o tremular dos panos que gotejam de cima, o movimento de vaivém dos moradores, em baixo, numa agitação contínua e rumorosa. Gente de várias raças e de todas as cores: pretas, crioulas de saias rodadas e cachimbos de barro, pendendo de enormes bocas, portuguesas sobrancelhudas e vermelhas, de braços grossos e peitarra forte, mulatinhas flébeis, de ar andrógino e ademanes sentimentais, italianos, espanhóis, alemães, sírios, chins...
> [...] E essa gente toda a falar, a sorrir, a se mexer. Aqui berra um, ali discute outro, um terceiro, adiante, assobia. Mais longe outro resigna, berra, discute e briga.
> Crianças soltas, como demônios, passam correndo, desabridamente, por entre bambus e tinas, não raro sobre a própria roupa posta, no chão, ao sol, a corar. [...] À bulha das crianças, junta-se o ruído dos pregões.[31]

Luiz Edmundo situa o tocador de realejo entre os músicos ambulantes que ocupam a rua da Misericórdia e que animam os cortiços:

---

29 COSTA, 1957, p. 771.
30 BENCHIMOL, 1992, p. 285.
31 COSTA, 1957, p. 367-68.

Dessas figuras que entram no cortiço, nenhuma, porém, é tão querida e desejada como a do tocador de realejo. O tocador com seu macaco... O instrumentista é sempre italiano, da Calábria. Usa roupa de veludo e, sobre a cabeça, um chapéu de castor sujo, velho e em forma de funil. O instrumento está dependurado sobre o ventre, preso a uma correia enorme, que lhe morre nas costas. E o símio fulvo, de cauda em S, magro, irrequieto, nervoso, ora sobre o seu ombro, aos saltos, ora por sobre a caixa do instrumento, guinchando, piscando os olhos e fazendo caretas. [...] Como repertório traz, apenas, três peças o instrumento tristíssimo: a "Lucia de Lammermoor", "Mamma mia", canção napolitana, e, para arrancar as entranhas à mulatinha sentimental que acha o italiano "o homem mais lindo do mundo", a "Serenata" de Schubert, que ele toca em andamento de marcha fúnebre, o olho preto, debruado de olheira, posto no pires da gorjeta, que o macaquinho vive apresentando a todos, e que, depois, se enche fartamente, de níqueis ou vinténs.[32]

E acompanha a ilustração:

Ilustração 1

Fonte: Luiz Edmundo, *O Rio de Janeiro do meu Tempo*

---
32 COSTA, 1957, p. 369-370.

No detalhado registro que faz da cidade e da vida na cidade, e que aqui apresentamos muito panorâmica e lacunar, Luiz Edmundo nos permite apreender as várias camadas de som que compunham a paisagem sonora da cidade. As transformações sofridas pelo Rio de Janeiro, especialmente durante o período de reformas promovidas pelo prefeito Pereira Passos, também se refletem nos sons da cidade, desde as mudanças nos ruídos dos transportes pelas alterações nas ruas e meios de transporte, até a proibição de práticas, que vão do comercial ao religioso, e que leva ao banimento de certos tipos de sonoridades. Mas Luiz Edmundo registra também os músicos de rua, sua localização e repertórios, o que nos permite apreender o tipo de apreciação que tinham e observar a circularidade da música e das práticas musicais.

O terceiro não-musicólogo é João do Rio, pseudônimo de João Paulo Emílio Cristóvão dos Santos Coelho Barreto ou Paulo Barreto, (1881-1921), jornalista, cronista, contista e teatrólogo. Parte significativa da obra de João do Rio publicada em livro é de crônicas. Em A *alma encantadora das ruas*, publicado em 1908, além da presença pulverizada da música em todo o livro, João do Rio dedica dois capítulos especificamente a aspectos musicais: "Músicos ambulantes" e "A musa das ruas". No primeiro, ele apresenta várias das personagens que animavam musicalmente as ruas da cidade em ocasionais choques com as novidades tecnológicas da modernidade. No segundo, o autor se dedica àquelas que seriam as obras inspiradas pela "musa das ruas": lundus, cançonetas, modinhas, viradinhos, as "vozes da cidade".

Aqui, como nas crônicas de Machado, vemos insistentemente a afirmação da importância da música para o carioca, sugerindo que a experiência musical permeava a experiência na cidade, para além dos eventos mais ritualizados, como a frequência aos teatros.

Se não são fonte sistemática e precisa de repertórios e personalidades musicais, os memorialistas e cronistas cuja produção apresentamos aqui brevemente são fonte preciosa de informações sobre práticas musicais que tendem a se manter nas bordas dos registros mais oficiais. Vendedores de rua com seus pregões e músicos ambulantes compõem, juntamente com aquilo a que tipicamente se entende como músicos "propriamente ditos", uma teia com inevitáveis alimentações recíprocas. A típica clivagem música erudita/música popular tende a obscurecer a dinâmica da vida musical no Rio de Janeiro do período que nos interessa e os cronistas e memorialistas constituem uma fonte importante para compreender a dinâmica musical da cidade, com as tensões, choques, superposições e trânsitos característicos de sua complexa rede cultural/musical.

Sonoridades Carnavalescas e Identidades: sons, ritmos e diferentes festas no Rio de Janeiro em fins do século XIX e início do século XX

Fabiana Lopes da Cunha

Em fins do século XIX e início do XX, nas ruas do Rio de Janeiro, no período das festividades carnavalescas, era possível ouvir vários sons provenientes das encenações dos "máscaras avulsos". As ruas eram povoadas nesses dias por diabinhos, pai João, caveiras, o Dr. Burro, o padre, o velho, os clóvis ou palhaços, por morcegos e índios. Assim, era possível ver "burros" palestrando aos urros pelas ruas com os livros debaixo dos braços, os diabinhos a açoitar com seus rabos os transeuntes, o índio a apitar e mirar com seu arco e flecha algum folião. Recorda um cronista da *Fon-Fon*, em 1911, estas antigas fantasias:

> Passa um burro, arrastando os pés, sacudindo a cabeça, enfronhado em uma velha casaca preta e umas calças pardas de tecido de saco. O burro é uma das expressões mais grotescas do nosso mascarado

> avulso. De burro só tem a máscara e por uma esquisita compreensão fantasista, a de vestir sempre casaca e calça de tecido de saco. Não fala, uns relincham, outros sacodem apenas a cabeça.
> A morte ou a caveira, também faz parte do nosso grupo de máscaras avulsos. Uma camisola de metim preto, uma máscara de caveira, uma cruz de pau e uma sineta; aí está completa a fantasia fúnebre. É o terror da criançada e das pretas velhas. Também não fala. Eleva ao alto a pequena cruz de pau, faz tilintar a campainha e passa correndo.
> Bela fantasia, hein?
> Vem o morcego, depois. Todo negro, feio, abrindo o metim negro das asas. Igualmente não fala. É como os outros, apenas simbólico. E para a felicidade nossa os nossos máscaras avulsos não falam; todo o seu gozo e toda a sua fantasia, resumem-se apenas numa exibição muda. E não é pouco.[1]

Em sua descrição, o articulista, com um teor preconceituoso, diz que os máscaras avulsos não falavam. E não deviam falar mesmo, já que suas atitudes deveriam estar de acordo com seus trajes. Como um burro poderia falar? Ou a morte, o morcego e o diabo? Estas fantasias dialogavam com os transeuntes de outra forma, através de sons, gestos, de atitudes e brincadeiras típicas de cada uma delas e que eram previsíveis para os brincantes. O carnaval era como um grande teatro popular, onde cada mascarado agia de acordo com sua fantasia e seus gestos e os sons emitidos deveriam ser vistos com bom humor, pois, em geral, a comunidade associava os personagens a algumas figuras políticas ou populares. O intuito do carnaval de fins do século XIX e início do XX, não era ainda o de ser elegante, como veremos após a reforma urbana, mas sim, engraçado e prazeroso.

Dentre as inúmeras fantasias, a que mais atraía o público era a de diabo, de "máscara horrenda, com lagartos e cascavéis saindo pela boca, olho em bugalho e unhas de gavião".[2] Em fúria, vários destes "Belzebus e

---

1 *Fon-Fon!*, Rio de Janeiro, 25 fev. 1911.
2 EDMUNDO, Luiz. *O Rio de Janeiro de Meu Tempo*. Rio de Janeiro: Imprensa Nacional, 1938, p. 786-7.

Lucíferes descaudados" penetravam nas igrejas que se encontravam abertas e, aos saltos e berros, corriam atrás dos sacristãos. Tais atos não agradavam muito aos representantes da igreja, que acabavam tolerando tais brincadeiras até a fantasia de diabo ser proibida pela chefatura de polícia.³

CENAS DA VIDA CARIOCA. Raul. *1.º Álbum* (1924).

---

3   *Ibidem*, p. 787-8.
4   *Apud*, Herman Lima, *História da Caricatura no Brasil*, p. 5.

Depois dos diabos, as fantasias de dominós eram as preferidas dos carnavalescos. Em geral, eram confeccionadas em veludo, chita, cretone ou metim. Sua atração se devia, principalmente, porque o traje, com capuz, gola, grandes mangas e máscara, não permitia, aos transeuntes e brincantes, saber a identidade de quem estava por trás do traje. Os trotes e interpelações nas ruas eram, geralmente, pregados por dominós que se escondiam sob estes trajes e com a voz de falsete, no famoso "Você me conhece?" Intrigar os passantes e outros foliões com injúrias ou insinuações era uma das brincadeiras mais praticadas durante esses dias. Ou, ainda, flertar com alguém do mesmo sexo, em geral masculino, para depois revelar ao carnavalesco com quem ele tinha dançado. Eram inúmeros os trotes aplicados por estes dominós pelas ruas e bailes da cidade.

Havia, também, os exímios dançarinos que conheciam os passos da chula ou do miudinho. Estes optavam pelas fantasias de "velho" ou de "princez". Evocando de forma grotesca um nobre setecentista, o folião vestia:

> sapatarraz de verniz com longuíssimas fivelas, calções apertados, em cetim, casaca preta de alamares, destacando sobre a véstia gema de ovo ou bofe de renda. Na mão esquerda, bengala; na direita, luneta. Sobre os ombros uma cabeçorra de papelão, enorme, mostrando face escanhoada e um rabicho, com laço *Catongan*, atirado negligentemente para as costas.

Cantando os seguintes versos, o povo acompanhava as peripécias rítmicas do carnavalesco, e o incitava a dançar.

> *Ó raio, Ó sol, suspende a lua*
> *Bravos ao velho que está na rua!*[5]

Se houvesse um "princez" próximo a ele, então eles bailavam juntos, seguindo apenas o ritmo dado pelo compassar das palmas que os assistentes

---
5   *Ibidem*, p. 789-90.

batiam animadamente. O "velho" também dançava sozinho, remexendo com habilidade os pés e pernas, mantendo sempre o busto ereto.

> É um exercício diabólico em que os pés ora resvalam, ora se entrecruzam, movimento agitado de pernas que se juntam e que se afastam, não raro caindo em desfalecimentos procurados para fazer tombar o corpo, que deve estar sempre no seu prumo majestoso e senhoril. Nesse jogo de membros inferiores, o velho está fazendo, com o bico do pé, no lagar onde dança, figuras espaventosas, que a gentalha da rua conhece e explica: linhas, letras, nomes, desenhos:
> – Gostei do Jota!
> – Roda de carro! Bonito!
> – Velho, traça a letra K!
> Difícil. A letra K e a letra R são as mais difíceis de fazer nesse bailado singular. O velho, porém, executa- as. A multidão, posta em circulo, aplaude e continua pedindo.
> – Corta-jaca!
> – Basta! Provou! É "cuéra"![6]

Mas, pelas regras da coreografia carnavalesca, quem deveria provocar o "velho" para a dança era o "princez", pois na exibição há uma espécie de duelo rítmico e corporal, cada qual tentando mostrar mais habilidade e destreza.

Outra fantasia que fazia grande sucesso era a de bebê chorão. Homens trajando macacões de criança, fraldas borradas com tinta verde ou com tonalidades achocolatadas, imitando as fezes do nenê, saíam às ruas a soprar gaitas, com bonecas e mamadeiras debaixo do braço. Havia os que se fantasiavam de "esqueleto", simulando a morte, chamando a atenção com campainhas, mostrando cruzes e mexendo com as pessoas. "Vezes vêem--se trios impressionantes como este: um "padre" levando ao braço direito, dependurada, a "morte" e no esquerdo o "diabo". O povo assanhado ri. Aplaude. Acha no caso uma enormíssima graça".[7]

---

6 *Ibidem*, p. 790-1.
7 *Ibidem*, p. 791.

De repente, uma orquestra com sua toada conhecida se aproxima. Ela anunciava os morcegos que saíam a voar com as asas abertas atrás da meninada, embalados pelos versos:

> O morcego bateu asas
> Mas não pode avoá...
> Quem não tem prazer na vida
> Não diverte o carnavá[8]

Outros saíam de "urso", que sempre iam puxados por uma corrente, pois eles não podiam andar em liberdade pelas ruas. "Vão eles, assim, puxados pelos domadores, que os fazem dançar e recebem pelas desajeitadas coreografias, níqueis e tostões. Como se diverte a patuleia com tudo isso!",[9] conta-nos Luiz Edmundo em suas memórias sobre a festa carioca.

Em 1915, durante a guerra, a alusão à dança do urso é utilizada para simbolizar a Rússia e seus inimigos.

[10]

O ASSUMPTO EM FÓCO   A Caricatura Extrangeira

Antigamente era o urso que dansava,   mas hoje é o urso que faz dansar...

---

8 SETTE, Mário. *Maxambombas e maracatus*. 3ª ed. Rio de Janeiro: Casa do Estudante Brasileiro, 1958. Disponível em: <http://www.jangadabrasil.com.br>. Acesso em: 16 nov. 2007. Apesar de Mário Sette ser natural de Recife, suas referências são importantes, porque tais costumes carnavalescos eram similares entre as principais capitais do Brasil.
9 EDMUNDO, Luiz. *Op. cit.*, p. 793-4.
10 Fon-Fon!, Rio de Janeiro, 13 fev. 1915.

Os que não possuíam dinheiro para comprar máscaras fantasiavam-se de "sujo" ou de "pai João". "Um pouco de graxa na cara, um paletó virado pelo avesso, uma vassoura velha debaixo do braço, e está pronta a fantasia".[11]

Nosso carnaval de fins do século XIX e início do XX tinha, portanto, muito de teatralidade e interatividade entre os brincantes, a escolha das fantasias e os transeuntes. Apesar da distância temporal, muito dessa teatralidade é de certa forma, similar à do carnaval descrito por Burke,[12] que relata como nestes dias, nas praças centrais, se estabelecia certa distinção entre os atores e expectadores da festa, onde "reis ou abades do desgoverno" representados principalmente por jovens da elite, improvisavam brincadeiras.[13] Nestes carnavais, também ocorriam desfiles com carros alegóricos que carregavam pessoas, fantasias de gigantes, deusas ou diabos. Os atores encenavam os mais variados tipos sociais.

Pelas ruas do Rio de Janeiro, até o fim da década de dez do século XX, os mascarados brincavam embalados por canções que eram compostas para a ocasião, ou em versos adaptados em melodias já amplamente conhecidas pelo público. No entanto, tais fantasias passariam a incomodar nas últimas décadas do século XIX e seriam associadas às campanhas contra o entrudo, pois também eram identificadas ao passado imperial e vistas como sinônimo de atraso.

Na verdade, segundo Ferreira,[14] a presença de mascarados pelas ruas da cidade só se daria após a implementação dos bailes à fantasia, que passam a ocorrer por volta de 1850. Antes de ir para os bailes, ainda na década de 50, alguns foliões saíam fantasiados pelas ruas, agora iluminadas a gás, permitindo assim um novo tipo de ocupação destes lugares, antes vistos

---

11 EDMUNDO, Luiz. *Op. cit.*, p. 793-4.
12 BURKE, Peter. *A cultura popular na idade moderna: Europa, 1500-1800.* São Paulo: Companhia das Letras, 1989.
13 *Ibidem*, p. 207-8.
14 FERREIRA, Felipe. *Inventando Carnavais: o surgimento do Carnaval carioca no século XIX e outras questões carnavalescas.* Rio de Janeiro: UFRJ, 2005.

como um espaço notívago de pessoas sem escrúpulos, de negros escravos, pobres e prostitutas. Busca-se inspiração nos carnavais de Nice e Veneza. Muitas dessas fantasias passam a ter como modelo os personagens da *comédia dell'arte*, representações teatrais feitas nas ruas e praças, implementadas na Itália ainda no século XVI e que tinham como grande recurso a utilização da ironia e do humor. Ridicularizando personalidades da comunidade através do improviso, utilizavam-se de música, dança, acrobacias, diálogos e a mímica. Dentre os personagens deste teatro, os que inspiraram as fantasias de nossos foliões foram principalmente o pierrô, o arlequim e a colombina. Estes personagens eram os mais utilizados nas capas do caderno especial de carnaval elaborado por Kalixto na *Fon-Fon!*

As batalhas de água e limões, as guerras às cartolas e os máscaras avulsos fantasiados de velho, pai João ou de índio começam a incomodar parte da elite letrada da capital federal em meados do século XIX. Por conta disso, surge um grupo de intelectuais que organizam uma nova forma de brincar o carnaval, inaugurada pelo desfile do *Congresso das Sumidades Carnavalescas*, em 1855.

> Identificadas pela parte da sociedade que podia alugar sacadas de sobrados apenas para vê-las passar, como algo capaz de guindar a folia a um patamar enfim civilizado, essas sociedades carnavalescas conseguiram tornar-se amadas também pelo populacho dos bailes públicos, dos cordões e dos cucumbis, pelos mascarados e pelos grupos de sujos das ruas".[15]

Mas, se no correr da história, estas agremiações não "reinauguraram" o carnaval, como afirma Maria Clementina Pereira da Cunha, tal fato se tornaria, no entanto, um marco reconhecido pela imprensa e intelectuais do período, inspirando charges e narrações de literatos que passam a diferenciar o entrudo do carnaval, ou a marcar a data deste desfile como

---
15 CUNHA, Maria C.P. *Ecos da Folia.* p.99-100.

o início do carnaval no Brasil. Como bem observa o escritor Machado de Assis, em a Gazeta de Noticias

> Os meus patrícios iam ter um bom carnaval,- velha festa, que está a fazer quarenta anos, se já não os fez. Nasceu um pouco por decreto, para dar cabo do entrudo, costume velho, datado da colônia e vindo da metrópole.[16]

E Machado continua, mais adiante:

> Um dia veio não Malherbe, mas o carnaval, e deu à arte da loucura uma nova feição. A alta-roda acudiu de pronto; organizaram-se sociedades, cujos nomes e gestos ainda esta semana foram lembrados por um colaborador da Gazeta. Toda a fina flor da capital entrou na dança. Os personagens históricos e os vestuários pitorescos, um doge, um mosqueteiro, Carlos V, tudo ressurgia às mãos dos alfaiates, diante de figurinos, à força de dinheiro. Pegou o gosto das sociedades, as que morriam eram substituídas, com vária sorte, mas igual animação.[17]

N'O *Mequetrefe*, o jornalista que assina como Cosme, alguns anos antes, em 1881, afirmava que havia uma luta entre o velho Entrudo e o Carnaval e que este teria sido derrotado, por conta do alto custo de seus desfiles:

> Havia há muito tempo no Rio de Janeiro o entrudo, mas o entrudo a valer, o entrudo de heróica gamela, como disse França Jr. no *Paiz*. Veio o carnaval e declarou-lhe guerra de morte. Feriu-se um duelo tremendo, e o Entrudo atirou-se por terra, fingindo-se de morto. O carnaval exultou, e prosseguiu desassombrado na carreira da existência.
> Mas de repente o grande *viveur* sentiu que o dinheiro desaparece com mais facilidade que os Castros Maltas. Em pouco tempo achou-se quebrado como estudante no dia trinta.
> Vendo isto, o Entrudo ergueu-se, e caiu com unhas e dentes sobre

---

16 ASSIS, Machado de. "A Semana". *Gazeta de Notícias*. 12 fev. 1893.
17 *Ibidem*.

o carnaval. Como durante o sossego, adquirira forças, venceu-o com muita facilidade. O carnaval caiu.
Resta agora saber se caiu definitivamente, ou se também está a fingir, com medo ao urso.[18]

Vê-se nesse tipo de afirmação a tentativa de homogeneizar o carnaval e criar uma oposição entre uma manifestação e outra como se não existissem várias delas. Na verdade, aqui eles consideram como sendo o carnaval, o desfile das Grandes Sociedades criado pela elite intelectual com o intuito de disciplinar a festa e as massas.[19] Tal discurso na verdade, buscava afirmar os préstitos carnavalescos como únicos e legítimos representantes das festividades de Momo e tal discurso irá perdurar até fins do século XIX e vai adentrar o XX. No entanto, a julgar pela animação com que em geral os jornalistas das revistas ilustradas anunciam os ensaios e o troar das zabumbas dos Zés Pereiras, o som dos guizos e das interpelações em voz de falsete dos máscaras de espírito, percebemos que muitos foliões não consideravam o desfile destas agremiações como "os verdadeiros representantes do carnaval" e sim apenas mais uma das inúmeras manifestações carnavalescas que existiam no período.

> Luxuosos e pouco voltados para temas populares- desprovidos ainda dos carros de crítica que vão se tornar comuns após a Guerra do Paraguai- os préstitos carnavalescos funcionavam, no interior da folia, como uma espécie de intervalo nas brincadeiras tradicionais do entrudo. Princesas e diabinhos, velhos e dominós paravam por um instante suas troças, zé-pereiras calavam seus bumbos, cucumbis interrompiam por um instante sua dança para vê-las passar, contemplando o luxo das fantasias e carros alegóricos que enchiam os olhos de admiração. Tais elementos reforçavam simbolicamente o distanciamento e o sentido de

---

18 O *Mequetrefe*, Rio de Janeiro, 20 fev. 1885.
19 Ver CUNHA, M.C.P., Ecos da Folia e PEREIRA, Leonardo Affonso de Miranda. *O Carnaval das Letras*: Literatura e Folia no Rio de Janeiro do Século XIX. 2ª. ed. Campinas: Editora da Unicamp, 2004.

hierarquia nos festejos carnavalescos, colocando uns no alto, sobre carros e cavalos, e outros no chão, a quem caberia, em sua pobreza, admirar a ostentação do luxo e da riqueza que desfilava diante de seus olhos encantados. Por esse caminho, as sociedades carnavalescas conseguiram obter muito cedo uma intensa aprovação e interesse entre foliões que pareciam reconhecê-las como mais uma forma de brincar- e não necessariamente como a melhor.[20]

Desta forma, apesar das inúmeras tentativas das autoridades de exterminar o entrudo por decreto, de ser noticiada a sua morte e seu fim através de inúmeros jornais e por vários anos, o entrudo continuava a ser brincado entre inúmeras pessoas na Capital Federal. Aliás, é possível ver nos jornais do período pedidos dos organizadores dos desfiles para que o público não atire água ou "laranjinhas" nos carnavalescos.[21] Isto nos mostra que, ao menos em alguns anos, nem mesmo o momento do desfile era poupado das brincadeiras "entrudescas". As imagens que passaram a circular em relação ao entrudo com o intuito de exterminá-lo era a do atraso, da barbárie, e tudo o que se referia a essa brincadeira era sinônimo de tais adjetivos. Na carta escrita por Ina Von Binzer, datada de 17 de fevereiro de 1882, esta escreve à amiga, que reside na Alemanha, contando suas desventuras durante sua ida ao dentista para arrancar um dente do siso durante os festejos carnavalescos na cidade do Rio de Janeiro. Sua forma de escrever é extremamente engraçada, mas recheada de uma grande dosagem de raiva.[22]

> Grete: você já foi alguma vez ao dentista para arrancar um sólido dente do siso? Talvez....Mas aconteceu por acaso de lhe atirarem ao rosto, que você cuidadosamente procurava proteger, um projétil duro que estoura, enquanto um jato de água com cheiro de *patchuli* escorre pelo seu pescoço abaixo? Não? Então você

---

20 CUNHA, M.C.P. *Op. cit.*, p. 106.
21 Ver CUNHA, Maria Clementina P. da. Ecos da Folia.
22 BINZER, Ina Von. *Os meus romanos*: alegrias e tristezas de uma educadora alemã no Brasil, p. 81-85.

não pode fazer ideia da quantidade de bile que possui.

[...] Fiz esta descoberta na rua dos Ourives. Seu primeiro efeito foi [...] o de roubar-me de um só golpe as lindas ilusões que mantinha em relação à amenidade de minha índole mas- 'paff"!- um segundo projétil com sua conseqüente inundação escolheu o lado oposto, apagando minha auto-acusação e me enfurecendo de novo: 'piff' !, outro passou e mais outro pelo meu nariz, indo rebentar na parede, atrás de mim. Procurava abaixar-me para verificar a forma desses terríveis projéteis- 'puff'-, um estalo chocho na minha nuca despeja água pelas minhas costa abaixo...

Alucinada de tanta raiva, estaquei, esquecendo completamente minha dor de dentes e comecei a olhar em volta. Cercavam-me rostos onde se refletia o atrevido contentamento de quem vê diante de si a manifestação de uma fúria impotente: senhores elegantes, mulatinhos sujos, caixeiros, vadios e até senhoras nas sacadas pareciam transformadas em demônios, rindo-se todos juntos como se tivessem conspirado contra aquela pobre infeliz torturada pela dor de dentes, alvejando-a com os tais objetos resistentes e encharcantes.[23]

O ataque com estes projéteis era muito comum durante o carnaval, mas os estrangeiros eram os alvos preferidos dos foliões. Devia ser realmente divertido para os brincantes ver alguém que não conhecia este tipo de diversão ser alvejado por todos os lados e observar sua reação, entre espanto e raiva. Claro, os visitantes em geral não tinham a mesma opinião sobre isso. A questão era que, dependendo da situação, o sentido da brincadeira era completamente outro. Por exemplo, ser alvejado por um limão cheio de água perfumada lançado por uma dama, era um sinal muito claro ao rapaz de que ele lhe podia fazer a corte. Era também uma forma do cavalheiro sentir a pele macia de sua namorada, ao esfregar lentamente o limão em seu corpo, em partes que em geral não podiam ser tocadas, principalmente

---

23 BINZER, Ina Von. *Op. cit.*, p. 81-85.

em tempos em que este tipo de intimidade não fazia parte do dia-a-dia do namoro. Tal demonstração de afeto nestas "molhaçadas" também são confirmadas muitos anos depois em uma crônica de Machado de Assis:

> O limão de cera, que de longe podia escalavrar um olho, tinha um ofício mais próximo e inteiramente secreto. Servia a molhar o peito das moças; era esmigalhado nele pela mão do próprio namorado, maciamente, amorosamente, interminavelmente...[24]

A questão é que apesar da grande campanha contra o entrudo, e da comemoração de sua morte desde a década de 50 do século XIX, ele reaparecia sempre no carnaval seguinte. Não bastaram para extingui-lo comentários e artigos recheados de irritação, campanhas de saúde, alertando para o perigo do entrudo e de sua molhaçada, que tais "banhos" poderiam provocar tuberculoses fatais, ou avisos e proibições feitas pela polícia.

> Tais editais ou circulares estabelecem penalidades, especificando-as para o caso de escravos e comerciantes, fixam multas e até gorjetas para cada 'pretinho' vendedor de limões de cera que fosse levado à polícia 'pelo cós das calças' por qualquer cidadão. Tais circulares e editais muitas vezes assumiam a mesma postura da imprensa ao afirmar a morte do entrudo[...].[25]

A imprensa narrava também através de charges como tais batalhas estavam vivas ainda na década de 80 do século XIX.

Machado de Assis ressalta em uma crônica, que neste período o jogo do entrudo era muito diferente do que até então se realizava em todos os carnavais.

> Não pensem os rapazes de vinte e dois anos que o entrudo era alguma coisa semelhante às tentativas de ressurreição, empreendidas com bisnagas. Eram tinas d'água; eram limões de cera.

---

24 ASSIS, Machado de. "A Semana", *Gazeta de Notícias*, 12 fev. 1893.
25 CUNHA, M.C.P. *Op. cit.*, p. 73.

Davam-se batalhas porfiadas de casa a casa, entre a rua e as janelas, não contando as bacias d'água despejadas à traição. Mais de uma tuberculose caminhou em três dias o espaço de três meses. Quando menos, nasciam constipações e bronquites, rouquidões e tosses, e era a vez dos boticários, porque, naqueles tempos infantes e rudes, os farmacêuticos ainda eram boticários.[26]

No entanto, apesar do tempo verbal da crônica se referir a um passado mais remoto, quando fala sobre estas batalhas pelas ruas onde tinas de água eram lançadas nos passantes, a charge de Agostini[27] nos mostra que tais atitudes ainda eram comuns em fins da década de oitenta do século XIX, apenas oito anos antes da crônica de Machado de Assis.

Essa discussão sobre entrudo e carnaval prosseguiria ainda por muitos anos e entraria no século XX. A última referência encontrada a respeito do entrudo nos periódicos que pesquisamos está na revista *Careta* de 25 de fevereiro de 1911. Quem comenta esta brincadeira é José do Patrocínio Filho, em sua coluna, "Cartas de um Matuto", em uma carta escrita por Thereza da Conceição ao seu compadre do Rio de Janeiro, o coronel Tibúrcio da Anunciação.

Tal narrativa mostra que ainda neste período, apesar da introdução do lança-perfume, o entrudo continuava popular entre os brincantes do carnaval, pelo menos em localidades mais distantes da capital federal, onde a comadre de Tibúrcio, Theresa, provavelmente residia. A alusão ao preço exorbitante exigido para a aquisição dos vidros de lança-perfume mostra como estas inovações relativas às folias momescas acabavam sendo inacessíveis ao bolso de boa parte da população e que a festa carnavalesca estava ficando cada vez mais cara. Theresa da Conceição, comadre do personagem Tibúrcio da Annunciação, conta ao coronel através de versos, a molhaçada a que o

---

26 ASSIS, Machado de. "A Semana", *Gazeta de Notícias*, 12 fev. 1893.
27 "Episódio do Entrudo de 1885". O Mequetrefe, Rio de Janeiro, ano XI, n° 366, 20 fev. 1885. Disponível em: <http://www.Unicamp.br/iel/memoria/Ensaios/Bilontra/imagens.htm>. Acesso em: 15 jun. 2007.

vendedor é submetido pelas moças quando estas se deparam com sua avidez pelos lucros que a brincadeira do lança-perfume poderia lhe render:

> *Seu, Tiburcio, meu compade,*
> *Quando esta a lhe chegá,*
> *Ocês já tarão na Corte,*
> *A's vorta co'o Carnavá.*
> *Este anno a influença*
> *Já chegou inté pro cá;*
> *As moça tão assanhada,*
> *Tudo querendo brincá.*
>
> *Ta por aqui um sujeito*
> *(não sei d'onde elle vem não)*
> *Espaiando que este anno*
> *Houve uma improhibição*
> *De não se jogá entrudo,*
> *Nem xiringa, nem limão*
> *E quem desobedecê*
> *Póde é pará na prisão.*
>
> *O povo aqui não gostaro*
> *Ninguém ficou satisfeito,*
> *Foi, entonce, o individio*
> *(Veja as arte do sujeito!)*
> *Disse que ia ensiná*
> *Como é carnavá dereito,*
> *Pro povo se adeverti*
> *E brincá, mas doutro jeito.*
>
> *Ahi elle foi pro rancho,*
> *Chamou argumas pessoa*
> *E disse: "Entrudo decente*
> *N'é xiringa nem canoa.*
> *Eu trago aqui uns vidrinho,*

Isto sim! Que é coisa bôa!
Esguicha um'agua de cheiro,
Mas não moia, sécca atôa."

Ahi, compade, o sujeito
Tirou da caixa um vidrinho
Fechado das duas banda
Uma dellas co'um ferrinho

O home apertou o ferro,
Espirrou um esguichinho;
Todos ficáro pateta,
Ninguém não via o furinho.

Ahi preguntaro elle:
_ "Môço, quanto custa isso?
Será coisa do diabo?
Não será argum feitiço?"
_ "Não!ocês póde comprá,
Não tem nenhum ompromisso,
Custa, um cinco mirreis,
Mas vale; n'é desperdiço"

As môça, ahi vendo qu'elle
Queria era lucro grosso,
Seguraro, umas pros braço,
Outras garraro o pescoço
E, com chapéo, roupa e tudo,
Merguiáro elle num poço.
Coitado! Que banho em regra!
Tive inté pena do môço.

Credo! Que môças sem modo!
Que brincadeira estovada!
O pobre sahiu do banho
Vendendo azeite ás canadá.

> *Não quiz sabê de negocio,*
> *Não quis sabê de mais nada,*
> *Promptou as mala e de tarde*
> *Metteu o macho na estrada.*
> *De modos qu'inda este anno*
> *O entrudo tá reinando.*
> *Homes, muié, môços, veio,*
> *Ta tudo doido, brincado.*
> *Inté compade Juvêncio,*
> *Co'as perna bamba, arrastando,*
> *Mette no meio das moça,*
> *Co'a xiringa, xiringando.*
>
> *Toda a parte onde ocê vai,*
> *É só laranja de chêro*
> *É balde, é bacias d'agua...*
> *Isso leva o dia intero.*
> *Honte garraro o vigário*
> *E foi tal o aguacêro*
> *Qu'lle sahiu como um pinto.*
> *Fulo, dando o desespêro[...]*
> *(Thereza da Conceição)*[28]

O que ocorria, portanto, é que apesar do esforço das Grandes Sociedades para um carnaval mais homogêneo, ocorreram durante o século XIX e início do século XX, diferentes tipos de manifestações carnavalescas, desde os ruidosos Zé-pereiras, aos mascarados com a famosa interpelação do "você me conhece?", os cordões e ranchos, o desfile das Grandes Sociedades, os bailes e banhos a fantasia, os corsos, os banhos de confete e lança perfume que conviveram, durante algum tempo, com as "molhaçadas" do entrudo. Todas estas manifestações foram noticiadas pela imprensa, em tons positivos ou negativos, ainda no início do século XX. É importante notar que grande parte das caricaturas do período carnavalesco

---

28 Careta, Rio de Janeiro, 25 fev. 1911.

se referia a algumas destas formas de brincadeira, mas, no caso das charges, as referências mais recorrentes eram aos préstitos, aos cordões, às máscaras e aos Zé-pereiras. Destas manifestações, optamos por dar destaque aqui para os préstitos das Grandes Sociedades por conta da imprensa dar grande importância a essas agremiações que depois, adentrando o século XX serão imitadas por agremiações menores, organizadas por grupos menos favorecidos economicamente. Esses grupos denominados de Pequenas Sociedades Carnavalescas se apresentarão nos bairros mais distantes do Centro, local onde havia a maior parte das manifestações difundidas pelos intelectuais, revistas e jornais da época.[29]

As sonoridades e os carnavais das Grandes Sociedades

As três grandes sociedades carnavalescas mais conhecidas e difundidas nas duas primeiras décadas do século XX foram: *Tenentes do Diabo, Clube dos Democráticos* e *Clube dos Fenianos*.[30] *Tenentes do Diabo* era a mais antiga destas agremiações e teria nascido no mesmo ano do *Congresso das Sumidades Carnavalescas*, 1855, com o nome de *Zuavos Carnavalescos*. Segundo Cunha, este grupo era formado por comerciantes abastados do Rio de Janeiro e vetavam a entrada de sócios que não "dispusessem de muitos contos de réis. Mantinham uma banda de música – famosa e de excelência reconhecida em toda a cidade [...]".[31] Somente no início do século XX, tal agremiação passa a aceitar sócios desvinculados das atividades comerciais.

---

29 Para saber mais sobre o assunto ver CUNHA, Fabiana L. Da. Caricaturas Carnavalescas: Carnaval e Humor no Rio de Janeiro Através da Ótica das Revistas Ilustradas Fon-Fon! e Careta (1908-1921). FFLCH/USP, Tese de Doutorado, 2008.
30 Os Progressistas da Cidade Nova e os Pingas Carnavalescos apesar de terem sido duas agremiações importantes do período, serão muito pouco difundidas nestas revistas, principalmente em meados da década de dez.
31 CUNHA, M.C.P. da. *Op. cit.*, p.106-7.

Segundo Jota Efegê, o Clube *Zuavos Carnavalescos*, aparecia "no carnaval daquela época [fins do século XIX] com sua banda provocando, 'assanhando' o povo para a folia".

> Com os músicos e sócios que os acompanhavam, todos devidamente postos na fantasia bem semelhante à dos soldados da Argélia, nos quais a sociedade se inspirara, percorriam a cidade para, à noite, no término da passeata, irromperem alegremente nos salões dos teatros alvoroçando os 'bailes mascarados' que ali se realizavam.
>
> Com suas amplas bombachas vermelhas, jaquetas azuis também enfeitadas com aplicações em vermelho, os nossos zuavos carnavalescos, dispensando as armas, mochila e petrechos de guerra usados por aqueles que lhes serviram de modelo e apenas carregando seus instrumentos de fazer música, eram recebidos com grande efusão. O mesmo alvoroço com que vinham sendo aplaudidos nas ruas por onde passavam os envolvia dando maior animação às danças e mantendo o baile nesse clima até a hora convencionada para o clássico 'galope final'. Isto depois da execução de polcas, mazurcas, valsas, que tinham como participantes dominós, *chicards*, pierrôs, colombinas, *clowns* e outras fantasias de uso na época.[32]

O cronista continua, em suas lembranças, a nos dar uma ideia do dinamismo e do sucesso que tal grupo fazia nos carnavais de outrora:

> Assim que foi dado o sinal de partida, os metais puseram no ar suas vibrantes notas e no ritmo de um dobrado iniciaram o itinerário previamente anunciado pelos jornais para conhecimento do público. Desfilaram pela Rua dos Pescadores, Rua Direita, Rua das Violas, Rua dos Ourives, Rua São Pedro, Largo de São Francisco, Praça da Constituição, Rua do Conde e outras.

---

32 EFEGÊ, Jota. Figuras e Coisas da Música Popular Brasileira. v.2. Rio de Janeiro: FUNARTE, 1982, p.81.

Com o povo nas janelas e nas calçadas já os aguardando, os músicos componentes da banda dos Zuavos eram aclamados festivamente e iam arrebanhando gente que os acompanhavam explodindo em vivas numa vibração bem carnavalesca.

Sem intervalos, tocando sempre, eram alvejados com jatos de bisnagas aromáticas (vendidas a três mil e quinhentos réis a dúzia) e seguiam, marchando sempre na compenetração militar que o arremedo dos autênticos zuavos argelinos, os autênticos, lhes transmitia. Davam com sua música, com o repertório que executavam, contribuição alegre ao carnaval de então, bem diverso do de nossos dias mas já despertando o entusiasmo e envolvendo em sua alegria esfuziante a população.[33]

A *Sociedade Euterpe Comercial*, nome oficial dos *Zuavos Carnavalescos*, acabaria se tornando famosa com outro nome, devido a um incidente que ocorreu num carnaval. Em 1861, o incêndio de uma farmácia na Rua Direita fez com que os *Zuavos*, acreditando que o fogo estaria incendiando a casa de um dos sócios do clube, auxiliaram o corpo de bombeiros. Por conta disso, foi-lhes dado o apelido de *Tenentes do Diabo*, nome que adentrou pelo século XX.[34]

Aliás, parece que os bombeiros eram uma presença constante nos carnavais e nas bandas de música de outrora. A famosa Banda do Corpo de Bombeiros, regida durante muito tempo por Anacleto de Medeiros, interpretava inúmeras canções das primeiras décadas do século XX, imortalizadas pela gravação mecânica dos discos da Casa Édison e da Odeon. Há, também, um episódio que ficou famoso e gerou até uma caricatura a respeito. Quando do retorno do Conde d'Eu da Guerra do Paraguai, uma multidão nas ruas, apoiada pela execução de hinos e marchas triunfais tocados pelas inúmeras bandas existentes; dentre elas estava a do Corpo de Bombeiros, que ainda não se tratava da que ficou imortalizada pelos discos de cera, mas sim, de uma composição improvisada para que a

---
33 EFEGÊ. *Op. cit.*, p. 81-2.
34 FILHO, Mello Moraes. Festas e Tradições populares do Brasil, p. 37.

corporação não ficasse ausente da festa, e cuja desafinação não deve ser difícil de imaginar, já que um jornal do período fala da elegância dos oficiais e coloca o fato de que "há dois meses [estes jovens] nem uma nota sabiam tirar..."[35]

Após tal fiasco, n' *O Mosquito* de 20 de maio de 1870 são desenhados bombeiros "empunhando exóticos instrumentos e, com eles, soprando-os, enfrentam as chamas de um incêndio".[36]

Voltemos aos clubes. Outro apelido dos Tenentes era *baeta*, por causa dos cobertores de baeta, na época muito em voga, vermelhos e negros, (como a bandeira dessa grande sociedade). Luiz Edmundo, confirmando as palavras de Efegê, comenta que eles, juntamente com as outras duas grandes associações do período faziam um

> carnaval exterior de arromba com cortejos formidáveis de espírito e esplendor. Para custear tão grandes realizações há um livro chamado *de ouro*, que corre as casas comerciais da cidade, obtendo assinaturas e somas que se juntam às que existem nos respectivos cofres sociais. No começo do século gasta-se com um préstito carnavalesco de 30 a 40 contos.[37]

Outro clube que ficou famoso nos carnavais e que possuía uma composição similar ao dos *Tenentes* foi o *Clube dos Democráticos*, que teve sua origem na compra coletiva de um bilhete de loteria que acabou sendo premiado em 15 mil contos de réis, em 16 de agosto de 1866.

> Compraram o bilhete em conjunto os membros do grupo dos XX *Amantes*, grupo de boêmios recrutados integralmente entre comerciantes do Rio de Janeiro. Por decisão coletiva, o dinheiro do prêmio seria despendido na organização de uma sociedade

---

35 EFEGÊ, Jota. *Op. cit.*, p. 196.
36 *Ibidem*, p. 197.
37 EDMUNDO, Luiz. *Op. cit.*, p. 806-7.

carnavalesca que foi por fim estabelecida na seletíssima esquina das ruas do Carmo e Ouvidor.[38]

Este grupo teria, em seu quadro de adeptos, Arquimedes de Oliveira, que compôs, juntamente com o Bastos Tigre, famoso teatrólogo, jornalista e humorista, o tango-chula (ou polca-chula) *Vem cá mulata*, canção que alegrou muitos carnavais. Composta em 1902, ela passa a fazer amplo sucesso em 1906 e continuaria a ser cantada em carnavais posteriores. Tal composição acabaria tendo uma versão para o francês e, em 1912, "foi editada em Berlim uma versão de F. Salabert, com o título '*La Maxixe Bresilienne*' *sur les motifs* de A. De Oliveira".[39] Seu sucesso foi tão grande que acabou inspirando duas revistas: uma intitulada *Vem Cá Mulata* de José do Patrocínio Filho, Chicot e Thoreau, com música de Luis Moreira e que teve sua estreia no *Palace Theatre* e outra com estreia no Teatro *Carlos Gomes*, com o título de *O maxixe*, de Costa Júnior, Paulino Sacramento e Luís Moreira; ambas lançadas em 1906.

Gravada originalmente (com os versos de Bastos Tigre), na Odeon, por Mário Pinheiro e Pepa Delgado, como gênero lundu, teve outras gravações como as da Banda da Casa Edison (como tango na Odeon, sem data), Banda da Força Policial de São Paulo (como tango na Odeon, sem data), Quarteto da casa Faulhaber (como tango na *Favorite Record*, sem data), Os Geraldos (como gênero "dueto" na Odeon, sem data), Artur Camilo (ao piano como tango na Odeon, sem data).

Salvyano Cavalcanti de Paiva sugere uma explicação para a demora do sucesso de tal música, afirmando que "cantadas apenas por determinado bloco, certas composições muitas vezes levavam meses ou anos para sensibilizar a todos os foliões".[40]

---
38 CUNHA, Maria Clementina Pereira da. *Op. cit.*, p.110.
39 ALENCAR, Edigar de. *O Carnaval carioca através da música*, p.99.
40 PAIVA, Salvyano Cavalcanti de. *Viva o rebolado* – Vida e morte do teatro de revista brasileiro. Rio de Janeiro: Nova Fronteira, 1991, p. 145-146.

A letra, como se pode observar, exalta uma das três maiores sociedades carnavalescas da época, o *Clube dos Democráticos*.

Vem cá, mulata
Não vou lá, não
Vem cá, mulata
Não vou lá, não

Sou Democrata
Sou Democrata
Sou Democrata
De coração

O Democráticos, gente jovial
Somos fanáticos do carnaval
Do povo vivas nós recolhemos
De nós cativas almas fazemos

Ao povo damos sempre alegria
E batalhamos pela folia
Não receamos nos sair mal
E letra damos no carnaval[41]

Os *Democráticos*, cuja sede era também conhecida como *castelo*, possuía o apelido de *carapicus* porque tinha grande rivalidade com outro clube famoso do período: os *Fenianos*, apelidados pelos *Democráticos* como *gatos*, que segundo Luiz Edmundo, teriam sido inspirado pelos inúmeros "bichanos, mascotes da sociedade, mansos e amigos que, durante os ensaios do *Zé pereira*, viviam a espreitar pelas janelas da sede, o povaréu que se reunia em frente".[42] Os *Fenianos*, para vingarem-se dos *Democráticos*,

---

41 ALENCAR, Edigar de. *Op. cit.*, p. 98. Disco de ALMIRANTE - OS ÍDOLOS DO RÁDIO - v. XX. Almirante, Collector's Editora,1989.
42 EDMUNDO, Luiz. *Op. cit.*, p. 804-5.

os apelidaram de *carapicus*, que era uma espécie de sardinha, obviamente muito apreciada pelos felinos.

O *Clube dos Fenianos*, fundado em 1869, era formado principalmente por "letrados, estudantes e jornalistas cariocas do período, gente informada sobre o que se passava no mundo pelos telegramas publicados na imprensa".[43] Daí, talvez, como sugere Maria Clementina P. Da Cunha, o seu nome tão inusitado, além do fato de se referir a uma rebelião irlandesa contra a Coroa Inglesa ocorrida em 1865. A autora de *Ecos da Folia* nos dá outra pista a respeito de tal nome: chama a atenção para o fato desta agremiação ter sido fundada na casa de um comerciante de bijouterias de nacionalidade irlandesa, Mr. Chuck, e que a

> presença desse fundador feniano pode explicar a adoção de uma simbologia bem pouco familiar para esse país ao sul do Equador mas que, lida à distância, parece aproximar a luta nacionalista dos irlandeses à 'rebeldia' contra todos os impérios e imperadores com a qual jovens acadêmicos cariocas podiam facilmente se identificar.[44]

Estes três clubes dariam a tônica dos préstitos dos carnavais durante muitos anos, adentrariam o século XX, e se tornariam muito populares na cidade do Rio de Janeiro, não apenas pelo seu caráter e desfiles carnavalescos, mas também por se envolverem em campanhas políticas ou de caridade, como a do terremoto de Andaluzia ou o naufrágio do *Aquidabã*.[45]

As charges sobre essas campanhas promovidas por esses clubes são amplamente difundidas pela imprensa da época. Ao analisarmos tais charges, é inevitável associarmos estes bandos de precatórios aos movimentos

---

43 CUNHA, Maria Clementina Pereira da. *Op. cit.*, p. 110.
44 *Ibidem*, p.110.
45 "No Bando Precatório". IN: Mequetrefe. Rio de Janeiro, ano XI, n°. 365, 10/02/1885. Disponível em: <http://www.iel.Unicamp.br/memoria/Ensaios/Bilontra/m08.htm> Acesso em: 03 set. 2007; Grande Bando Precatório".
Revista Ilustrada, Rio de Janeiro, ano X, ed. 403,1885.

promovidos por estas sociedades, bem como o envolvimento das mesmas em campanhas de caridade nas décadas de 60 e 70 do século XIX. As tragédias também inspirariam organizações menos elegantes, como o cordão *Filhos da Estrela dos Dois Diamante* que, fazendo uso do naufrágio do *Aquidabã*, o qual resultou em 200 mortes, aproximadamente, em 1906, próximo à Ilha Grande, cantaria os seguintes versos pelas ruas:

> *Lá se foi o Aquidabã*
> *O navio da batalha*
> *Pegou fogo no alto-mar*
> *No alto-mar*
> *E não pôde se salvar [...]*[46]

João do Rio, ao observar o comportamento dos carnavalescos com relação ao naufrágio do *Aquidabã*, que virou tema de inúmeras canções que animaram o carnaval de 1906, fica indignado:

> E no meio daquela balbúrdia infernal, como uma nota ácida de turba que chora as suas desgraças divertindo-se, que soluça cantando, que se mata sem compreender, este soluço mascarado, esta careta d'Arlequim choroso elevava-se do "Beija-Flor":
> A 21 de janeiro
> O "Aquidabã" incendiou
> Explodiu o paiol de pólvora
> Com toda gente naufragou
> E o coro:
> Os filhinhos choram
> Pelos pais queridos.
> As viúvas soluçam
> Pelos seus maridos.[47]

---

46 Disponível em: <http://www.geocities.com/aochiadobrasileiro/Cronologia/cronologia1906. htm>. Acesso em: 18 jun. 2007. *Lá se foi o Aquidabã*,1906.

47 RIO, João do. *A Alma Encantadora das Ruas*. Minas Gerais: Virtual Books Online M&M Editores Ltda, 2002, p.92.

João do Rio olhava a multidão, estarrecido, porque não vislumbrava nela nenhum traço de dor ou pesar: "Era horrível. Fixei bem a face intumescida dos cantores. Nem um deles sentia ou sequer compreendia a sacrílega menipeia desvairada do ambiente".

> Só a alma da turba consegue o prodígio de ligar o sofrimento e o gozo na mesma lei de fatalidade, só o povo diverte-se não esquecendo as suas chagas, só a populaça desta terra de sol encara sem pavor a morte nos sambas macabros do carnaval.
> — Estás atristado pelos versos do "Beija-Flor"? Há uma porção de grupos que comentam a catástrofe. Ainda há instantes passou a "Mina de Ouro". *Sabes qual é a marcha dessa sociedade? Esta sandice tétrica:*
> *Corremos, corremos*
> *Povo brasileiro*
> *Para salvar do "Aquidabã"*
> *Os patriotas marinheiros.*[48]

Como já observa Soihet, as imagens descritas por João do Rio se aproximam de Bakhtin, quando este menciona que, na cultura popular, "a morte e a renovação seriam inseparáveis do conjunto vital e incapazes de infundir temor".[49]

No entanto, é importante observar que a utilização da tragédia como mote para a construção de uma canção ou como tema para o desfile das Grandes Sociedades no intuito de arrecadar verbas para o auxílio de vítimas de certas tragédias, era muito comum e não se dava apenas entre as manifestações festivas das camadas populares.

Assim, enquanto para João do Rio tais manifestações demonstravam uma total indiferenciação entre morte e vida, que podem ser analisadas através de um viés rabelaisiano, para outros, tais atitudes e atos procuravam denotar e propalar a solidariedade do povo brasileiro. Denotam que, apesar

---

48 *Idem, op. cit.*, p.92-3.
49 SOIHET, Raquel. *A subversão pelo riso.* p. 79.

de o momento ser de festa, o povo preocupava-se com a dor e o sofrimento alheios, mesmo que tudo isso fosse entoado em forma de música ou de temas para a confecção dos carros alegóricos ou de ideias, para diversão nos dias de Momo.

No entanto, ao observarmos a "comoção nacional" que ocorreu por conta da morte do Barão de Rio Branco em pleno carnaval, concluímos que não importava quão grande era a tragédia, fato ou notícia. Na verdade, tudo era motivo para se transformar em tema das máscaras, fantasias, crônicas, versos e charges que alegravam o carnaval. No caso de 1912, com a morte de nosso grande diplomata, apesar de as autoridades terem cancelado o carnaval de fevereiro, transferindo-o para a semana santa, os foliões acabaram se divertindo com os dois carnavais, o de fevereiro e o de abril.

Daí a charge de Tony referir-se à genialidade do povo, que se aproveitava das dores para "encomprimir o carnaval".

Telles Meirelles aproveita o mote e glosa os dois carnavais:

VIVA MOMO!

Ei-la de novo a Folia!...
Vai Arlequim pelas ruas
Outra vez fazer das suas
Espantando a burguesia.

Que se divirta, portanto,
O Zé-Povinho, coitado!
Que de males carregado
Chora sempre amargo pranto.

Vibre, estale a gargalhada
Triunfal!
E que seja o carnaval
Uma perfeita assuada.

Salte, cante alegremente

Pierrot.
E que venha um dominó
Barulhento, troçar a gente.

E que Momo e os seus canhões
Nada iguais aos do Sotero
Dispare, de disparates.
E saltem as multidões
Pois não vale ser severo
Entre ruidosos dislates.

E grupos de "Serzedelos"
De chorões
Com tristes lamentações
Que passem, eu quero vê-los

E a pilhéria, a chufa, o riso,
Derrubar
Façam o tédio, o pesar
Ao som festivo dum guizo.

E que venha num "bonito"
O Felinto sem bigode
Que o pôs abaixo, acredito,
Para cair no pagode.

Eduardo Vitorino
Também querendo imitá-lo
Mudou de cara, e menino
Hoje está que é um regalo

Carnaval que tudo podes,
Viva Momo, o deus da troça
Que nas tristezas dá coça
E é feroz caça-bigodes!

> *Cá por mim decretaria*
> *Em vez de dois carnavais*
> *Por ano, um só, mas por dia*
> *Que o prazer nunca é demais!*[50]

Telles Meirelles, em seus versos, dá-nos uma ideia do carnaval que era desfrutado pelas ruas e difundido pela imprensa: arlequins espantando a burguesia, mostrando que o Zé-povinho apesar de suas amarguras, aproveita destes dias de folia, onde saltam pierrôs e dominós que fazem troça, ao som de guizos. E que os "Soteros", "Serzedellos" e, até mesmo, "Felinto" podem ser vistos, nestas festas em que Momo é o "deus da troça", com ar de ironia. E se, afinal, a festa é tão prazerosa, por que não decretar que esta acontecesse todos os dias?

Concluindo...

Com diferentes sons, ritmos e manifestações festivas durante o carnaval e ainda sem um gênero musical ou músicas produzidas para tais festejos, o carnaval entra o século vinte com manifestações múltiplas, variadas e dinâmicas que vão se modificando juntamente com as transformações que a cidade vai sofrendo, seja na área urbanística, seja em mudanças técnicas e sociais relacionadas à indústria de lazer e entretenimento.

Apesar das diferentes festas e sonoridades presentes pelas ruas e salões de baile durante essas décadas, enfocamos aqui, principalmente, os sons e as manifestações das *Grandes Sociedades*, por entendermos que estas serão uma referência importante de manifestação carnavalesca para todas as camadas sociais que participavam dos festejos de Momo. Muitos dos que participavam dos cortejos destas Grandes Sociedades, tanto na organização quanto na observação, serão compositores e/ou ouvintes das canções criadas, compostas e difundidas nas décadas seguintes pelas ruas do Rio de Janeiro, durante o período carnavalesco.

---

50   Fon-Fon!, 06 abr. 1912.

Referências

ALENCAR, Edigar de. *O Carnaval carioca através da música*. v. 1 . 4ª ed. Rio de Janeiro: Livraria Francisco Alves Ed. S.A., 1985.

ASSIS, Machado de. "A Semana". *Gazeta de Notícias*. 12 fev. 1893.

BINZER, Ina Von. *Os meus romanos*: alegrias e tristezas de uma educadora alemã no Brasil. 6ª. ed., Rio de Janeiro: Paz e Terra, 1994.

BURKE, Peter. A *cultura popular na idade moderna: Europa, 1500-1800*. São Paulo: Companhia das Letras, 1989.

CUNHA, Fabiana L. da. Caricaturas Carnavalescas: Carnaval e Humor no Rio de Janeiro Através da Ótica das Revistas Ilustradas Fon-Fon! e Careta (1908-1921). FFLCH/USP, Tese de Doutorado, 2008.

CUNHA, Maria Clementina Pereira. *Ecos da Folia*: Uma História Social do Carnaval Carioca entre 1880 e 1920. São Paulo: Cia. Das Letras, 2001.

EDMUNDO, Luiz. *O Rio de Janeiro do Meu Tempo*. Rio de Janeiro: Imprensa Nacional,1938.

EFEGÊ, Jota. Figuras e Coisas da Música Popular Brasileira. v.2. Rio de Janeiro: FUNARTE, 1982.

FERREIRA, Felipe. *Inventando Carnavais: o surgimento do Carnaval carioca no século XIX e outras questões carnavalescas*. UFRJ: RJ, 2005.

LIMA, Herman. A *História da Caricatura no Brasil*. 4 v. Rio de Janeiro: José Olympio editora, 1963.

MORAES FILHO, Mello. *Festas e Tradições populares do Brasil*. Rio de Janeiro, Itatiaia, 1999.

O Mequetrefe (1885).

PAIVA, Salvyano Cavalcanti de. *Viva o rebolado* – Vida e morte do teatro de revista brasileiro. Rio de Janeiro: Nova Fronteira, 1991

PEREIRA, Leonardo Affonso de Miranda. *O Carnaval das Letras*: Literatura e Folia no Rio de Janeiro do Século XIX. 2ª. Ed. Campinas, SP: Editora da Unicamp, 2004.

RIO, João do. *A Alma encantadora das ruas*. Minas Gerais: Virtual Books Online M&M Editores Ltda, 2002, p.92.

Revista Fon-Fon! (1907-1922).

Revista Careta (1908-1922).

SETTE, Mário. *Maxambombas e maracatus*. 3ª ed. Rio de Janeiro, Casa do Estudante Brasileiro, 1958.

SOIHET, Rachel. *A Subversão Pelo Riso*: Estudos sobre o carnaval carioca da Belle Époque ao tempo de Vargas. RJ: Editora Fundação Getúlio Vargas, 1998.

Sites consultados

http://www.geocities.com/aochiadobrasileiro/Cronologia/cronologia1906.htm

http://www.Unicamp.br/iel/memoria/Ensaios/Bilontra/imagens.htm

Os autores

Adelcio Camilo Machado é pianista popular com graduação e mestrado em música pela Universidade Estadual de Campinas, instituição onde atualmente cursa o doutorado também na área de música popular. É membro do grupo de pesquisa História e Música, filiado ao CNPq e professor do Departamento de Comunicação e Arte da Universidade Federal de São Carlos.

Claudio Fernando Diaz é professor da Escuela de Letras, Faculdad de Filosofia y Humanidades de la Universidad Nacional de Córdoba. É membro fundador do ramo latino-americano da IASPM (International Association for the Study os Popular Music). Autor, entre outros artigos e livros, de *Variaciones sobre El ser nacional*, Córdoba, Argentina. Ediciones Reconvecos, 2009.

Fabiana Lopes da Cunha é professora do Departamento de Geografia da Universidade Estadual Paulista, campus de Ourinhos. É membro do grupo de pesquisa História e Música, filiado ao CNPq. Autora, entre outros trabalhos, do livro *Da marginalidade ao estrelato: o samba na construção da nacionalidade*. São Paulo Annablume, 2004.

José Adriano Fenerick é professor do Departamento de História da Universidade Estadual Paulista, campus de Franca. É membro do grupo de pesquisa História e Música filiado ao CNPq. Autor do livro *Façanhas às próprias custas: a produção musical da Vanguarda Paulista* (Annablume/Fapesp/2007), entre outros livros e artigos a respeito da canção popular.

Marcia Tosta Dias é professora do Departamento de Ciências Sociais da Escola de Filosofia, Letras e Ciências Humanas da Universidade Federal de São Paulo. É membro do grupo de pesquisa História e Música filiado ao CNPq. É autora de *Os donos da voz. Indústria fonográfica brasileira e mundialização da cultura*. SP: Boitempo Editorial, 2008, 2ª edição, dentre outros estudos sobre musica gravada no Brasil.

Mariana Oliveira Arantes é graduada em História pela Universidade Estadual Paulista (Unesp) e doutora em História pela mesma instituição. É membro do grupo de pesquisa História e Música, filiado ao CNPq. E-mail: mel.Unesp@gmail.com

Mónica Vermes é professora da UFES – Universidade Federal do Espírito Santo e Pós-Doc no IA – Unesp. Líder do NEM – Núcleo de Estudos Musicológicos (UFES); É membro do grupo de pesquisa História e Música filiado ao CNPq, do MusiMid – Centro de Pesquisa em Música e Mídia (USP) e do NOMADH – Núcleo de Musicologia Histórica e Desenvolvimento Humano (IA-Unesp). Desenvolve atualmente o projeto *Música nos Teatros do Rio de Janeiro: repertórios, recepção e práticas culturais* com financiamento do CNPq.

Natália Ayo Schmiedecke é graduada em História pela Universidade Estadual de Campinas (Unicamp) (2010), mestre em História (2013) pela Universidade Estadual Paulista (Unesp) e doutoranda, com bolsa Fapesp, pela mesma instituição. É membro do grupo de pesquisa História e Música filiado ao CNPq. Autora do livro *Não há revolução sem canções. Utopia* *revolucionária na Nova Canção Chilena 1966-1973*. São Paulo: Alameda Editorial, 2015. *E-mail:* nati.ayo@gmail.com.

Tânia da Costa Garcia é professora do Departamento de História da Universidade Estadual Paulista, campus de Franca. É líder do grupo de pesquisa História e Música, filiado ao CNPq. Autora de *O it verde e amarelo de Carmen Miranda* (1930-1946). São Paulo Annablume/Fapesp, 2004, além de capítulos de livros e artigos publicados no Brasil e no exterior. É também organizadora da coletânea *Música e política: um olhar transdisciplinar*. São Paulo. Alameda, 2013.

Walter Garcia é violonista, compositor e professor de música do Instituto de Estudos Brasileiros da USP. No teatro, trabalhou com a Companhia do Latão e a Companhia do Feijão. Produziu o disco Canções de cena, para o Latão, em 2004. Foi curador do Espaço Itamar Assumpção (Biblioteca Municipal de São Paulo com temática em Música), em 2006, e da Exposição Bossa 50 (Pavilhão da Bienal, Parque Ibirapuera, São Paulo-SP), em 2008. Publicou o livro Bim Bom: a contradição sem conflitos de João Gilberto (São Paulo: Paz e Terra, 1999) e vários artigos em livros e periódicos.

Esta obra foi impressa em São Paulo pela Gráfica Imagem Digital no inverno de 2016. No texto foi utilizada a fonte Electra LH em corpo 11,5 e entrelinha de 17 pontos.